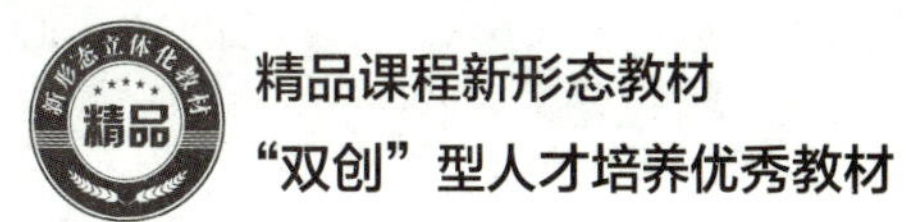

大学生就业指导

主　编　廖明岚

副主编　朱桂萍　赵　君　李进东

黄译曼　农玲贞　陈兰兰

黄筱燕　顾蓓妍

DAXUESHENG
JIUYE ZHIDAO

内容提要

本书共八章，主要内容包括大学生就业形势、制度与政策；大学生职业生涯规划；大学生就业前的心理、知识及职业能力准备；大学生就业程序和权益保护；信息搜集和成功求职文案制作；大学生求职礼仪、面试和笔试技巧；大学生职业素养提升；大学生创业准备与实施。

本书可供各类高校学生学习。

图书在版编目（CIP）数据

大学生就业指导/廖明岚主编. —上海：上海交通大学出版社，2021.8（2024.1 重印）

ISBN 978-7-313-25042-1

Ⅰ. ①大… Ⅱ. ①廖… Ⅲ. ①大学生-就业-高等学校-教材 Ⅳ. ①G647.38

中国版本图书馆 CIP 数据核字（2021）第 114650 号

大学生就业指导

DAXUESHENG JIUYE ZHIDAO

主　　编：廖明岚

出版发行：上海交通大学出版社　　地　　址：上海市番禺路 951 号

印　　制：三河市龙大印装有限公司　　经　　销：全国新华书店

开　　本：787mm×1092mm　1/16　　印　　张：16

字　　数：349 千字

版　　次：2021 年 8 月第 1 版　　印　　次：2024 年 1 月第 2 次印刷

书　　号：ISBN 978-7-313-25042-1

定　　价：45.00 元

前　　言

就业是民生之本，就业稳则心定、家宁、国安。随着我国高等教育由“精英教育”向“大众化教育”转变，高校毕业生人数一直呈上升趋势，人才市场竞争日趋激烈。与此形成鲜明对比的是，大学毕业生的就业率却在持续下降，就业形势也日益严峻。如何解决就业问题？党和政府一贯高度重视大学生的就业工作，长期坚持实施积极的就业政策。党的二十大报告指出，教育、科技、人才是全面建设社会主义现代化国家的基础性、战略性支撑，科技进步靠人才，人才培养靠教育，教育是人才培养和科技创新的根基，科技创新将为教育注入新动能。在党和国家政策的指导下，高校也在不断加强大学生就业指导教育，力求提升大学生的就业能力和职业素养，在保持就业率稳定的前提下，稳步提升就业质量，这对学校的健康发展和社会稳定和谐发展都具有十分重要的意义。俗话说，“打铁还需自身硬”，对大学生来讲，要解决好自身的就业问题，必须要正确认识当前大学生面临的就业形势，树立正确的就业观和择业观，做好生涯规划，重点要提升自己在知识水平、综合素质、个人能力、社会经验等方面的竞争力，才能在就业竞争中立于不败之地。

教育家陶行知认为，行是知之始，知是行之成。就业前了解国家就业形势和政策，进行职业规划是“知”，就业指导和创业实践是“行”。因此，本书主要围绕国家就业形势和政策、就业前的职业生涯规划、就业素质和知识准备、成功就业文案制作、就业面试技巧、创业知识准备等方面对大学生就业进行系统的分析和全面的讲解，既有前沿的理论做指导，又有深厚的教育学、心理学研究成果做支撑，特别是能够紧密结合我国大学生就业工作实际情况，对大学生就业教育可以起到显著的指导作用。

本书追求实用、贴近实际，其特点主要表现在以下方面：

1. 实用性强。本书每个章节都有成功案例启示，每章后面有案例思考，所选求职案例均为学生在求职实践中经常遇到的问题，比较贴近学生就业实际，富有生活气息，语言生动形象，对学生解决就业中的问题比较实用。

2. 知识性强。每章节基本都附有相关内容的课外资料、相关知识趣味阅读等知识资料，既可以丰富学生各方面的知识，又可以进一步深化对相关专业知识的理解和把握。

3. 突出重点。本书编写考虑在校大学生在求职过程中的不足和弱点，并针对这些特点，有目的性地选择一些理论和案例进行引导，并提出解决问题的技巧，对大学生就业具有很强的针对性。

4. 教育性强。本书理论和案例均按照国务院、教育部的规定，倡导“勤奋、严谨、求实、创新”的治学特色，弘扬“自强不息”的精神，奏响主旋律，对学生发展具有正能量的指导意义。

本书在编写过程中参考了有关职业生涯和就业指导的著作和研究成果，并引用了其中的一些内容以充实本书的理论和案例，在此谨向原作者表示诚挚的谢意。虽然编者在就业指导和职业生涯规划方面已经积累了一定的经验，但这仍是一项探索性工作，书中难免存在不足之处，敬请广大读者批评指正。

编　者

第一章

你做好准备了吗？

——大学生就业形势、制度与政策

本章导读

大学生是我国宝贵的人力资源，当前大学生就业形势较为严峻，大学生的就业问题是当前社会亟待解决的一个重要课题。能否充分高质量地实现就业，职业的选择是否符合社会需要和个人意愿，将对大学毕业生的人生产生重要的影响。大学生就业的选择不仅受到职业规划的影响，也受到国家法律、就业法规与政策的约束。因此，每一个即将毕业的大学生都需要了解国家的就业形势和政策，做好就业的准备，把握就业的机遇，制定科学的策略，迎接就业的挑战。

学习目标

1. 了解我国大学生的就业形势，适应形势，把握就业机遇
2. 了解国家对大学毕业生就业的相关政策
3. 改变就业观念，制定科学的就业策略

第一节　大学毕业生的就业形势

1999 年起，为了适应我国经济的发展，高校开始逐年扩招，毕业生的数量变得越来越多，以高校毕业生为主的青年就业群体数量持续增加，这就导致高等院校毕业生就业难的问题变得日益严峻。因此，深入分析当前形势下高校毕业生的就业形势，对于转变大学生的就业观念，解决当前就业难的状况是非常有意义的。大学生就业形势是当下大学生就业问题的综合体现，既包括国家的政治、经济和社会发展状况与毕业生就业市场的供求情况，也包括各行业的发展情况。综合来看，目前大学生就业形势不容乐观，同时呈现新的特点和发展机遇。

一、当前大学毕业生的就业形势

（一）就业人数逐年增长，就业压力持续增大

从1999年开始，我国进行高等教育招生改革，实施大学扩招政策，掀起了中国高等教育大众化的浪潮，高等教育实现跨越式发展。连续多年实施积极的扩招政策的直接结果是大学毕业生的数量显著增加。据教育部统计，2001年高校毕业生有114万人，2003年猛增到212万人，2006年为413万人，2008年全国高校毕业生有559万人，2009年达到611万人，到2014年毕业生人数增加到727万人，增长速度惊人。2020年，全国高校毕业生的人数为874万人，达到了历史最高峰（见图1-1）。就业人数的持续增大，导致大学毕业生的就业压力越来越大。

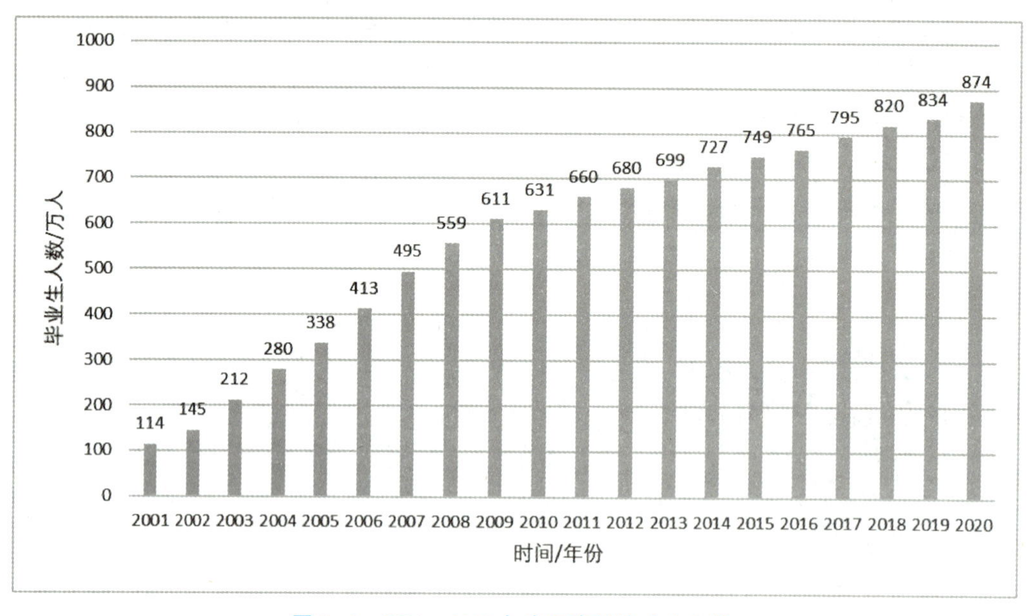

图1-1　2001—2020年全国高校毕业生人数

随着毕业生人数的增加，就业的压力日益加大。毕业生就业率是反映毕业生就业状况的重要指标。一般来说，毕业生就业率是当年已就业应届毕业生人数占当年应届毕业生总人数的百分比。毕业生就业率这一统计指标对于高校调整学科专业结构、招生数量、办学质量和就业工作起到了一定的积极作用。目前对大学毕业生就业率一般进行两次统计，即当年毕业生离校时进行一次统计，称为“一次就业率”或“初次就业率”；在当年年底再进行一次就业率的统计，称为“总体就业率”或“年终就业率”。毕业生就业率的高低很大程度上受经济形势的影响。例如，《广西2020届普通高校毕业生就业质量年度报告》显示，2020年广西普通高校共有27.4万毕业生，比2019届增加3.15万人。受新冠肺炎疫情等多重因素影响，截至2020年9月1日，广西高校毕业生初次就业率仅为81.31%，比

2019 年下降约 10%。其中研究生就业率 82.69%，本科生就业率 75.57%，专科生就业率 85.94%。疫情以来就业受影响最大的是本科毕业生，就业率比 2019 年低了 14.35%。

（二）就业形势的不确定性在增加

经过四十余年的改革开放，中国经济与世界经济深度融合，世界经济环境的变化必然对我国经济产生冲击，进而影响就业领域。这种影响主要体现在两个方面：一方面，贸易摩擦对外贸生产经营企业的直接影响，可能导致部分企业短期内出现经营困难而减少就业岗位；另一方面，经贸摩擦的持续发展，可能导致供应链在全球范围内的调整，部分相关企业可能重新布局生产线，并进一步影响消费市场，这将在更长时间内对我国就业增长和就业结构调整产生广泛和深入的影响。但是，我国经济和劳动力市场的回旋余地和承压能力仍然很大。在考虑未来就业形势时，要更多关注国际经济形势变化对我国宏观经济的影响，同时，应加快我国劳动力市场的改革，在国际经济再调整、再平衡的过程中，促进就业结构调整与经济转型升级的协同推进，避免结构性失业风险，以实现更高质量和更充分的就业。

（三）就业的替代效应在逐年增强

世界银行发布的《2019 年世界发展报告》指出，近十年，以人工智能为代表的技术爆炸正在重塑新一轮社会经济新格局。新一轮技术革命的迅猛发展，是以工业智能化、互联网产业化、工业一体化为代表，以人工智能、清洁能源、量子信息、3D 打印、智能制造，虚拟现实、生物医药技术和新材料科学等为主的全新技术革命。新技术革命将重构生产、分配、交换、消费等经济活动各环节，既推动产业转型升级、带动经济高速增长，也实现生产力的新跃升以及生产要素的重新配置，必然对就业产生广泛和深刻的影响。“替代效应”和“创造效应”正在我国人力资源市场上叠加显现。

二、当前大学毕业生就业的新特点与新机遇

（一）当前大学毕业生就业的新特点

2020 年 12 月 1 日，教育部、人力资源社会保障部在北京召开 2021 届全国普通高校毕业生就业创业工作网络视频会议，会议中提出，2021 届高校毕业生总规模预计达到 909 万人，同比增加 35 万。从 2001 年开始，中国大学毕业生的数量每年都在快速增加，从 2001 年的 114 万人，到 2021 年的 909 万人，增长了近 8 倍。随着大学毕业生人数的持续增加，大学毕业生就业难的问题将持续存在。同时，受到产业结构升级、区域经济格局调整、教育教学与培训体制改革滞后等因素的叠加影响，现阶段大学毕业生的就业领域结构性失衡问题日益突出，成为就业领域的主要矛盾。这种结构性失衡是普遍的、外显的；不仅是存量性的，也是增量性的；不仅存在于区域层面，也存在于产业行业层面。主要表现在以下几个方面。

1. 供给与需求的类型结构性矛盾较突出

从总量上看，劳动力供给增速趋缓，总量逐步减少，总量压力相对缓解，但仍然高位

持压。2012 年开始，我国劳动年龄人口数量持续下降，与以往高速增长的发展趋势明显不同的是就业总量的压力从增量向存量转变，但未来相当长一段时间，我国的就业总量仍将处于一种持续高压状态。据测算，到 2030 年之前，我国年龄在 16 至 59 周岁的劳动人口的数量仍将保持在 8 亿以上。当前，随着我国经济发展模式和经济结构的转变，产业结构不断优化升级，要素间流动增速，科技创新和进步对劳动者的综合素质提出了更高的要求。但部分高校专业设置不合理，造成人岗不匹配。大学专业调整四年一个周期，而社会人才需求变化远远高于这个速度。结果导致有些专业在招生时是热门专业，到分配时就变成了供大于求的冷门专业，供需出现不平衡，特别是技术技能型人才“产能不足”和理论学术型人才培养过剩，是大学生就业市场人才供给类型结构性矛盾的突出表现。例如，人力资源和社会保障部 2020 年的统计数据显示，目前技能劳动者数量只占全国就业人员总量的 1/5，高技能人才数量不足 6%。同时，近年来技能劳动者的求人倍率一直在 1.5：1 以上，高级技工的求人倍率甚至达到 2：1 以上。我国技能劳动者总量严重不足，技工短缺现象非常突出。其原因在于高等教育供给结构失衡，更深层次的原因则是高等教育供给盲目追求办学层次，高等教育布局同质化现象严重，缺乏对快速变化的外部环境和市场需求的感知和反应机制。这需要加强大学毕业生信息的汇集与分析以及动态调整。当然就业结构性矛盾是经济社会发展不协调、不平衡的结构性问题在就业领域的集中反映，其中既有产业结构调整和技术进步的因素，也有区域经济格局变化的影响，如城乡二元结构逐渐被打破，但体制分制没有完全消除；各地区发展仍然很不平衡，居民收入水平仍然差距巨大；劳动者社会横向流动过于频繁，而纵向流动困难。但是最根本的还是劳动力需求和供给的不匹配。

2. 供给与需求的层次结构性失衡

从毕业生素质结构看，近几年，普通本专科毕业生总量和占比持续提高，中等职业教育毕业生人数下降。相关数据显示，2020 年，全国高校毕业生人数从 834 万增加到 874 万，中等职业教育毕业生人数由 600 多万下降到 480 多万。人才供给和需求的失衡，导致“博士硕士满街跑”“技能人才特难找”的尴尬局面。从而导致现在一些用人单位出现了“人才高消费”，人才使用上的“高消费症”，既不能确保人尽其才，又浪费了有限的人才资源，使人才短缺的问题更加突出。(数据来源：中国劳动保障报，2021 年 12 月 10 日)

3. 供给与需求的专业结构性不协调

大学生就业市场供给与需求的专业结构性矛盾具体表现在以下几点。一是部分专业人才供给产能不足。专业设置与国家宏观产业结构、经济结构并不完全匹配，从而出现“结构性缺失”。二是部分专业人才供给产能过剩。高等教育人才培养专业结构调整滞后于市场变化，导致大学生就业市场中部分专业的毕业生供给远远大于需求。例如从普通本专科毕业生的专业类型看，本科层次的工学、管理学专业，专科层次的财经、交通运输等专业毕业生数量和占比呈上升趋势，但从当前十大城市部分岗位的求人倍率看，与这些专业相关的职业的从业者，如财会人员、行政办事人员、人力资源服务人员、物业管理人员等在部分城市相对过剩，而有些职业存在严重的人才短缺，如眼镜验光员、车工、快递员、推销展销人员、包装工等，专业的结构矛盾突出。三是专业人才培养质量不高。部分高校存在师资、课程、质量保障制度建设以及设施设备等教育资源不足的问题，但又盲目追求专业数量的“大而全”，而不注重专业内涵建设，课堂教学停留在知识传授的初级阶段，大学生就业能力得不到有效提升，专业人才培养质量与用人单位需求不匹配，从而导致毕业生在就业市场中缺乏核心竞争力。

（二）新经济及国家发展战略的调整带来的就业新机遇

1. 新经济、新业态带来了新的就业发展空间

与新技术进步相伴而生的是新产业、新业态以及新模式的经济部门和经济活动的繁荣。新的动力和增长点逐步形成，战略性新兴服务业、高科技服务业、文化及相关产业服务业、生产性服务业、电子商务及相关的物流产业等实现较快增长。云计算、大数据、物联网等技术层出不穷，在线旅游、医疗、教育、网络约车、第三方支付等“借网而生”，智能制造、个性化定制、智慧城市等也催生出一批新模式和新业态，“大众创业、万众创新”持续推进，新企业、新经济蓬勃发展，创业群体不断扩大，营造了新的就业增长空间。

2. 国家经济发展战略的调整，带来了新的就业机会

近几年，我国根据国内国际环境，对国家经济发展战略进行了重大调整，国家经济发展战略的调整，给毕业生的就业选择带来了新的发展机会。以下是几个会对大学毕业生就业产生较大影响的发展战略。

一是“一带一路”倡议。“一带一路”是“丝绸之路经济带”和“21 世纪海上丝绸之路”的简称。“一带一路”旨在借用古代丝绸之路的历史符号，高举和平发展的旗帜，积极发展与沿线国家的经济合作伙伴关系，共同打造政治互信、经济融合、文化包容的利益共同体、命运共同体和责任共同体。“一带一路”倡议提出以来，得到了广泛的国际共识和支持响应。“一带一路”的实施，不仅给沿线国家带来经济增长，而且也促进了沿线国家的青年就业。2017 年全球约有 7090 万年轻人失业。而从 2013 年以来，中国“一带一路”为相关国家创造了 20 多万个就业岗位，中国与 30 多个国家签署经贸合作协议，为各国年轻人的跨国商业合作提供更大空间。（数据来源：中国日报，2019 年 4 月 29 日）

二是中国制造 2025 发展战略。国务院于 2015 年 5 月 8 日印发了《中国制造 2025》行动纲领，纲领提出了建设制造业创新中心建设工程、智能制造工程、工业强基工程、绿色制造工程以及高端装备创新工程五大工程，辐射了高档数控机床和机器人、航空航天装备海洋工程装备及高技术船舶、先进轨道交通装备等十个重点领域，中国制造 2025 纲领的实施，势必带动相关产业的发展，从而带来大量的就业岗位。

三是长江经济带。2016 年 9 月，国务院印发《长江经济带发展规划纲要》，确立了长江经济带“一轴、两翼、三极、多点”的发展新格局。长江经济带覆盖上海、江苏、浙江、安徽、江西、湖北、湖南、重庆、四川、云南、贵州 11 省市，是具有全球影响力的

内河经济带、东中西互动合作的协调发展带、沿海沿江沿边全面推进的对内对外开放带，也是生态文明建设的先行示范带。长江经济带的发展也将带来新的就业空间选择。

四是粤港澳大湾区。粤港澳大湾区指的是由广州、佛山、肇庆、深圳、东莞、惠州、珠海、中山、江门9市和香港、澳门两个特别行政区组成的城市群，是继美国纽约湾区、美国旧金山湾区、日本东京湾区之后的世界第四大湾区。为全面贯彻党的十九大精神，全面准确贯彻“一国两制”方针，充分发挥粤港澳综合优势，深化内地与港澳合作，进一步提升粤港澳大湾区在国家经济发展和对外开放中的支撑引领作用，中共中央国务院于2019年2月印发了《粤港澳大湾区发展规划纲要》，这一战略举措的实施也必将给当地及周边地区的就业带来深远影响。

五是海南自由贸易试验区。海南自由贸易试验区，简称“海南自贸区”，又称“海南自贸港”。2018年，习近平在海南省暨海南经济特区30周年大会上郑重宣布，党中央决定支持海南全岛建设自由贸易试验区。为了促进海南自贸区的建设，海南制订了《百万人才进海南行动计划（2018-2025年）》。海南自贸区的建设和发展，给大学生带来了新的发展机会。

此外，还有京津冀协同发展、雄安新区建设等，都将促进各类专业需求的增长。过去很多毕业生，毕业就去“北上广深”（即北京，上海，广州，深圳）。如今，随着新的就业空间的增长，受就业观念、就业现实问题（如大城市买房难、小孩读书难）等因素的影响，一些毕业生的就业选择空间发生了变化。第三方社会调查机构麦可思研究院发布的《2018年中国大学生就业报告》显示，民企、中小微企业、地级市及以下地区等依然是主要就业去向，且比例持续上升。毕业后在“北上广深”就业的本科生三年后离开的比例持续攀升，新一线城市对外省本科毕业生的吸引力不断增强。从近五年数据来看，本科毕业生在“北上广深”就业的比例从2013届的28.2%下降到2017届的22.3%。除了应届毕业生之外，毕业半年后曾在“北上广深”就业的本科生在三年后离开的比例从2012届的13.7%上升到了2014届的21.7%。

总之，新经济的快速成长、国家经济发展战略的调整，改变了传统的就业方式，创造了大量的新就业机会，人们可以按照自己的兴趣、技能、时间和其他资源禀赋，参与新业态活动，实现就业，获得收入。目前，我国新业态从业人员的规模呈现扩大趋势，在发展中既要抓住新经济发展机遇，大力发展新产业、新业态，开发大量适应新生代劳动力就业取向的高质量就业岗位，促进就业和经济的高质量发展，又要避免新产业、新业态发展过程中的不稳定性带来失业风险，防止部分低知识技能水平劳动者被甩出正规劳动力市场及新就业形态从业人员的劳动权益和健康受到损害。

第二节　大学生的就业制度

就业制度是指直接或间接与劳动者就业相联系的规则、程序的总称。它有广义和狭义之分，广义的就业制度包括雇佣解雇制度、用工制度、就业培训制度及就业服务制度等。而狭义的就业制度主要指雇佣解雇制度。一般意义上的就业制度仅指狭义的就业制度。中华人民共和国成立以来，我国在由计划经济体制向社会主义市场经济体制转变的过程中，就业制度和就业机制也发生了重大变化，普通高校毕业生的就业制度从计划经济体制下的“统包统分”，过渡性改革，发展到今天的社会主义市场经济体制下的“双向选择、自主择业”就业制度。

20 世纪 90 年代中后期，随着我国社会主义市场经济体制改革的推进，我国高校毕业生就业制度进一步改革，由“双向选择”向“自主就业”转变。1993 年发布的《中国教育改革和发展纲要》提出高校毕业生分配制改革的中长期目标：到 2000 年，除了少数国家重点需要的人才仍由国家安排就业外，其余全部大中专毕业生进入劳动力市场，自主择业。“自 2000 年起，教育部明确规定将毕业就业派遣证改为就业报到证，这一证件名称的改变，官方旨在表明毕业生的就业‘自主地位’得到了确立。”

随着社会主义市场经济体制的完善，我国大学生的就业制度改革也在不断向纵深推进。当前，“自主择业”已经成为高校毕业生就业的主要方式。为与高校毕业生就业制度的推进相适应，我国也推出了一系列高校毕业生就业政策，包括市场规制政策、就业准入政策、招考录用政策、权利维护政策、宏观调控政策、创业扶持政策、社会保障政策、派遣接收政策、指导服务政策以及其他相关政策。在“自主择业”的大框架下，各地及各级各类高校针对毕业生就业工作都有符合实际工作的程序及细则。

我国目前的高校毕业生就业制度主要有以下几个优势。首先，从政府层面看，减轻了政府的负担。其次，从学校层面看，扩大了高校的办学自主权，让高校从源头上培养适应经济社会发展的人才，让学生逐步增强自己走向社会的能力。再次，从用人单位的视角看，扩大了用人单位的选择权，用人单位有权选择自己需要的、优秀的高校毕业生，增强自身发展的后劲。最后，从高校毕业生的视角看，逐步引入竞争机制，增加学生选择的机会和权力，进而激发学生学习的积极性，提升自己的能力，为未来自主择业或者创业做足准备。

第三节 大学生就业政策

大学生就业政策是政府和社会群体为了解决大学生的就业问题制订的系列方案及采取的相关措施。就业政策与国家经济社会发展目标及就业形势密不可分。2002 年，随着经济体制改革的深入、社会建设的推进和就业工作的开展，我国采取了积极的就业政策。积极的就业政策，是指政府通过发展经济、调整经济结构、协调城乡经济体制改革等，努力开发就业岗位，并通过加强政策支持、完善市场机制等，千方百计促进就业，实现发展经济与扩大就业的良性互动。2007 年，《就业促进法》的制定颁布使促进就业的政策体系、制度机制纳入法制化轨道。2008 年以来，在应对国际金融危机和重大自然灾害中，政策内容进一步丰富完善，形成了更加积极的就业政策。因此，高等院校毕业的大学毕业生，在面向社会求职时，要向学校及有关部门了解当年国家在本科毕业生就业过程中的具体政策，还需要知道自己所在学校、学校所在地区及自己将要去就业的地区、单位的就业政策规定，唯有如此，才能从容地选择职业。

一、鼓励中小民营企业吸纳高校大学毕业生就业

为鼓励和促进高校毕业生到实体经济就业，充分发挥中小民营企业吸纳毕业生就业的主渠道作用，国务院出台了《国务院关于进一步做好新形势下就业创业工作的意见》（国发〔2015〕23 号）、《国务院办公厅关于做好 2014 年全国普通高等学校毕业生就业创业工作的通知》（国办发〔2014〕22 号）、《国务院办公厅关于做好 2013 年全国普通高等学校毕业生就业工作的通知》（国办发〔2013〕35 号）、《国务院关于进一步支持小型微型企业健康发展的意见》（国发〔2012〕14 号）和《国务院关于进一步做好普通高等学校毕业生就业工作的通知》（国发〔2011〕16 号）等系列文件，在社保补贴、培训补贴、降税减费等方面给予吸纳大学毕业生的中小企业以各种优惠政策：

（1）对招收高校毕业生达到一定数量的中小企业，地方财政应优先考虑安排扶持中小企业发展资金，并优先提供技术改造贷款贴息。

（2）对劳动密集型小企业当年新招收登记失业高校毕业生，达到企业现有在职职工总数 30%（超过 100 人的企业达 15%）以上，并与其签订 1 年以上劳动合同的劳动密集型小企业，可按规定申请最高不超过 200 万元的小额担保贷款并享受 50%的财政贴息。

（3）高校毕业生到中小企业就业的，在专业技术职称评定、科研项目经费申请、科研成果或荣誉称号申报等方面，享受与国有企事业单位同类人员同等待遇。

（4）对小微企业新招用毕业年度高校毕业生，签订 1 年以上劳动合同并缴纳社会保险费的，给予 1 年社会保险补贴。

二、引导和鼓励高校毕业生面向基层就业

引导和鼓励高校毕业生面向基层就业，是党中央、国务院着眼党和国家事业发展全局做出的一项重大战略决策。2005 年 6 月，中央办公厅、国务院办公厅印发了《关于引导和鼓励高校毕业生面向基层就业的意见》（中办发〔2005〕18 号），号召高校毕业生到西部去，到基层去，到祖国最需要的地方去。面向基层就业是指到城乡基层工作。城乡基层既包括广大农村，也包括城市街道社区；既涵盖县级以下党政机关、企事业单位，也包括社会团体、非公有制组织和中小企业；既包括自主创业、自谋职业，也包括艰苦行业和艰苦岗位。国家和地方各级政府为到基层，特别是西部和艰苦地区工作的大学毕业生积极创造条件，在学费、助学贷款、工资、生活补贴、见习补贴、报考研究生、报考党政机关和应聘国有企事业单位方面提供经费和政策支持。目前国家实施的基层就业项目包括“三支一扶”计划、大学生志愿服务西部计划、大学生村官计划、农村义务教育阶段学校教师特

设岗位计划。

（一）“三支一扶”计划

2006年3月，中央组织部等八部委，在《关于组织开展高校毕业生到农村基层从事支教、支农、支医和扶贫工作的通知》（国人部发〔2006〕16号）文件中提出“三支一扶”计划，决定“按照公开招募、自愿报名、组织选拔、统一派遣”的方式，选拔安排大学生志愿者到乡镇从事支教、支农、支医和扶贫工作。其目的在于为高校毕业生向基层单位落实就业问题提供具体的指导和保障。工作时间一般为2~3年，工作期间给予一定的生活补贴。工作期满后，自主择业，择业期间享受政策优惠。

资料链接

“三支一扶”计划招募的程序和优惠保障条件

招募对象条件：普通高校应届毕业生，并具备以下基本条件：①政治素质好，热爱社会主义祖国，拥护党的基本路线和方针政策；②学习成绩合格，具有相应的专业知识；③具有敬业奉献精神，遵纪守法，作风正派；④身体健康。

招募程序：每年5月底前，各地根据下达的招募计划和实际情况，采取考核或考试的方式进行招募；经审核、体检确定人选后，签署《高校毕业生“三支一扶”计划申请书》，并于每年6月底前将名单上报全国“三支一扶”工作协调管理办公室备案；确认录用的大学生要进行岗前集中培训，7月底到服务单位报到上班。

期间管理：服务期间的户口由省级工作协调管理办公室指定的有关机构管理，也可根据本人意愿将户口转回入学前户籍所在地。人事档案原则上统一转至服务单位所在地的县级政府人事部门，党团组织关系转至服务单位；服务期间及服务期满的考核由县级政府人事部门负责，兼任乡镇团委副书记的大学生，由团县委会同乡镇党委负责考核，考核材料汇总报送县级政府人事部门，考核结果存入本人档案，服务期满考核合格的颁发《高校毕业生到农村基层服务证书》。

优惠政策：①经费保障政策。根据财政部、人力资源社会保障部关于《高校毕业生“三支一扶”计划中央补助专项经费管理办法的通知》精神，“三支一扶”计划服务期限一般为2~3年，工作期间给予一定的生活、交通补贴，统一办理人身意外伤害保险和住院医疗保险。上述费用由地方财政安排专项经费予以支付，中央财政将通过不断加大转移支付力度予以支持。②就业优惠政策：a. 原服务单位有职位空缺需补充人员时，应优先考虑接收服务期满考核合格的“三支一扶”大学生。相关事业单位公开招聘工作人员，应拿出不低于40%的比例，聘用具有两年以上基层工作经历的高校毕业生，在同等条件下要优先聘用“三支一扶”大学生。b. 服务期满自主创业的，可享受行政事业性收费减免、小额贷款担保和贴息等有关政策。c. 服务期满考核合格的“三支一扶”大学生，报考党政机关公务员的，可以通过适当增加分数以及其他优惠政策，优先录用。到西部地区和艰苦边远地区服务2年以上，服务期满后3年内报考硕士研究生的，初试总分加10分，同等条件下优先录取。对于已被录取为研究生的应届高校毕业生参加“三支一扶”项目的，学校应为其保留学籍。d. 服务期满考核合格的“三支一扶”大学生，根据本人意愿可以回到原籍或到其他地区工作，凡落实了接收单位的，接收单位所在地区应准予落户。e. 进入国有企事业单位时，由接收单位按照所任职务比照同等条件人员确定其职务工资标准，其服务期限计算为工龄，在今后晋升中高级职称时，同等条件下优先评定等。

资料链接

广东省2020年高校毕业生“三支一扶”计划实施工作方案

为贯彻落实《国务院办公厅关于应对新冠肺炎疫情影响强化稳就业举措的实施意见》（国办发〔2020〕6号）《中共中央组织部办公厅 人力资源社会保障部办公厅关于应对新冠肺炎疫情影响做好事业单位公开招聘高校毕业生工作的通知》（人社厅发〔2020〕27号）精神，根据《中共广东省委办公厅 广东省人民政府办公厅印发〈关于进一步引导和鼓励高校毕业生到基层工作的实施意见〉的通知》（粤办发〔2018〕11号）和《中共广东省委办公厅印发〈关于进一步鼓励引导人才向粤东粤西粤北地区和基层一线流动的实施意见〉的通知》（粤办发〔2019〕35号），制定本工作方案。

一、指导思想

以习近平新时代中国特色社会主义思想为指导，全面贯彻落实中央和省委、省政府的决策部署，紧紧围绕打赢脱贫攻坚战和实施乡村振兴战略，以培育和践行社会主义核心价值观为引领，以服务基层发展为目标，以更好发挥高校毕业生作用为核心，创新体制机制，完善政策措施，进一步改善基层人才队伍结构，促进我省基层经济社会事业协调发展。

二、目标任务

按照公开招募、自愿报名、量化测评、公平选拔、统一派遣的方式，招募2000名高校毕业生到我省山区县及东西两翼欠发达地区的农村基层从事支教、支农（水利）、支医和扶贫工作，服务期为2年。

聚力脱贫攻坚和乡村振兴战略，应对新冠肺炎疫情影响，突出招募重点，招募名额继续向贫困地区、基层医疗单位倾斜，招募岗位继续向扶贫岗位、支医岗位倾斜，招募人员继续向贫困家庭高校毕业生倾斜。积极推选“三支一扶”人员、基层农技推广人员兼任基层服务单位团委副书记、基层供销社主任助理等，积极将基层人力资源社会保障窗口单位经办队伍纳入到“三支一扶”计划招募范围。

三、招募原则、对象及条件

（一）招募原则

1. 公开透明。2020年“三支一扶”计划实施工作方案、选拔原则、招募程序、量化标准和招募结果对外公布，全程公开透明。

2. 公平公正。岗位需求条件明确、清晰，系统按照统一量化评分标准，对报名参加“三支一扶”计划的人员进行综合评分。

3. 择优选拔。系统按综合评分从高到低自动排序，按分值高低确定招募派遣对象。

（二）招募对象

1. 普通高校广东生源应届、往届毕业生；

2. 普通高校外省生源应届、往届毕业生，毕业院校须是广东省内高校且具有本科以上学历和学士以上学位；

3. 香港、澳门、西藏籍普通高校毕业生；

已参加过“三支一扶”的高校毕业生不再列入招募范围。

（三）招募条件

1. 热爱祖国，拥护党的基本路线和方针政策，具有敬业奉献精神，遵纪守法，作风正派；

2. 具有大专及以上普通类全日制学历，学习成绩合格，具有相应的专业知识（应届毕业生应有学校出具的普通高校毕业生就业推荐表，往届毕业生须有毕业证书）；

3. 身体健康，须提供体检表，体检参照《广东省事业单位公开招聘人员体检通用标准》和《广东省事业单位公开招聘人员体检表》执行；

4. 年龄不超过 30 周岁（1990 年 4 月 30 日后出生）；

5. 符合招募岗位需求的其他条件。

四、宣传动员

宣传口号：到农村去，到基层去，到人民最需要的地方去。

广东省 2020 年高校毕业生“三支一扶”计划实施工作方案将在广东省高校毕业生“三支一扶”专题网（http：//www. szyf. org. cn，以下简称专题网）、广东省人社厅官网（http：//hrss. gd. gov. cn）、广东人才网（http：//www. gdrc. gov. cn）上发布。

省内各高校、省人才服务局及各地级以上市人社局要围绕招募派遣活动，充分利用校园广播、校园网、公告栏、微信公众号等渠道及时发布招募信息，宣传“三支一扶”岗位需求、招募政策及工作实施方案，并做好发动、组织等工作。

五、招募流程

（一）网上报名

1. 报名时间：5 月 11 日 8：00 至 5 月 25 日 18：00

2. 报名方式：

（1）个人登录专题网站注册，按系统要求填报个人信息，并上传近期免冠证件照和二代身份证扫描件。提交成功后直接在网上打印《广东省 2020 年“三支一扶”计划报名登记表》（以下简称《报名登记表》）。

（2）每人只能选择一个岗位报名，同时须填报是否服从系统调剂到其他岗位。在网上报名时段内，审核机构进行资格审核前，报名人员可使用注册账号登录专题网站查看每个岗位报名人数和相关信息，并调整和修改所填报信息。

(3) 网上填报信息和提交的纸质资料应真实、准确、完整、一致。凡网上信息和纸质材料不一致的，涉嫌弄虚作假的，取消参加“三支一扶”计划资格并追究相关责任。

（二）资格审核

1. 审核内容：为确保量化测评的公正有效，各审核机构应严格把关，认真核对《报名登记表》信息与提交的相关纸质材料的真伪以及是否匹配，特别要对照《广东省2020年“三支一扶”计划量化测评标准表》涉及的十项内容。

2. 审核时间：在规定时间内，报名人员提供齐全完整的相关材料后，各审核机构即可开展资格审核工作。

3. 审核机构及方式：

(1) 省内高校应届毕业生（含外省生源应届毕业生），应将《报名登记表》及其他所需材料于5月27日前报所在高校学生就业指导部门进行资格审核。各高校学生就业指导部门负责审核并在网上确认，然后将本高校所有报名学生名单汇总表（直接在网上生成并打印）加盖公章，并按要求将相关纸质材料一并报省“三支一扶”办公室。

(2) 省外高校的广东生源应届毕业生、外省生源省内高校往届毕业生和香港、澳门、西藏籍普通高校毕业生，以及未承担“三支一扶”任务的深圳、珠海、佛山、东莞和中山市生源往届高校毕业生，应将《报名登记表》及其他所需材料于5月28日前报广东省人才服务局进行资格审核。省人才服务局负责审核并在网上确认，然后将报名人员名单汇总表（直接在网上生成并打印）加盖公章，并按要求将相关纸质材料一并报省“三支一扶”办公室。

(3) 广东生源往届高校毕业生，应将《报名登记表》及其他所需材料于5月28日前报户籍所在地（或生源地）地级以上市人社局进行资格审核。地级以上市人社局负责审核并在网上确认，然后将报名人员名单汇总表（直接在网上生成并打印）加盖公章，并按要求将相关纸质材料一并报省“三支一扶”办公室。

4. 5月31日18：00前，各审核机构要完成资格审核工作，并将相关材料报送至省“三支一扶”办公室，逾期系统将会自动取消缺少纸质材料人员的报名资格。

5. 各高校就业指导部门、省人才服务局及各地级以上市人社局和报名人员，在网上填报和提交信息过程中遇到问题，可直接与专题网站工作人员联系解决。

（三）资格复核

1. 6月1日至6月6日，省“三支一扶”办公室将对各审核机构报送的报名材料进行复核，复核内容同样是核对《报名登记表》信息与相关纸质材料的真伪以及是否匹配。

2. 6月6日，省“三支一扶”办公室将通过系统发送短信通知给复核合格的报名人员。6月10日18：00前，收到短信通知的报名人员，应使用个人账号登录专题网站，确认如被招募能否在规定时间内到所报岗位报到。

3. 在规定时间确认参加的，系统将自动确认为今年“三支一扶”计划备选对象；确认不参加的或在规定时间内没有确认的（以在网站反馈时间为准），系统将自动取消其报名资格。

（四）量化测评

系统将对确定的备选对象，按照量化测评指标自动进行评分和排名。若同一岗位出现综合得分相同的，按网上报名首次提交成功的时间先后确定排名顺序。

（五）确定招募对象

1. 6月11日，系统对各个岗位排名第一位并已提交了符合要求的《体检表》且体检合格的备选对象，将直接确定为招募对象。对各个岗位排第一位、但未提交符合要求《体检表》的报名人员，系统当天将发送体检通知短信，要求其在7天内（即6月17日18：00前）按要求体检。按时向省“三支一扶”办公室提交符合要求的《体检表》且体检合格的报名人员，将被确定为招募对象；逾期未将符合要求的《体检表》送达的，或体检结果不合格的，将被取消备选资格。

2. 6月18日，系统将对因体检原因被取消排名第一位备选对象资格的岗位，自动递补排名第二位的为备选对象。递补排名第二的如已提供符合要求的《体检表》证明体检合格的，系统将直接确定为招募对象；若未提供符合要求《体检表》的，系统将发送体检通知短信，要求其在7天内（即6月24日18：00前）按要求体检。按时向省“三支一扶”办公室提交符合要求的《体检表》且体检合格的报名人员，将被确定为招募对象；逾期未将符合要求的《体检表》送达的，或体检结果不合格的，将被取消备选对象资格。

3. 6月24日，系统对无递补人员的空缺岗位进行人员调剂。办法是：系统将按空缺岗位的排序和要求，对本人同意调剂且已提交了符合要求《体检表》且体检合格的所有备选对象，重新进行量化测评，自动进行排名，排第一位的确定为该岗位的招募对象。

4. 6月25日，系统将对排名第二位但因体检原因被取消资格的进行递补调剂。办法是：优先从报本岗位且有符合要求的《体检表》的人员中顺序递补；如本岗位没有递补人员，则系统将按空缺岗位的排序和要求，对本人同意调剂且已提交了符合要求的《体检表》且体检合格的所有备选对象，重新进行量化测评，自动进行排名，排第一位的确定为该岗位的招募对象。

（六）公示

招募对象名单将于7月2日至6日在广东省人力资源和社会保障厅官网、专题网站上公示5天。经公示无异议的，确定为招募派遣对象，并由省“三支一扶”办公室通过手机短信和网上通报等方式通知本人。

公示期间有异议的，一经核实，取消其招募资格。

六、派遣培训

（一）7月13日前，省“三支一扶”办公室印发《广东省2020年“三支一扶”高校毕业生派遣计划》（以下简称《计划》）。各有关地级以上市“三支一扶”办公室要严格按照《计划》要求，将参加本市“三支一扶”人员名单分配到服务地的县（市、区），并督促县（市、区）“三支一扶”办公室及服务单位在规定的时间内落实“三支一扶”人员服务岗位和住宿场所等。

（二）7月20日前，“三支一扶”人员凭身份证、毕业证（未取得毕业证取消其参加“三支一扶”服务资格）等到各有关地级以上市“三支一扶”办公室报到，当地“三支一扶”办公室根据《计划》审核名单发放银行卡及其他相关资料。本人已确认能参加“三支一扶”服务因故不能按时报到的，要提前主动登录专题网站报告情况，或电话报告当地“三支一扶”办公室，并书面报省“三支一扶”办公室。未主动报告或逾期不报到的，名单将在专题网公布。

如受疫情影响导致应届高校毕业生毕业时间整体延迟的，由省“三支一扶”办公室另行通知报到时间。

（三）7月21日至22日，各有关地级以上市“三支一扶”办公室根据省“三支一扶”办公室编写的《广东省“三支一扶”高校毕业生岗前培训大纲》，结合本地实际，组织“三支一扶”人员岗前集中培训。培训结束后，要及时将参加“三支一扶”人员派遣到有关县（市、区）人社局，不得出现滞留情况。原则上不得调整服务岗位，如服务岗位不能提供基本工作生活条件等而需要调整岗位的，须经“三支一扶”人员书面申请，服务地的县（市、区）和地级以上市“三支一扶”办公室同意，并报省“三支一扶”办公室备案。

七、补录

如有无法递补调剂的岗位空缺、公示不合格以及确认参加而未报到等情形，导致空缺岗位达到全部招募岗位10%以上，各有关地级以上市“三支一扶”办公室可在系统里报名且提交了合格《体检表》的人员中进行遴选，遴选后的名单与岗位由所在地级以上市人社局正式公文报省“三支一扶”办公室，补录工作原则上只进行一次且补录时间不得晚于7月31日。

八、有关要求

（一）加强组织领导。高校毕业生“三支一扶”计划是引导和鼓励高校毕业生到基层工作的重要平台，是推进乡村振兴战略的人才培养工程，是为基层事业发展提供人才支持、补齐基层公共卫生短板的有效途径。各地要高度重视，加强组织领导，健全完善“三支一扶”工作领导小组工作机制，强化部门沟通协调，通力合作，围绕打赢脱贫攻坚战和乡村振兴战略，应对新冠肺炎疫情影响，深入推进计划实施，务求取得实效。各地要制定具体的实施方案，各有关部门要充分发挥职能优势，共同推进“三支一扶”工作。

（二）加强经费保障。各地要按照国家和省的要求，按时足额落实“三支一扶”人员工作生活补贴、社会保险、交通补贴、助学贷款代偿、上岗退费、安家费、就业及社保补贴等政策。为符合条件的“三支一扶”人员发放基层就业岗位补贴、到基层就业补贴，原则上就高不就低。鼓励有条件的地方建立年度考核奖励机制，为“三支一扶”人员办理补充医疗保险、重大疾病、人身意外伤害等商业保险以及住房公积金。各地要充分发挥历年因“三支一扶”人员中途退出造成结余的专项经费的作用。各地级以上市“三支一扶”办公室于每年的6月30日和12月31日前将“三支一扶”人员工作生活补贴发放、购买社会保险等以及结余经费等情况统一报省“三支一扶”办公室。

（三）加强培养使用。各地要认真组织实施“三支一扶”人员能力提升计划，多层次开展岗前、在岗和离岗培训，健全贯穿全服务周期的教育培训制度，提升“三支一扶”人员综合素质和专业水平。各级行业主管部门要发挥行业人才队伍建设职能优势，将“三支一扶”人员纳入行业人才培训对象范围，适时组织开展相关专业技术和技能培训。各地要指导基层单位严管厚爱“三支一扶”人员，落实各项管理制度，明确岗位职责，做好“传帮带”，加强政治引领和约束监督，鼓励他们担当作为，在基层锻炼成长。

（四）加强管理服务。各地要指导和协调基层服务单位结合实际安排好“三支一扶”人员食宿、交通、休假等基本工作生活条件；要多渠道、多形式搭建“三支一扶”人员交流平台，组织开展节日慰问座谈等活动；要积极做好在粤东粤西粤北地区扶贫一线服务的“三支一扶”人员安全管理工作，解决后顾之忧，让他们在基层安心服务。原则上不允许上级单位或其他部门借用“三支一扶”人员，一经发现，省“三支一扶”办将调减存在借调情况的县（市、区）招募人数直到停止招募。

（五）落实优惠政策。各地要严格按照《中共广东省委　广东省人民政府关于推进乡村振兴战略的实施意见》《中共广东省委办公厅印发〈关于进一步鼓励引导人才向粤东粤西粤北地区和基层一线流动的实施意见〉的通知》等相关文件要求，落实服务期满考核合格“三支一扶”人员定向招录公务员、直接聘用事业单位以及事业单位公开招聘加分等优惠政策。鼓励各地统筹利用县级以下基层事业单位编制接收服务期满考核合格的“三支一扶”人员，并不再约定试用期。对服务期满未就业“三支一扶”人员，要通过举办专场招聘会、公共就业与人才服务机构推荐、优先安排乡镇社会管理和公共服务岗位等方式促进其就业。对留在基层继续工作的“三支一扶”人员，要及时将其纳入高校毕业生基层成长计划。

（六）加大工作力度。各地要严格按照“三支一扶”计划实施时间节点推进工作，确保7月24日前将新招募人员派遣到岗服务，7月31日前完成新招募人员信息汇总和录入，并书面报送招募派遣工作完成情况，12月底前报送全年“三支一扶”工作总结。各地要指定专人负责全国高校毕业生“三支一扶”工作管理信息系统运行管理，认真做好信息采集、数据报送、进度管理、统计分析等工作。认真做好今年服务期满“三支一扶”人员就业服务工作，6月30日前完成服务期满“三支一扶”人员的考核工作，7月31日前完成服务期满合格证书发放以及填报就业去向信息等工作，8月31日前将服务期满尚未就业的“三支一扶”人员名单报省“三支一扶”办公室，10月31日前组织公共就业与人才服务机构为每名期满未就业“三支一扶”人员提供不少于2个岗位推荐其就业，11月30日前完成期满服务人员信息核查，确保期满“三支一扶”人员就业。

（七）营造良好氛围。各地要注重开展“三支一扶”人员思想教育，通过组织培训、演讲、征文比赛、论坛等活动，大力弘扬以“勇于担当的责任意识、全心全意的服务态度、甘于奉献的精神追求、锐意进取的创新激情”为主要内容的“三支一扶”精神。持续开展主题突出、形式多样的宣传报道活动，深入宣传“最美基层高校毕业生”先进事迹和优良品质，充分利用各类媒体，广泛宣传“三支一扶”人员服务基层的感人事迹和在基层成长成才的突出业绩，持续营造浓厚热烈的社会氛围，引导高校毕业生转变择业观念，鼓励高校毕业生到基层工作，进一步扩大“三支一扶”工作社会影响力，为深入开展“三支一扶”工作营造良好舆论氛围。

（二）大学生志愿服务西部计划

“大学生志愿服务西部计划”又称“西部计划”，它是由共青团中央、教育部、财政部、人力资源和社会保障部等于2003年根据国务院有关要求共同组织实施的大学生基层就业计划。按照公开招募、自愿报名、组织选拔、集中派遣的方式，每年招募一定数量的普通高等院校应届毕业生，以志愿服务的方式到西部贫困县的乡镇从事为期1~3年的教育、卫生、农技、扶贫以及基层社会管理和基层青年中心建设与管理等方面的工作。

大学生志愿服务西部计划招募的程序和保障条件

1. 招募程序

（1）选拔资格：具有志愿精神；学分总绩点（或学业成绩）排名在本院系同年级学生总数前70%之内；全日制大专以上学历优先；通过毕业体检和西部计划体检；获得毕业证书；优秀学生干部和有志愿服务经历者优先；西部急需的农、林、水、医、师、金融、法学类专业者优先；入学前户籍所在地在西部地区者优先；已录取为研究生的应届高校毕业生和在读研究生优先；参加基层青年工作专项行动的志愿者应累计1个月以上的基层工作、志愿服务经历或者曾获校级以上表彰奖励、担任过各级团学生组织主要负责人；鼓励已被录取为研究生的应届高校毕业生和在读研究生报名参加西部计划。

（2）报名：每年4—5月。

（3）6月经过笔试、面试、统一体检、公示、录用等程序后，经全国领导小组审定后，向志愿者发放《报到通知书》。

（4）报到培训，时间不少于4天。

2. 服务保障

根据《关于实施大学生志愿服务西部计划的通知》（中青联发〔2003〕26号），《关于做好2004年大学生志愿服务西部计划工作的通知》（中青联发〔2004〕16号），《关于引导和鼓励高校毕业生面向基层就业的意见》（中办发〔2005〕18号）和《关于加强普通高等学校毕业生就业工作的通知》（国办发〔2009〕3号）有关精神，2009年大学生志愿服务西部计划志愿者除享受国家规定的高校毕业生就业优惠政策外，给予以下政策支持：

（1）经费保障。一是志愿者生活补贴。服务期间，中央财政给每人每月生活补贴1000元，同时根据所在服务地享受艰苦边远地区津贴（按照人事部、财政部《完善艰苦边远地区津贴制度实施方案》，全国有984个县、市、区纳入实施艰苦边远地区津贴范围，每月津贴标准分别为：一类区120元，二类区210元，三类区350元，四类区515元，五类区900元，六类区1490元），按月发放。服务单位为志愿者提供住宿等必要的生活条件。二是志愿者人身意外伤害、医疗保险费用。相关保险由全国项目办统一投保大学生志愿服务西部计划志愿者综合保障险。保费每人350元人民币。人身意外伤害、身故（含疾病身故）保险责任，保额30万元，住院医疗保险责任，保额30万元，疾病门诊责任，保额1万元。三是志愿者体检费。由中央财政按照人均200元（服务西藏专项人均500元）的标准给予支持。全国项目办在志愿者到岗后按照各省实际到岗人数的110%一次性拨付给招募省项目办，由省项目办根据实际情况分配。另外还有其他经费。各级项目办要积极争取在同级财政安排的专项工作经费中，列支培训、项目管理工作经费。服务县项目办应结合实际争取党委、政府支持，将西部计划纳入当地年度重点工作范围，并将管理经费列入同级地方财政范围。

（2）户口档案管理。为加强志愿者管理，志愿者服务期间，户口、档案保留在学校；服务期满后志愿者通过双向选择落实工作单位，学校再发放报到证。

（3）就业优惠。志愿者服务期至少满1年且考核合格的，可以应届高校毕业生身份报考公务员。报考中央机关和东、中部地区公务员的，同等条件下，优先录取；报考西部地区公务员的，笔试总分加5分。

（4）考研优惠。志愿者服务期满2年考核合格的，3年内报考研究生，初试总分加10分；同等条件下，优先录取。

典型案例

情定八桂　践行志愿青春

黄加荣，2011年参加大学生志愿服务西部计划，创立了帮助贫困山区留守儿童的广西炭火行动助学志愿者协会。结束服务期后，黄加荣毅然扎根广西，考取了基层的公务员。2018年3月，黄加荣成为新一轮广西壮族自治区选派驻广西河池市都安瑶族自治县保安乡平浪村党组织第一书记。

2011年8月，大学刚毕业的黄加荣毅然辞去高薪工作，报名成为西部计划志愿者，前往广西柳州市融水苗族自治县服务。服务期间，黄加荣走访了广西贫困山区50多个乡镇、200多个村寨、300多所学校，开展志愿服务时数多达1万6千多小时，组建广西炭火行动助学志愿者协会，积极争取社会资源对1万多位贫困留守儿童进行资助，累计发放物资金额高达300多万元。2013年10月，黄加荣服务期结束，回到广州工作。短短的四个月不到，黄加荣再次辞职，回到广西，考取了基层公务员，并继续坚持运营炭火行动助学志愿者协会，为孩子们、贫困山区脱贫攻坚贡献自己的一份力量。

2018年3月，黄加荣成为新一轮广西壮族自治区选派驻广西河池市都安瑶族自治县保安乡平浪村第一书记。就任平浪村第一书记以来，黄加荣的足迹遍布全村24个屯、127个贫困户。平浪村是一个石漠化非常严重的贫困村，全村的群众都靠种玉米为生。黄加荣刚到这个村的时候，整个村集体收入只有2万元。通过这几年的努力，平浪村的贫困发生率从23%下降到1.63%；开展亮化工程，树立起200多盏太阳能路灯；为全村117户贫困户解决了“两不愁三保障”问题，争取了各类扶贫项目和捐赠资金近400万元；村集体产业从单一的肉牛养殖，到“肉牛养殖、蜜蜂养殖、油茶种植、野生毛葡萄种植”的“长中短期”多元化发展模式，村集体经济收入从原来的2万元增长到31.3万元，实现由脱贫之路走向致富之路。

2020年疫情期间，黄加荣放弃假期主动回村开展防疫工作，发动家人和身边朋友捐款购买5600余个口罩赠送给警务人员、环卫工人和所驻村学生，带动村民及贫困户，通过线上线下开展严密的防控工作。

此外，黄加荣还荣获了2018年全国学雷锋志愿服务“四个100”先进典型、“最美志愿者”、全国优秀共青团员、第九届中国青年志愿者优秀个人奖、全国优秀少先队辅导员、全国优秀共青团干部等荣誉称号。

（三）大学生村官计划

大学生村官工作是党中央着眼于党和国家事业长远发展做出的一项重大战略决策。从1995年江苏省实施“雏鹰工程”开始，到2004年，有10个省区市启动了选派大学生到村任职工作。2005年至2007年17个省区进行了局部探索试验。2008年，出台《关于选聘高校毕业生到村任职工作的意见（试行）》，在31个省区市和新疆生产建设兵团部署开展了大学生村官工作。经过十余年的探索和实践，这项工作得到长足发展，取得显著成效。

资料链接

大学生村官的选聘程序和待遇

1. 大学生村官的选聘

（1）选聘对象：原则上为全日制本科及以上的学生党员或优秀学生干部。

(2) 选聘的基本条件：思想政治素质好，作风踏实，吃苦耐劳，组织纪律观念强；学习成绩良好，具备一定的组织协调能力；自愿到农村基层工作；身体健康。选聘对象和选聘条件的具体规定，由省（区、市）党委组织部根据实际情况确定。

(3) 选聘工作：由省（区、市）组织人事部门定期、统一组织实施，或者由省、市两级组织人事部门共同组织实施。

(4) 选聘程序：选聘工作一般通过发布公告、个人报名、资格审查、考试、组织考察、体检、公示、决定聘用、培训上岗等程序进行。由县（市、区）组织、人力资源和社会保障部门与大学生村官签订聘任合同，聘期一般为 2 至 3 年。

2. 待遇保障

(1) 新聘任大学生村官补贴标准按本科 2200 元每月、研究生 2600 元每月，并随之同步提高。在艰苦边远地区工作的，按规定发放艰苦边远地区津贴。(各省各地待遇不完全相同)

(2) 大学生村官聘用期间，按照当地对事业单位的规定，参加相应社会保险，并办理重大疾病、人身意外伤害商业保险。

(3) 符合国家学费补偿和助学贷款代偿政策规定、聘期考核合格的大学生村官，其学费和国家助学贷款由财政补偿和代偿。

(4) 在村任职 2 年以上，具备选调生条件和资格的，经组织推荐，可参加选调生统一招考。

(5) 聘用期满、考核称职的大学生村官，经县级组织、人力资源和社会保障部门同意，可参加面向大学生村官等基层服务人员的公务员定向招录。

(6) 除实行职业资格准入和专业限制的岗位之外，县（市、区）、乡镇事业单位每年在公开招聘工作人员时，要拿出一定比例定向招聘服务期满、考核称职的大学生村官。

(7) 聘用期满、考核称职的大学生村官，报考研究生享受增加分数等优惠政策，同等条件下优先录取。

(8) 被党政机关或企事业单位正式录用（聘用）后，在村任职工作时间可计算工龄、社会保险缴费年限。

(9) 到西部和艰苦地区农村任职的，户口可留在现户籍所在地。

"女娃村官"徐士晴：开辟新路子，搅活老村子

2018 年，连云港市海州区招聘回村任职大学生，在外工作的徐士晴毅然决定"回村"，在通过区委组织部的层层考核后，成为村里的主任助理。

徐士晴从上大学开始，周末就经常出去做义工，后来去云南支教，一直非常热衷公益事业。回到家乡，看到村里大量的留守儿童得不到好的教育，徐士晴毅然决定成立"儿童之家”。两年来，每个周末，徐士晴都会牺牲休息的时间来为孩子们上课。在徐士晴的带动下，有不少“新村干”在全区组建了15个“留守儿童之家”，开设暑期少儿公益阅读站60余个，开展“送学”活动300余次。

城北村地处板浦镇中心位置，有近8000人的流动人口，疫情防控期间，徐士晴和同事们挨家挨户发送传单，统计信息，每天都要忙到深夜。

从春耕春种到创办儿童之家，从股权改制到非规模养殖场拆除，从辖区内无证房改电、省创业型村居的打造到省健康村创建，村里的许多工作都留下了这位“女娃村官”的影子。

她管理的农家书屋在2018年获评连云港市农家书屋示范点，城北村也先后获评连云港市“家庭教育先进集体”“亲子阅读示范基地”，同时她本人被聘为连云港市“亲子阅读推广大使”。

乡村正是有了一个个徐士晴，在振兴的道路上才更有温度，也更有高度。

（四）农村义务教育阶段学校教师特设岗位计划

2006年，教育部、财政部、人事部、中编办联合颁发了《农村义务教育阶段学校教师特设岗位计划实施方案》，“农村义务教育阶段学校教师特设岗位计划”简称“特岗计划”。该政策是中央实施的一项对西部地区农村义务教育的特殊政策。通过公开招聘高校毕业生到西部地区“两基”攻坚县县以下农村学校任教，引导和鼓励高校毕业生从事农村义务教育工作。“特岗计划”推出的意义是创新农村学校教师的补充机制，逐步解决农村学校师资总量不足和结构不合理等问题，提高农村教师队伍的整体素质，促进城乡教育均衡发展。

资料链接

教育部办公厅　财政部办公厅关于做好2020年农村义务教育阶段学校教师特设岗位计划实施工作的通知

教师厅〔2020〕2号

有关省、自治区、直辖市教育厅（教委）、财政厅（局），新疆生产建设兵团教育局、财政局：

为深入贯彻落实全国教育大会精神和《中共中央 国务院关于全面深化新时代教师队伍建设改革的意见》，吸引优秀高校毕业生到农村学校任教，推动城乡义务教育一体化发展，更好地服务乡村振兴战略和教育脱贫攻坚工作，现就做好2020年农村义务教育阶段学校教师特设岗位计划（以下简称“特岗计划”）实施工作通知如下。

一、政策要点

（一）实施范围。2020年中央“特岗计划”实施范围与2019年相同，具体为：集中连片特殊困难地区和中西部国家扶贫开发工作重点县，省级扶贫开发工作重点县，西部地区原“两基”攻坚县（含新疆生产建设兵团的部分团场），纳入国家西部开发计划的部分中部省份的少数民族自治州以及西部地区一些有特殊困难的边境县，少数民族自治县和少小民族县。

（二）招聘数量。2020 年全国计划招聘特岗教师 10.5 万名，各省（区、市）和新疆生产建设兵团的招聘名额见《2020 年中央“特岗计划”各省份设岗名额分配表》。

（三）招聘条件。1. 2020 年特岗教师招聘不将教师资格作为限制性条件，具体要求按照人力资源社会保障部、教育部等 7 部委《关于应对新冠肺炎疫情影响实施部分职业资格“先上岗、再考证”阶段性措施的通知》（人社部发〔2020〕24 号）有关规定执行。2. 符合招聘岗位要求。3. 以普通高校本科及以上毕业生和师范专业专科毕业生为主，年龄不超过 30 周岁。

（四）财政支持。中央财政继续对特岗教师给予工资性补助。教育部、财政部将根据各地 2020 年设岗计划和往届特岗教师在岗人数核拨 2020 年“特岗计划”中央补助经费。

（五）工作重点。切实加强乡村学校教师补充，优先满足“三区三州”等深度贫困地区县，特别是 52 个脱贫攻坚挂牌督战县，以及新冠肺炎疫情严重地区县村小、教学点的教师补充需求，县城学校不再补充新的特岗教师；持续优化教师队伍结构，加强体音美、外语、信息技术等紧缺薄弱学科教师的补充；向湖北籍和湖北省高校毕业生倾斜。

二、工作要求

（一）安全有序做好招聘工作。各地要在切实做好疫情防控工作的同时，创新招聘方式，安全有序开展招聘工作。一次性招考未完成计划的省份，可以按规定依次递补录用或者调剂计划组织二次招考，开展二次招考的省份可适当推迟第二批特岗教师到岗时间。边远艰苦贫困地区和急需紧缺专业的特岗教师招聘，可以结合实际情况适当降低开考比例或不设开考比例，采取面试、直接考察的方式公开招聘，划定成绩合格线。

（二）及时广泛发布招聘信息。各地要结合本地实际情况，尽快启动 2020 年特岗教师公开招聘工作。招聘公告须在事业单位人事综合管理部门公开招聘服务平台、教育部门网站及教育部“24365 校园招聘”平台上发布，要通过多种途径广泛推介招聘信息，扩大信息发布范围和社会知晓度，及时为高校毕业生应聘提供岗位信息。

（三）确保特岗教师待遇保障。各地要强化主体责任，确保特岗教师工资按时足额发放，按规定参加社会保险，同等条件下在职称评聘、评先评优、年度考核等方面享受与当地公办学校在编教师同等待遇。特岗教师在聘任期间，执行国家统一的工资制度和标准；其他津贴补贴由各地根据当地同等条件公办教师年收入水平和中央补助水平综合确定。要落实好周转宿舍等安排，帮助解决工作生活中的实际困难。

（四）开展特岗教师针对性培训。利用“国培计划”、结对子帮扶等有效措施对特岗教师开展具有针对性的系统培训和指导。尤其是针对非师范专业毕业生，要认真做好入职前的培训工作，帮助其提升师德修养，提高教育教学能力和水平。

（五）落实特岗教师入编等工作。要严格按照有关文件精神，保证三年服务期满、考核合格且愿意留任的特岗教师及时入编并落实工作岗位，扎实做好相关人事、工资关系等接转工作，连续计算工龄、教龄，不再实行试用期。做好《〈农村义务教育阶段学校教师特设岗位计划〉教师服务证书》编制和发放工作。按照国家有关规定落实好服务期满特岗教师相关优惠政策。

（六）强化特岗教师信息管理。各地要结合特岗教师数据库建设，及时掌握特岗教师的基本信息，加强动态管理。教育部将适时把“全国教师管理信息系统”数据作为“特岗计划”实施情况和核定招聘计划的基础数据，各地要及时更新“全国教师管理信息系统”中特岗教师信息，严格审核把关，按时报送。

（七）营造良好社会氛围。2020 年是“特岗计划”实施 15 周年，各地要深入挖掘特岗教师中的优秀典型，加强对“特岗计划”在提升农村义务教育质量，助力脱贫攻坚作用发挥和取得成果等方面的总结，并通过多种形式和渠道进行广泛宣传。请各地认真遴选 3-5 名具有代表性的优秀特岗教师和 3~5 个“特岗计划”组织实施较好、特岗教师群体助力农村义务教育、脱贫攻坚等作用发挥较好的典型案例，分别填写《优秀特岗教师先进事迹推荐表》和《特岗计划组织实施典型案例推荐表》。

（八）加强实施情况监督检查。各地要加大“特岗计划”实施工作的督查力度，严格按照“特岗计划”教师岗位设置要求招聘教师，对特岗教师待遇保障、服务期满入编等政策落实不到位的县（市、区），要及时予以督促整改，同时下一年度不再将该县（市、区）列入“特岗计划”实施范围。对于“特岗计划”实施管理工作不到位，招聘计划完成率较低、特岗教师保障政策落实问题突出的省份，下一年度将适当核减岗位名额。

教育部办公厅 财政部办公厅
2020 年 5 月 6 日

贵州省龙里县积极落实特岗教师待遇保障

一、工资有保障

按照《贵州省农村义务教育阶段学校特设岗位教师管理办法（试行）》（黔教师发〔2009〕342 号）文件要求，落实好“特岗教师”工资待遇、薪级工资调整与在编教师一致，并按时足额发放，未发生拖欠、克扣、挪用等现象。同时，住房公积金、医疗保险、工伤保险、生育保险等社会保障政策落实到位。

二、乡补有提高

根据《中共贵州省委贵州省人民政府印发〈关于全面深化新时代教师队伍建设改革的实施意见〉的通知》（黔党发〔2018〕32号）、《中共黔南州委黔南州人民政府关于印发〈黔南州全面深化新时代教师队伍建设的若干措施〉的通知》（黔南党发〔2019〕8号）文件要求，全县特岗教师与农村学校同等享受乡村教师生活补助政策，2019年9月前标准为每月200元、230元、270元、300元四个等次，2019年9月后提标按每月300元、400元、500元三个等次进行补助，并将公办乡村幼儿园教师纳入发放范围。

三、职称有落实

根据《关于印发〈贵州省中小学教师系列专业技术职务任职资格申报评审条件（试行）〉的通知》（黔人社厅通〔2014〕374号）文件要求，组织符合申报条件的特岗教师按文件要求进行专业技术任职资格评审。

四、津贴绩效有兑现

根据《中共贵州省委贵州省人民政府关于全面深化新时代教师队伍建设改革的实施意见》规定，每年县财政在奖励性绩效工资总量基础上提高25%，用于执行县属学校所设立的校长津贴、班主任津贴、超课时津贴、农村学校教师补贴等项目，特岗教师同等享受，并在保质保量完成工作任务前提下，全额拿到绩效工资。同时，每年参照县直机关年终目标考核标准，与在编在岗教师同等享受县财政给予的年终一次性绩效奖励人均12 000元。

五、评优评先有机制

每年教师节表彰拿出近10%的评优评先比例，单独用于“优秀特岗教师”表彰，2019年教师节评选表彰了县级“优秀特岗教师”15名，进一步肯定他们的成绩和奉献精神，增加他们的荣誉感和获得感，鼓励他们扎根农村。

三、鼓励高校毕业生入伍服兵役

高校毕业生应征入伍服义务兵役的，可以全部代偿助学贷款或者补偿学费。服役期满后，参加政法院校为基层公检法定向岗位招生考试时，优先录取；具有高职高专学历的，退役后免试入读成人本科，或经过一定考核入读普通本科；或者可根据需要参照应届毕业生办理就业报到手续。

资料链接

2020年广东省大学毕业生参军入伍有关政策

经国务院、中央军委批准，2020年上半年征兵工作合并至下半年一并组织实施。国家明确提出扩大大学毕业生入伍规模。

时间安排

征集时间为8月1日开始，9月10日起运新兵，9月30日结束。新兵批准入伍时间和军龄起算时间统一为2020年9月1日。

应征青年报名截至2020年8月15日18时，除2019年应届大学毕业的女青年外，其他人员自动转入下半年应征报名。

基本条件

（一）年龄

应征男青年：征集应、往届大学毕业生，年龄范围为2020年年满18至24周岁（1996.1.1—2002.12.31出生）。

应征女青年：征集应届大学毕业生，年龄范围为2020年年满18至22周岁（1998.1.1—2002.12.31出生）。

（二）基本身体条件

《应征公民体格检查标准》明确：①身高，男青年不低于160cm，女青年不低于158cm，条件兵另行规定。②体重，标准体重（kg）=身高（cm）-110，男青年不超过标准体重的30%，不低于标准体重的15%；女青年不超过标准体重的20%，不低于标准体重的15%。③视力，右眼裸眼视力不低于4.6，左眼裸眼视力不低于4.5，矫正视力不低于4.8且矫正度数不超过600度，条件兵另行规定。④文身，面颈部文身，着军队制式体能训练服其他裸露部位长径超过3cm的文身，其他部位长径超过10cm的文身，男性文眉、文眼线、文唇，女性文唇，不合格。⑤瘢痕体质，面颈部长径超过3cm或者影响功能的瘢痕，其他部位影响功能的瘢痕，不合格。⑥手指、足趾残缺或畸形，足底弓完全消失的扁平足，重度皲裂症，不合格。

应征地选择

普通高校应届毕业生可在学校所在地应征，也可在入学前户籍所在地应征。

户籍不在我省，但经常居住地在我省且取得当地居住证3年以上的，可以在我省经常居住地应征；户籍在我省，经常居住地与户籍所在地不在同一市的，应在户籍所在地应征。

报名应征程序

（一）应征男青年

1. 登记报名。8月15日前，男性适龄青年登录“全国征兵网”填写个人基本信息，参加兵役登记和网上报名，自行下载打印《公民兵役登记/应征报名表》，大学生同步打印《大学生预征对象登记表》和《高校学生应征入伍学费补偿国家助学贷款代偿申请表》。

2. 初检初考。应征青年携带本人身份证、户口簿、学生证、学历证书等相关证明材料，按规定的时间到高校征兵工作站或所属乡镇（街道）武装部参加目测体检和政治初步考核。

3. 体检政考。征兵开始后，应征地兵役机关会将具体上站体检时间、地点通知应征青年本人，应征青年按照通知要求，携带本人相关证明材料，直接参加应征地县级征兵办公室组织的体格检查，当地公安、教育等部门同步展开政治联合考核。体格检查和联合考核合格者，县级兵役机关将通知其所在乡镇（街道）基层武装部，安排走访调查。

4. 役前教育。应征地兵役机关组织体检和政考双合格人员进行为期1周左右的役前教育训练，以思想教育为主、军事训练为辅，并同步开展体格抽查复查工作。

5. 预定新兵。县级兵役机关对体检和政考双合格并完成役前训练的应征青年进行全面衡量，确定预定批准入伍对象，同等条件下，优先确定学历高的青年和大学毕业生为预定新兵。

6. 张榜公示。对预定新兵名单在县（市、区）、乡镇（街道）张榜公示，接受群众监督，公示时间不少于5天。

7. 批准入伍。体格检查、政治考核合格并经公示的，由县级征兵办公室正式批准入伍，发放《入伍通知书》，统一输送至部队服役。

（二）应征女青年

8月15日18时前，按男青年报名办法进行网上报名。报名截止后，教育部学信网自动依据报名人员高考相对分数，按照由高到低顺序择优确定6倍征集任务数的女青年作为初选预征对象。网上报名系统通过短信通知初选对象本人，初选对象登录“全国征兵网”，下载打印《应征女青年网上报名及审核表》，高校应届毕业生、在校生同时打印《高校学生应征入伍学费补偿国家助学贷款代偿申请表》。各地级以上市征兵办公室下载打印应征女青年初选花名册，组织体检政考、综合素质考评、审批定兵，全程公开公示，全程接受监督。

经济补助

主要有以下几个方面：

1. 津贴费。在部队发放，2年共约2万多元，艰苦地区和特殊军兵种单位另有提高。

2. 退役金。退役时由部队发放，约1万多元。

3. 家庭优待金。由地方政府发放，共发2年，每年按照不低于当地上一年度城镇常住居民人均可支配收入40%的标准发放；义务兵服役期间个人获得荣誉称号、立功或者获得优秀士兵称号的，其家庭按不同比例增发一次性优待金；对到新疆、西藏等军队确定的高原、边远、艰苦地区服役的义务兵，其家庭优待金按照不低于普通义务兵家庭优待金当年发放标准的2倍发放。

4. 一次性经济补助金。由地方政府对退出现役的义务兵发放，标准不低于2.5万元。

5. 大学生学费资助。大学生服义务兵役享受学费补偿代偿，本专科生每人每年最高不超过8000元，研究生每人每年最高不超过12000元。

6. 大学毕业生入伍补助。2018年至2020年，我省除广州、深圳市以外的19个地级市应征入伍的普通高校全日制本专科（含高职）、研究生、第二学士学位的应（往）届毕业生，以及成人高校招收的普通本专科（含高职）应（往）届毕业生，且服役满2年的，硕（博）士毕业生每人 3 万元，本科毕业生每人 2.5 万元，专科毕业生每人 2 万元。

发展空间

部队非常重视大学生士兵，特别是大学毕业生士兵，在考学提干、士官选取等方面都有相关优惠政策。

1. 选取士官。同等条件下优先选取士官；优先安排参加专业技术培训；首次选取士官，大学毕业生在高校学习时间视同服役时间。

2. 报考军校。专科毕业生士兵，可参加全军统一组织的本科层次招生考试，录取有关军队院校培训，学制两年。

3. 保送入学。大学毕业生士兵参加保送入学对象选拔的，同等条件下优先列为推荐对象，具有本科以上学历的，安排 6 个月任职培训，具有专科学历的，安排 2 年本科层次学历培训。

4. 士兵提干。符合条件的大学毕业生士兵在部队可以提干，主要条件：参加全国普通高等学校招生统一考试，取得全日制本科学历和学士学位；年龄不超过 26 周岁，入伍一年半以上且在推荐的旅（团）级单位工作半年以上；身体和心理健康，符合军队院校招收学员体格检查标准，等等。

5. 安排工作。退役士兵符合下列条件之一的，由人民政府安排工作：①士官服役满 12 年的；②服现役期间平时荣获二等功以上奖励或者战时荣获三等功以上奖励的；③因战致残被评定为 5~8 级残疾等级的；④烈士子女。

义务兵退出现役报考公务员、应聘事业单位职位的，在军队服现役经历视为基层工作经历，同等条件下应当优先录用或聘用。

退役优待

1. 研究生升学政策。普通高校应届毕业生应征入伍服义务兵役退役后 3 年内参加全国硕士研究生招生考试，初试总分加 10 分，同等条件下优先录取；在部队荣立二等功及以上的，符合研究生报名条件的可免试（指初试）攻读硕士研究生。拥有硕士研究生推免资格的高校，每年安排不低于 2%的推免生招生计划，专门招收本校应届毕业的退役大学生士兵免试攻读硕士研究生。

2. 专升本招生计划单列。高职（专科）学生应征入伍服义务兵役退役，在完成高职学业后参加普通本科专升本考试，实行计划单列。其中，招收以应届毕业生身份参军入伍的退役士兵，招生计划不低于此类报考人数的 80%。在不低于 50%的录取比例的基础上，根据招收工作实际以及院校专业人才培养要求，划定退役士兵录取分数线。

3. 招录招聘政策。

（1）公务员招录：将全省退役大学生士兵招录公务员工作纳入公务员录用“四级联考”，2020 年全省至少安排 400 名指标，与大学生村官、“三支一扶”等服务基层项目统筹安排职位，重点向基层一线单位倾斜，职位设置指标由省级公务员主管部门根据各地区退役大学生士兵数量按比例分配下达。

（2）事业单位招聘：具有本科学历学士学位退役大学生士兵参加粤东西北乡镇事业单位专项公开招聘的，可报考免笔试岗位，不受岗位职称、执业资格、工作年限、户籍等条件的限制，同等条件下优先聘用。

（3）国有企业单位定向招聘：每年国有企业在新招聘职工时，拿出一定数量的岗位定向招聘全省退役大学生士兵，招聘数量不低于当年退役大学生士兵人数的15%。

4. 落户政策。在广东省入伍的全日制在校大学生退役继续完成学业后和在广东省入伍的全日制大学毕业生退役后，一年内被入伍地接收的，可在当地办理落户手续。

典型案例

钟某的军营生涯

钟某是某高校通信工程专业2013级本科毕业生，进入大学后，由于一直向往军营，所以钟某积极报名参军，通过各方面的选拔，最后成功入伍，入伍后被分配到新疆。由于钟某所学专业是部队所需的专业，后来钟某在部队表现突出，荣立二等功，并于大学毕业后成功被推荐免试攻读研究生。

案例分析：对于当今大学生来说，应征入伍是一项不错的选择，可以很好地锻炼意志，报效祖国。同时退役之后，如果在部队表现好，达到条件要求，可以享受国家一系列优惠政策，在读研、就业等各方面享受优惠。

四、鼓励、支持大学生自主创业和灵活创业

创业是实现大学生就业，解决就业困境的重要措施。我国政府出台了一系列措施，支持和鼓励大学生自主创业和灵活创业。对高校毕业生初创企业，可按照行业特点，合理设置资金、人员等准入条件，并允许注册资金分期到位。允许高校毕业生按照法律法规规定的条件、程序和合同约定将家庭住所、租借房、临时商业用房等作为创业经营场所。对应届及毕业两年以内的高校毕业生从事个体经营的，自其在工商部门首次注册登记之日起3年内，免收登记类和证照类等有关行政事业性收费；登记求职的高校毕业生从事个体经营，自筹资金不足的，可按规定申请小额担保贷款，从事微利项目的，可按规定享受贴息扶持；对合伙经营和组织起来就业的，贷款规模可适当扩大。完善整合就业税收优惠政策，鼓励高校毕业生自主创业。对灵活就业高校毕业生申报就业的，提供免费劳动保障和人事代理服务，做好社会保险关系等的接续。落实符合就业困难人员条件高校毕业生灵活就业的社会保险补贴政策，逐步实现就业的稳定。

典型案例

张××是某大学计算机专业的一名毕业生，毕业后回老家农村种起了韭菜。这个举动一开始遭到了亲戚朋友的反对，甚至很多同学对他的行动都很不理解，觉得既然出来读了大学，就是为了走出农村，可是他却要回去种地，当初还不如不读书。但是张××坚持自己的选择，他认为，虽然计算机专业现在听起来很好，但是实际上对于一般的技术人员的需求，市场已经趋于饱和，要想找一份理想又对口的工作并不容易，还不如选择自己回家创业。张××的创业想法并不是一时冲动，而是经过深思熟虑后的行动。他说到做到，通过自己的努力说服了一直反对他的父母，开始了他的创业计划。由于种植不是自己所学的专业，所以，在准备回家创业之初，张××首先进行了市场调查，并且向当地的农户进行了很长时间的学习。从栽培管理到收获，张××认真地学习，最后根据四川当地的气候特点和市场需求，选择种植了叶花兼收的品种，既可以收嫩叶，又可以收花薹。他租借了当地农户的上百亩土地进行种植，在种植之初就开始马不停蹄地联系各个市场，推销自己的韭菜品种，并且在首批韭菜收获的时候，免费提供一部分到市场进行检验。最后，功夫不负有心人，张××种植的韭菜非常成功，现在已经销售到全国各地。

案例分析：大批高校毕业生自主创业的成功实践表明，发挥自己的优势，艰苦奋斗，走创业之路，将会大有作为。同时，也要提醒各位同学，并不是所有毕业生创业都是成功的，也有失败的案例。因此不能凭自己的一时冲动就选择创业，需要经过深思熟虑，并且结合自身各方面的条件来选择是创业还是就业。

五、读研或出国深造

教育本身便是一种投入、一种生产力。接受更多、更高水平的教育，往往意味着收获更多的知识和能力。在大学本科毕业后继续深造，一方面能够丰富自身的知识结构，提升自身的素质层次水平，另一方面能够为自己打开更广阔的视野，这对于未来获得更广阔的发展空间将起到积极的作用。随着就业压力的增大，为了找到一份好工作，拥有一个更好的发展前途，很多大学生把继续深造作为一个重要的选择。此举不仅可以缓解自己的就业压力，而且可以提升自己未来的就业竞争力，同时也意味着自己将有更多的发展机会，开启更有意义的事业，而这些都将直接影响和促进个人事业的发展和生活品质的提高。很多研究都表明，获得过研究生教育的人往往在职场上的满意度与舒适度会更高。他们找工作相对来说更容易，薪酬待遇更好，职业发展前景也更远大。因此，目前很多大学毕业生毕业之后选择保研、考研或出国深造。

第四节 适应新形势的择业观与就业策略

大学的生活丰富多彩。通过大学四年的学习，同学们在知识、能力与综合素质等方面都有了显著提高，有着强烈的就业意愿和积极的就业动机，为能实现自己的人生价值而感到由衷的欢欣；而国家制定的多样化的灵活就业政策也为大学生就业提供了更多的机遇。但是，面对严峻的就业形势，高校毕业生在就业过程中，由于受到社会、学校、家庭及个人等多种因素的影响，就业观念滞后，出现了种种心理矛盾和心理误区。因此，引导学生们端正就业心态，树立正确的就业观和择业观具有重要的现实意义。

一、大学生就业的影响因素

大学生在就业过程中会受到很多因素的影响，有些因素起鼓励就业的正面作用，有些则会让学生更加不愿意就业，起到负面作用，提早认清影响大学生就业的主要因素，对促进大学生就业将起到积极作用。影响大学生就业的因素主要有以下几个方面：

（一）经济因素

目前，国际经济发展形势仍然存在不确定因素，风险和变数依旧很多，欧美主要经济体面临着财政紧缩、主权债务风险上升等诸多问题，新兴经济体面临着经济结构调整、出口下滑等问题，世界经济艰难复苏，影响出口型经济及就业的发展。就中国经济而言，经济发展速度的放缓和经济结构的调整，客观上会对劳动者就业结构产生影响，同时也会对就业总体规模产生挤压效应，对劳动者就业产生影响。尤其是传统支柱产业企业改革的重组加快、淘汰落后产能、部分行业持续低速及产能过剩将造成结构性失业和转型性失业，使就业的难度加大。

（二）社会因素

社会经济的发展使毕业生在就业上出现了多元化的趋势。受经济利益驱动和拜金主义、享乐主义、功利主义等不良社会思潮影响，大学生们在就业过程中更加注重经济效益、地域范围和社会地位，强调自我发展而忽视才智发挥、事业成就、社会需求等。世界观、人生观、价值观的嬗变，造成了大学生在择业中呈现出矛盾心理、攀比心理等不良的就业心态。同时，目前就业市场上还存在不少问题，这也成为毕业生就业中的困扰。如某些单位通过办人才交流会谋利，还有的发布虚假招聘信息，就业市场与协议缺乏权威性，大型的毕业生招聘会签约率不高等；毕业生异地就业派遣、落户口、接档案、劳动保障和社会保险等方面还存在着种种壁垒。另外，用人单位自身也存在过分追求高学历，过分看重工作经验，存在性别歧视现象等问题。现在很多企业认为，学历即能力，要求大学生有好的“出身”，过分追求名校毕业生。这种行为在一定程度上造成人才浪费，出现受聘人员能力与岗位不符、不能人尽其才等情况。对来应聘的大学毕业生要求有1~2年甚至更长时间的实践经验，这对于刚走出校门的应届毕业生来说是不现实的。对招用的大学生缺乏人文关怀，重招聘、轻培养，导致大学生频繁跳槽。此外，虽然法律上承认男女应该具有平等的就业机会，但是在实际的招聘中，很多企业不愿意招收女员工。

（三）学校因素

随着高校教育改革的不断深入，我国高等教育得到了长足发展，但是高校自身也存在不少问题，直接和间接对学生就业产生影响，主要表现在以下方面：一是各校在专业设置上追求大而全，没有自身的办学特色，导致人才的重复和浪费；二是在专业课程设置上重理论轻实践；三是教学过程重理论知识的传授，而忽略学生实践能力的培养，导致大学毕业生缺乏应对社会挑战的实践能力和素质，随着我国劳动力市场的日益完善，人才竞争日益激烈，用人单位对应聘者的实际操作能力、适应工作环境变化的能力提出了更高的要求，但高校“重知识灌输、轻能力”培养模式下培养出来的学生缺乏适应社会的广博知识和实践能力，离社会急需的复合型、应用型人才还有较大差距；四是高校对就业指导工作认识不全面的问题，目前很多高校就业指导队伍仍然薄弱，就业指导内容很多只停留在给学生提供信息、学习政策和传授择业技巧上，对于学生求职能力的培养、毕业生创业教育、健康心理的指导教育还不足，忽视对大学生的职业道德教育和择业观教育。很多学校太过注重“一次就业率”，助长了毕业生仓促就业、随意毁约、频繁跳槽等不良现象的滋生。

（四）家庭和大学生自身因素

家庭教育尤其是家庭的期望对一个人的成长和发展具有重要影响。以父母价值观念为主导的家庭对子女的就业选择往往抱有某种特定的期望，这会深刻影响学生的心理活动和价值判断。有的大学毕业生难以摆脱家庭期望的阴影，相当一部分学生会选择遵从父母的建议，而抛弃自己的就业观念，在择业时盲目地跟着父母的要求走。多数家庭对子女所抱的期望过高，希望他们能到层次较高的单位或经济发达的大城市工作。而大部分学生的在校经历比较简单，对就业形势了解不清，心理承受能力和自我调节能力较差，情绪波动性大，情感较为脆弱，其自身的知识结构、能力素质、特长以及适合的职业和家长的期望之间存在的差距和矛盾日益凸显，遇到困难容易产生焦虑情绪，受到打击后也容易产生自卑心理。

二、当前大学生择业观存在的问题

对于大多数大学生来说，大学生活是单纯的、充满理想的学习生活。但在即将离开校园、跨入社会之际，有些大学生就业期望高，理想和现实的差距巨大，容易产生各种心理问题和观念误区。

（一）自我意识强，就业选择盲目，期望值过高

目前我国高校大学生以 90 后和 00 后为主，很多都是独生子女，在优越的家庭环境中成长，培养出了以自我为中心的强烈意识。表现在就业和求职过程中，就是强调自我的个人主义倾向，忽视所学专业的特点，没有从职业发展、个人前途、国家需要等方面去考虑，择业时过分强调个人发展，很少考虑到自己应对社会做出的贡献，过分追求实惠，功利心理严重，一味追求所谓的热门单位和热门职业。

此外，大学生容易受陈旧观念的影响，常以“天之骄子”自居，过高地估计自己的知识和能力水平。表现在就业和求职过程中，就是他们职业期望过高，好高骛远、挑三拣四、不切合实际。当前我们所说的大学生就业难问题，很大程度上不是找不到工作，而是找不到理想的工作。相当多的大学毕业生存在明显高于社会现实的期望值，主要体现在薪酬、工作单位和工作区域等方面：一是毕业生期望的薪酬明显高于用人单位的薪酬定位，未就业学生群体中对自身获取薪资待遇与能够为单位创造价值二者之间的认识不到位，盲目期望高薪资；二是毕业生在工作单位的选择上，仍然追逐事业单位、大企业作为自己的理想就业选择，不愿到中小民营企业、基层单位就业；三是工作区域上普遍期望到东部发达地区以及大中城市，而不愿到西部欠发达地区就业。大学毕业生就业的期望值过高，就业观念滞后，也进一步加剧了就业压力。

（二）就业压力大，职业选择中存在焦虑和急躁

随着高等教育大众化的推动实施和信息技术的不断发展，高校毕业生的就业环境和就业形势发生了根本性的变化，信息接收渠道的多元化导致许多大学生的职业意愿和择业观念呈现出多元化的趋向。但是由于部分学生自信心不强、就业压力大、期望值高以及用人单位挑剔的原因，不少大学生在各种选择和诱惑面前无所适从，在求职择业的过程中普遍出现焦虑和急躁心理。

许多大学生既希望谋求到理想的职业，又担心被用人单位拒之门外，还担心自己在择业上的失误会造成终身遗憾，并对未来的职业生活感到心中无底，因此在求职过程中存在一定的焦虑，都是正常的。但一些大学生存在过度焦虑，造成精神上的紧张不安，行为上的无所适从。还有一些大学生在求职时显得过于急躁，整个求职期情绪始终处于亢奋状态，常常心急如焚，希望尽快找到合适的工作，但又缺乏对就业形势的冷静观察以及对自我求职的理性思考。还有一些毕业生在并不完全了解用人单位的情况下就匆匆签约，当发现实际情况与自己想象的不一样或发现了更好的工作时，又追悔莫及，甚至毁约，给自己带来许多不必要的麻烦与心理困扰。

（三）就业观念滞后，慢就业的毕业生越来越多

当前，不少高校都存在一些学生毕业之后选择“慢就业”。所谓“慢就业”是指一些大学生毕业后既不打算马上就业，也不打算继续深造，而是暂时选择游学、支教、在家陪

父母或者创业考察，慢慢考虑人生道路的现象。据统计，中国越来越多的 90 后和 00 后摆脱传统的“毕业就工作”模式，成为“慢就业族”。事实上，“慢就业”在国外早已不是新兴名词，不少西方国家毕业生在升学或者毕业之后、工作之前会选择过“间隔年”，即不马上升学或就业，而是选择游历、参加志愿活动等，以增加阅历、增长见识。伴随着人们就业观念的转变，“慢就业”“间隔年”等现象在国内也越来越普遍，这一现象在 90 后和 00 后等新生代就业群体中尤为普遍。大学生求职观念的转变很大程度上影响了当前的就业形势。年轻人考虑更多的是未来规划和就业质量，而“慢就业”能为他们提供缓冲期，让他们充分预估自己的工作状态和生活轨迹。同时，这也反映出毕业生感知到当前就业形势的严峻，又不愿意从事不喜欢的工作，因此选择用“慢就业”来暂时规避现实的竞争。综上所述，大学生在就业前就应该对自己的职业发展有清晰的目标，在这个清晰的目标下对自己的第一份工作放低求职期望。对于大学生而言，社会还是个比较模糊的概念，行业和职业也只是模糊的概念，在经过社会工作的磨炼后才能更加清晰地认识自己的职业发展之路。

（四）自我调节能力差，职业选择中存在悲观和逃避心理

生活中有成功就会有失败，而当代大学生由于一直囿于校园，生活经历比较简单，未曾经历过波折，没有经受过挫折的考验，所以心理承受能力和自我调节能力较差，情绪波动性大，情感较为脆弱，缺乏对待挫折的准备。在求职时他们往往希望一蹴而就，能够顺利就业，害怕失败。当受到挫折和困难时，他们大多不会采取积极的求职心态，而是听天由命、情绪低落、意志消沉，对自己、对未来失去信心，消极等待或怨天尤人、顾影自怜，严重时还会对外界的环境也漠然置之，减少人际交往，对一切都无所谓，进而导致抑郁症。面对就业挫折，会觉得自己事事不如他人，不敢参与就业市场的竞争。

三、大学生适应新形势的就业策略

大学生就业是一项影响面广、社会关注度高的民生工程，对促进青年人自身的进步和发展、维护社会的和谐与稳定都具有十分重要的意义，需要大学生自身和政府、学校、社会的共同努力。

（一）大学生要更新就业观念，提升自身的就业素养

目前，受到家庭、学校、社会和传统文化的一些消极影响，部分大学生身上还存在就业观念不够端正、就业意识比较淡薄、职业素养比较缺乏、职业情怀比较缺失等问题。面临严峻的就业形势，要解决就业问题，大学生应更新就业观念，注重提升自身的素养，应对就业挑战。

首先，大学生要更新就业观念，树立多元化的就业观。就业观是指人们对某一特定职业的根本看法和态度，也是社会对从事某种专业工作人员的较为恒定的角色认定。就业观

念是职业人所具有的意识，是人们对职业劳动的认识、评价、情感态度等心理成分的综合反映，也是职业道德、职业操守和职业行为等职业要素的总和，是支配和调控全部职业行为和职业活动的调节器。面对复杂严峻的就业形势，大学生必须更新就业观念，树立多元化的就业观。一是先就业后择业，克服急于求成的心理。大学生要打破一步到位、从一而终的就业观，树立不断进取的职业流动观念，在流动中发现机会、抓住机会、把握机会。大学毕业生不必急于在短时间内找一个固定的“铁饭碗”，要学会在职业实践中提升自己。劳动不仅创造财富，也会造就人才。党的十九大报告中提到“建设知识型、技能型、创新型劳动者大军，弘扬劳模精神和工匠精神，营造劳动光荣的社会风尚和精益求精的敬业风气”。社会主义是干出来的，新时代是干出来的，大学生要树立“实干才能梦想成真”的新劳动价值理念，弘扬精于工、匠于心、品于行，耐得住寂寞、经得起诱惑的“工匠精神”，树立正确的劳动观，要积极、主动寻求就业，而不能被动地“等、靠、要”。当前，我国已经实现了用工制度的双向选择，大学生主动“推销”自己是一个非常重要的实现就业的途径。只有敢于实践，不断经过工作实践的磨炼和提升，我们才能有更多选择。二是到民营企业、到基层、到农村，到祖国需要的地方去。在当前大城市、主要机关提供的就业机会日趋饱和，而广大基层特别是中西部地区、艰苦边远地区和艰苦行业以及广大农村还存在人才匮乏的状况，为吸引大学生到基层和西部去，国家出台了很多有利的优惠政策，这为毕业生提供了不可小觑的就业机会，为毕业生施展才华、实现理想创造了条件。当代学生应积极响应国家和社会的召唤，到基层去，到西部去，到生产第一线去，到祖国和人民最需要的地方去，把到基层就业视为创业起步、成才的开始，接受锻炼和挑战。这不仅有利于西部、农村的经济建设发展，也有利于锻炼自己。此外，很多大学生还应摒弃传统的就业就到政府机关、事业单位或国有大企业谋职的观念。现在我国的民营企业也发生了重大变化，民营企业的收入水平甚至已和三资企业不相上下，民企的发展也为大学生就业提供了更多更好的个人发展空间。

其次，大学生要客观地认识自身所处的就业环境，注重提升自身的就业素养。当前我国高等教育正处于“精英教育”向“大众教育”转变的时期，一些当代大学生缺乏应有的危机意识，盲目追求就业高层次、高薪酬，择业区城出现“扎堆”现象，造成了供求脱节，这也是造成大学生就业难的原因之一。有的学生，就业满怀热情，目标高，结果遇到一点挫折，就垂头丧气，唉声叹气。面对择业中的各种矛盾和问题，毕业生一方面要认清自己所处的客观环境，要客观地认识自己，对自身的性格特点、兴趣爱好、专业特长、能力水平以及人生观、价值观等有全面的认识和评价，进而确定自己具备哪些潜力，明确什么样的职业比较适合自己和自己今后的职业发展方向，从职业发展的角度分析最适合自己的岗位特征和地域范围；另一方面要注重提升自身的素养。任何职业，干好干长的前提都是精通业务。不能让自己成为专家，也至少应该通晓常识，这样才能有信心和底气在所从事的职业中站稳脚跟。对当代大学生来说，只有充分准备，提高技能，才能打造积极的心理品质，才能自信坦然地应对各类求职考试，正可谓“自信，方可得人信”。在求职准备中，基础素质是前提，只有具备一定的基础素质和能力，才有就业的可能性；求职能力和专业能力是关键，具有一定的求职能力和专业能力，才有就业的可行性；差异性能力是核心，只有具备差异性能力，才能充分就业。此外，还要敢于竞争，坦然面对挫折，学会自我调适。在社会主义市场经济体制下，就业实行的是在国家政策指导下自主择业的方式，竞争意识是现代人必备的素质之一，面对就业竞争的现实，毕业生应当摆脱被动依赖、消极等待的状况，敢于竞争，树立“爱拼才会赢”的观念。面对就业中的困难、挫折，甚至是委屈，如有些专业“热门”，有些则“冷门”，要学会用冷静和坦然的态度待之，客观地分析自己失败的原因，进行正确的归因，更重要的是调整自我心态，提高自己对各种突发事件的心理承受能力。

总之，面对严峻的就业形势，大学生必须树立科学的多元化的就业观，就业的过程，也是大学生重新认识自我、认识社会，并主动调整自我以适应社会的过程。如果能通过求职来增强自我心理调节与承受能力，对大学生今后的职业生涯也是非常有用的。

（二）加强政府宏观政策引导，助推大学生就业

首先，政府要正确处理经济增长与扩大就业之间的关系，坚持就业优先的经济发展战略。明晰发展思路与发展导向，对各部门工作的考核都应把就业工作纳入进来，这将有利于克服单纯追求 GDP（国内生产总值）的弊端。在我国，民营企业、第三产业对缓解就业困境具有重大的促进作用。但是，目前我国民营企业、第三产业的发展还存在诸多问题，特别是发展的质量还不够高，对吸纳毕业生就业的吸引力还不够大。国家应加快宏观政策的调整，制定更多有利的措施加快民营企业、第三产业的发展，提升发展质量，以吸引更多的大学生就业。

其次，国家应大力推进“大学生村官计划”“农村教师特岗计划”“大学生志愿服务西部计划”“三支一扶”计划等项目的实施，做好大学毕业生入伍服义务兵役的征集工作，建立和完善为农村基层输送大学生的招生、培养、就业、激励保障四位一体的长效机制。

最后，国家要创新鼓励大学生自主创业的政策，为大学毕业生自主创业提供更好的创业支撑平台。

（三）适应市场需求，不断加强和完善高校的就业指导工作

首先，高校要适应市场需求，结合自身办学特色，科学优化专业设置。社会对人才的需求是多层次的，任何一所高校都不可能培养出社会所需要的各层各类人才，要根据学校的现实条件确定人才培养的方向和层次。因此，学校在进行专业设置，制定培养目标时，要在广泛深入调研的基础上预测毕业生就业形势，根据学校的办学特色和条件，科学地确定专业、学科模式、人才培养层次和培养目标。不要盲目地随大流，追求专业设置大而全。办学特色是高校办学的生命线，高校确定培养目标的基本原则应因校而异，不同层次

的高校的培养目标要有所不同，同一层次的高校的培养目标应各有特点，同一高校同一专业不同学生的培养目标也应有所不同。

其次，高校要切实加强大学生就业指导工作。各高校可为学生职业规划设计有效对策，加强对毕业生在就业方面的指导，如开设就业指导课、就业咨询处，举办就业座谈会等，帮助即将毕业的大学生确立正确的就业目标和理念。与用人单位合作，多开展校园招聘会和企业宣讲会等活动，利用有效的资源为大学生提供更多就业机会。

综上可见，解决大学生就业难的问题是一个系统工程，需要全社会提高认识、转变观念、紧密配合。作为人才供应方的高校、作为人才聘用方的用人单位和作为宏观调控方的政府都要与时俱进、深化改革，毕业生个人也要加强自我完善。解决高校毕业生就业问题既要遵循市场发展规律，又要有预见性、前瞻性地积极采取措施，以使高校毕业生这一宝贵的人才资源充分发挥作用。

典型案例

适合自己的才是最好的

23岁的刘××，大学时学的是信息与计算机科学专业。可是他认为自己所学的专业过于偏重理论，不能应用于实际，于是决定不找与专业相关的工作，而是进入另外一个相对陌生的领域。现在国家信息中心直属的北京某公司工作的刘××，从上岗到现在，已经从最初的迷茫渐渐变得能适应现在的岗位，并融入公司，自己的能力也能慢慢发挥出来。

回忆近一年的工作经历，刘××深感平时所学的每一样东西都是有用的，在机会未到来时，现在的积累都是为了将来的爆发。在工作的过程中，他学习了很多公关、业务知识，只用了三个月便升到了公司新成立的业务部的副经理职位。而现在，刘××被调到了公司主导的军工部门做项目，开始了一个新的起点，这对于年纪轻轻的他来说，是一种肯定，也是一种鞭策。刘××表示，大学毕业生不一定要找与专业相对口的工作，适合自己的才是最重要的。做自己真正喜欢的工作，才有动力更好地发展。（资料来源：爆破英才网）

本章要点回顾

1. 了解当前高校毕业生的就业制度，为自己的就业做好充分的准备。

2. 了解当前高校毕业生的就业形势，根据自己的实际情况清醒地认识到自己当前就业中所面临的困难。

3. 对于本章所提到的应对高校就业难的对策，要认真地思考，并且认真地总结，做好就业的定位，寻找适合自己的就业途径。

思考与练习

1. 思考讨论题：如果让你形容大学生就业形势，你会用什么词语来形容？就业形势难在哪里？面对就业难，我们该怎么办？

2. 实践操作题：请结合自己所学的专业，选择10~20个毕业的师兄和师姐进行调查，分析自己所学专业的就业形势，提高自己对本专业学生就业的感性认识。

我的专业：

调查时间：

被调查人姓名：

被调查人所学专业：

被调查人毕业时间：

被调查人现工作单位：

被调查人首薪：

被调查人现薪：

被调查人单位员工的大致学历状况：

被调查人对我就业的建议：

我的感受与思考：

3. 案例分析

痛定思痛：20次面试失败之后

毕业求职一年，我经历了20次失败的面试，留下了痛苦的思索。我从吉林长白山的山沟里来到北京求学，在名校学习行政管理专业，连年获得校级一等奖学金，当了3年班长，被评为学校优秀干部。与同学们相比，我自我感觉应是用人单位争抢的人才。2018年大年初五，我回到北京找工作。第一天，在网上投递10份简历后，只接到3家企业的面试通知。带着自己厚达15页的简历，穿着新买的500元大衣，我信心十足地去面试。在一家高新技术企业，人事主管看过我的简历后非常满意，决定最初3个月月薪定在2500元，正式录用后再加1500元。可在落笔签约时，我问了一句："能解决北京市户口吗?"公司无法满足我的要求，第一次面试失败。接下来我经历了5次面试，5家公司都同样无法解决户口。之后，我接到了一个政府机关的面试通知。成了公务员解决户口是没有问题的，但不称心的是工作，听说天天要在"文山会海"中度过，薪酬也不高，我有些犹豫。面试时我的态度模棱两可，考官看出了我的犹豫，面试第6次失败。后来听说一个清华大学的硕士被录取了。

第十次面试在一家跨国公司进行，整整一个下午经历了五轮考试。中文口试、中文专业基础笔试、英语口试和中英互译4关过后，我打败3名竞争对手。最后一轮考试是计算机 Excel 操作，限时 25 分钟，我超时 2 分钟。考试结束，人事部主管说：“很遗憾，要是再快 2 分钟就好了。”

时间流逝，我迎来第 20 次面试。单位是一家位于亚运村的国企，让我做文秘工作，实习期月收入近 3000 元，能给我一个北京市户口。这是一个不错的单位，我签下了名字。人事处长说：“不过，5 年内你不能离开单位。”5 年？时间太久了，我还想积累两三年工作经验后考 MBA 呢，我把单份合同书扔进了废纸篓。

第 20 次面试又失败了，我觉得身心疲惫，一提工作我就想吐。现在，我已决定不再去面试，安心准备考研了。静静的夜里，我陷入思索：做学生 16 年，学习上我一帆风顺，但在找工作时为什么屡试不中？（资料来源：改编自《毕业生就业案例分析》，http：//www.doc88.com/p-7498221518877.html，2020-01-15）

同学们，请说说“我”为什么屡试不中。对此，你有什么好的建议呢？

第二章

我的生涯我能做主吗？

——大学生职业生涯规划

本章导读

“走好每一步，这就是你的人生。”每一个人的人生意义都是需要用一生来诠释的。因此，作为刚刚进入大学的大学生，每个同学都要好好思考，你是选择忙忙碌碌、每天的工作生活都很精彩的人生，还是选择碌碌无为、虚度年华的人生呢？我想，每个同学都渴望自己的未来要活得精彩吧？如果想这样，从你踏入大学校门开始，就要为自己的未来做一个职业生涯规划，将远大的志向作为人生的目标，沿着自己规划的职业发展路径，不断完善自我、超越自我，不浪费每一天的时光。

学习目标

1. 了解大学及其意义
2. 了解专业、职业的基本概念，以及它们的关系
3. 了解职业生涯规划的基本概念
4. 了解大学生的价值观、兴趣、性格、能力与职业生涯的关系
5. 掌握生涯决策方法和大学生职业生涯规划书的撰写

第一节　大学学业与职业生涯

当莘莘学子经过激烈的竞争步入大学校园之后，就要面临人生的又一个重大转变。刚进入大学校园的学生，既可能满怀期待地等待着新生活的来临，又可能会感到迷茫。大学的路该如何走？怎样才能走好？大学对于未来的工作、未来的职业生涯有什么影响呢？本节我们将从大学的概念及其意义、大学专业与职业生涯等方面进行分析。

一、大学概念

蔡元培先生在北京大学1918年的开学典礼演讲词中说："大学为纯粹研究学问之机关，不可视为养成资格之所，亦不可视为贩卖知识之所。"现代大学，名为普通高等学校，是指综合性地提供教学和研究条件并授权颁发学位的高等教育机构。它是一个具有独特功能的组织，大学最根本的功能，是用人类积累起来的文化成果，浇灌人的智慧，培植人的德性，保护和增强社会的文化价值观念，不断对社会变革进行分析，运用自己的批判和前瞻功能引导社会发展。高等学校是大学、专门学院、高等职业技术学院、高等专科学校的统称，简称高校。从学历和培养层次上讲，包括专科、本科、硕士研究生、博士研究生。大学的产生，不仅是人类文明发展的产物，还是以长期办学教育实践为基础，经过历史的积淀、自身的努力和外部环境的影响，逐步形成的一种独特的文化。

二、大学专业与职业

（一）专业概念及其分类

1. 专业概念

《教育管理辞典》将专业定义为"高等学校或中等专业学校根据社会分工需要而划分的学业门类"。各专业都有独立的教学计划，以体现本专业的培养目标和要求。这个定义基本与《辞海》中对专业的解释一致，认为专业是一种学业门类，主要是指根据社会分工的需要，通过对社会上各种资源的整合，分类分层进行高深知识和专门知识、专门工作经验和技术技巧，以及行业道德规范和教、学、研、训等活动的基本单位。

2. 专业分类

截至2021年1月14日，中国的大学专业共有14个学科门类，分别是：哲学、历史学、文学、艺术学、教育学、法学、经济学、管理学、理学、工学、农学、医学、军事学、交叉学科。每个学科门类下设不同的一级学科和二级学科。

我国14个学科门类与一级学科的对应关系

学科门类	一级学科
哲学	哲学
历史学	考古学、中国史、世界史
文学	中国语言文学、外国语言文学、新闻传播学
艺术学	艺术学理论、音乐与舞蹈学、戏剧与影视学、美术学、设计学
教育学	教育学、心理学、体育学

（续表）

学科门类	一级学科
法学	法学、政治学、社会学、民族学、马克思主义理论、公安学
经济学	理论经济学、应用经济学
管理学	管理科学与工程类、工商管理类、农林经济管理类、公共管理类、图书情报与档案管理类、物流管理与工程类、工业工程类、电子商务类、旅游管理类
理学	数学、物理学、化学、天文学、地理学、大气科学、海洋科学、地球物理学、地质学、生物学、系统科学、科学技术史、生态学、统计学
工学	力学、机械工程、光学工程、仪器科学与技术、材料科学与工程、冶金工程、动力工程及工程热物理、电气工程、电子科学与技术、信息与通信工程、控制科学与工程、计算机科学与技术、建筑学、土木工程、水利工程、测绘科学与技术、化学工程与技术、地质资源与地质工程、矿业工程、石油与天然气工程、纺织科学与工程、轻工技术与工程、交通运输工程、船舶与海洋工程、航空宇航科学与技术、兵器科学与技术、核科学与技术、农业工程、林业工程、环境科学与工程、生物医学工程、食品科学与工程、城乡规划学、风景园林学、软件工程、生物工程、安全科学与工程、公安技术、网络空间安全
农学	作物学、园艺学、农业资源与环境、植物保护、畜牧学、兽医学、林学、水产、草学
医学	基础医学、临床医学、口腔医学、公共卫生与预防医学、中医学、中西医结合、药学、中药学、特种医学、医学技术、护理学
军事学	军事思想及军事历史、战略学、战役学、战术学、军队指挥学、军事管理学、军队政治工作学、军事后勤学、军事装备学、军事训练学
交叉学科	集成电路科学与工程、国家安全学

（二）职业概念及其特征

1. 职业概念

从个人发展的角度来看，职业是指人们在社会生活中所从事的以获得物质报酬作为自己主要生活来源并能满足自己精神需求的、在社会分工中具有专门技能的工作。作为人们赖以谋生的劳动过程，职业活动既满足从业者自己的需要，也满足社会的需要。不同的职业具有不同的技术要求，每一种职业往往都表现出相应的技术要求。个体只有把职业的个人功利性与社会功利性相结合，其职业活动及职业生涯才具有生命力和意义。

知识链接

有关“职位”（professional position）、“工作”（job）、“职业”（occupation）和“职业生涯”（career）这几个词的含义在理论上仍然存在着一定程度的争议。不过我们可以大致将它们定义如下。

职位是和分配给个人的一系列具体任务直接相关的。因此，职位和参与工作的个人相对应，有多少参与工作的个人，就有多少个职位。例如，小张是某俱乐部足球队的前锋。

工作是由一系列相似的职位所组成的一个特定的专业领域。例如，前锋是一份工作。

职业是在不同的专业领域中一系列相似的服务。例如，运动员是一种职业。

职业生涯这个概念的含义曾随着时间的推移发生过很多变化。在 20 世纪 70 年代，职业生涯专指个人生活中和工作相关的各个方面。随后，又有很多新的意义被纳入“职业生涯”的概念中，其中甚至包含了生活中关于个人、集体以及经济生活的方方面面。

2. 职业特征

（1）社会性。职业的社会性是指职业是为社会所需要的，是劳动者在特定的社会环境中所进行的社会生产活动。职业体现的是社会分工，是劳动者获得的就业角色，是社会生产力发展的重要产物，体现了对社会生产和社会进步的积极作用。

（2）经济性。职业的经济性指的是职业劳动不是无偿的，是以获得一定的现金或实物等报酬或寻求发展为目的的，这是职业区别于其他活动的重要标志。

（3）专业性。任何的岗位都有其岗位要求，即要求从业者需要具备一定的专业知识技能。不同的职业对于从业人员的专业要求也不同。

（4）稳定性。职业是长期发展而来的，具有较长的生命周期，因此职业在产生后是相对稳定的，不会随着时代的变化而发生更替。职业的稳定性是指其劳动内容和行为模式是相对稳定的，但是随着科技的不断发展，会催生一些新兴职业，原有职业或在时代的发展中岿然挺立，或被时代所淘汰。

（5）规范性。每个职业都有职业行为规范和职业道德规范，它主要包括从业者在工作中应该遵守的行为准则、规章制度。

（6）群体性。职业的群体性指的是职业的形成需要有一定的从业人数，但凡达不到一定数量从业者的劳动都不能称为职业。

（7）时代性。职业的时代性指的是在每一个时代职业领域都会发生变化，不同时代会出现不同的热门职业。

人工智能与新时代我国社会职业发展预测

一方面，以互联网技术、云计算以及终端设备为代表的全球化网络数字技术，推动着中国制造业升级，新产品、新模式、新业态不断涌现。无论是共享经济、互联网金融，还是电子商务、个性化定制，都带动了新职业的出现：快递员、数据分析师群体不断扩大，网约车司机、酒店试睡员等职业方兴未艾。

另一方面，信息时代也给职业结构变迁埋下伏笔。工业时代的生产模式是大规模、标准化、低成本的，而信息时代的生产模式则是全覆盖、个性化、高价值的。这意味着，高技能、高技术、高创造的劳动和职业将取代传统体力劳动，成为发展新动力。

2016 年，人工智能 AlphaGo 战胜韩国围棋选手李世石。在北京举办的 2018 世界机器人大会上，人工智能最新产品纷纷亮相，机器人不仅可以调配新鲜咖啡、写毛笔字，还能看病、辅助手术、演奏乐曲。专家认为：“这是新标志，世界到了新生产力革命的前夜，人工智能将是下一个生产力的核心。”过去，劳动划分为简单劳动、复杂劳动、脑力劳动、体力劳动。但在人工智能的背景下，劳动将进一步分为四种类型：一是规则性体力劳动，重复单一动作，不需智能；二是规则性脑力劳动，如计算报表等；三是非规则性智能劳动，包括专业性思考、复杂性对话、综合性平衡、原创性创新；四是非规则性体力劳动，既包括篮球、足球等复杂运动，也包括便利店值守等简单劳动。将来，人类最有前途的劳动领域是非规则性智能劳动和非规则性体力劳动。

“机器换人”成为一些人对职业与生存的隐忧。未来我国的就业形势肯定会发生变化，但主要是结构性的变化，而不是绝对就业量的减少。换言之，人工智能的发展，或将是倒逼就业结构深度调整的机遇，使低价值劳动密集型生产向价值更高的岗位转移，使重复性劳动向创造性劳动转移。

人工智能和机器人未来虽然会被广泛应用并取代某些岗位的工作，但是我们大可不必太过悲观。从目前来看，机器人取代的工作大多是机械性、重复性的，许多需要创造力、想象力的工作是机器人无法胜任的。未来社会中，虽然一些逻辑化、重复性操作技能的职业会被机器人取代，但是大量“个性化”“人际互动情感化”“未知探索实验性”与“创新创造性”的工作岗位会被创造出来。还没有足够的证据证明人工智能技术的进步对劳动力需求产生了重大影响，目前人工智能更多的只是被用来帮助人们更好地完成工作，而不是代替人们完成工作。研究表明，在人工智能时代，并不会有大量新职业会被创造出来，而原有的大量职业或岗位会借助人工智能进行升级、细分与改造。

人工智能已成为社会讨论的热点话题，基于大数据的深度学习和类人神经网络算法有所突破，但是人工智能依然没有原创能力、谈判能力。在未来社会中，为了避免自己的工作岗位被人工智能取代，提升自身的职业素养也许是人们的唯一选择。所谓提升自身职业素养，就是要和人工智能形成差异化优势，人们永远也赶不上计算机的计算能力，但是在创造力、艺术表现力、想象力、谈判能力、与人的沟通能力等方面，人工智能远不及人类。[资料来源：陈宇，张国英，程姝，徐欧露. 改革开放与中国职业变迁观察 [J]. 中国培训，2019 (1).]

延伸阅读

人社部、市场监管总局、统计局联合发布新职业

2019 年 4 月 1 日，人力资源和社会保障部、市场监管总局、统计局正式向社会发布了人工智能工程技术人员、物联网工程技术人员、大数据工程技术人员、云计算工程技术人员、数字化管理师、建筑信息模型技术员、电子竞技运营师、电子竞技员、无人机驾驶员、农业经理人、物联网安装调试员、工业机器人系统操作员、工业机器人系统运维员 13 个新职业信息。这是自 2015 年版国家职业分类大典颁布以来发布的首批新职业，是由人力资源和社会保障部组织职业分类专家，严格按照新职业评审标准和程序，从有关申报单位提交的新职业建议中评选出来，经公示广泛征求社会各界意见后确定的。首批新职业主要集中在高新技术领域，具有以下几个特点：

一是产业结构的升级催生高端专业技术类新职业。当前，我国经济已由高速增长阶段转向高质量发展阶段，这对劳动者的科学文化素质和能力水平提出新的要求。近几年，随着我国人工智能、物联网、大数据和云计算的广泛运用，与此相关的高新技术产业成为我国经济新的增长点。对从业人员的需求大幅增长，形成相对稳定的从业人群。人工智能工程技术人员、物联网工程技术人员、大数据工程技术人员和云计算工程技术人员 4 个专业技术类新职业应运而生。这些新职业以较高的专业技术知识和能力为支撑，从业人员普遍具有较高学历。

二是科技提升引发传统职业变迁。随着新兴技术的发展，传统的第一、第二产业越来越智能化。工业机器人替代生产流水线上简单劳动力的做法在部分地区得到推广，与机器人相关的生产、服务和培训企业蓬勃发展。工业机器人的大量使用，对工业机器人系统操作员和系统运维员的需求剧增，使其成为现代工业生产一线的新兴职业。随着无人机技术的成熟，利用无人机完成一些人类难以完成的高难险和有毒有害工作成为可能，通过无人机可以进行植保、测绘、摄影、高压线缆和农林巡视，无人机在物流等领域也拥有广阔的应用空间。大量无人机的使用，使无人机驾驶员成为名副其实的新兴职业。

三是信息化的广泛应用衍生新职业。信息化如同催化剂，使传统职业的职业活动内容发生变革，从而衍生出新职业，如：数字化管理师、建筑信息模型技术员。随着物联网在办公、住宅等领域得到广泛应用，信息化与现代制造业深度结合，物联网安装调试从业人员需求量激增。近几年，在国际赛事的推动下，基于计算机的竞技项目发展迅猛，电子竞技已成为规模庞大大的新兴产业，电子竞技运营师和电子竞技员的职业化势在必行。在农业领域，农民专业合作社等农业经济合作组织发展迅猛，从事农业生产组织、设备作业、技术支持、产品加工与销售等管理服务的人员需求旺盛，农业经理人应运而生。（资料来源：人力资源和社会保障部网站）

（三）专业与职业的关系

“我学的是计算机专业，但我从小的理想是从事金融管理，如果不是高考时被调剂了，我才不想学习这个专业。我大学四年都在学校经济管理学院修读第二学位，我觉得只有在经济管理学院学习金融管理，才能找到自己的幸福感。临近毕业了，如果想找一个金融管理类的工作，我该怎么做?”“我喜欢玩游戏，不知道玩游戏能否给我毕业后的生活带来收入？我的专业是计算机，可能和游戏有一定的关系，但又好像关系不大。我该怎么办?”

关于专业和职业，很多大学生都比较“迷茫”。其实职业、就业都与专业有关。关于专业，很多同学都有这样的表现：一问什么都不知道，不知道自己是否真正喜欢，不知道自己将来能做什么，不知道自己想做什么。

专业和职业的关系可以说是错综复杂，在大学生们将来所从事的行业中，有的跟他们的大学专业重合，有的却跟他们大学所学的专业完全无关。在企业的招聘信息中，我们也可以看到企业的招聘需求，有的对专业有明确的要求，有的却对专业无任何要求。那么，专业和职业到底有哪几种关系呢?

第一，专业与职业部分重合。专业的部分与职业的部分要求重合，专业剩余的其他部分与职业要求没有关系。这种情况既要求学生学好专业知识，又要求学生掌握本专业以外的知识。

第二，专业与职业分离。即意味着自己所学的专业与未来的职业毫无关系，如果有可能，学生最好能够调整专业或者辅修其他专业。

第三，职业中体现专业。专业与职业高度相符，其专业应用于职业的范围较狭窄，同时职业发展依赖于该专业知识，两者之间存在特定的相互依附关系，任何一方的不足都会影响对方的存在和发展。

第四，专业包含职业。表现为专业与相关职业的一对多的关系，这是在专业的基础上发展职业的。

综上所述，从专业与职业之间的关系来看，它们并不都是一一对应的关系，而是呈现出一对一、一对多、多对多等非常复杂的相关关系。比如企业在招聘文员时，其可接受的求职者包括汉语言文学类、新闻类、行政管理类等专业的学生；而计算机专业毕业的学生可以从事市场营销、数据分析、保险等多个职业。因此学生在进行职业规划的时候，首先要确定专业与职业的对应关系，通过对专业的探索，了解到本专业未来能够从事的工作类别，从而对自己的未来进行规划。

中文系毕业生可就业的方向有哪些？

一、基础教育行业的教师

1. 就业前景。随着中国经济的不断发展，人们的消费从基本生存与生活资料的消费逐渐提升到文化娱乐与生涯发展的消费，家庭与个体对教育的投入比重越来越大。同时，国家也在不断加大对教育的投入，不断提升教师福利待遇与职业地位。在就业形势趋紧的现实压力下，教师这个古老的职业越来越受欢迎。

大城市的基础教育系统的教师早已呈现饱和，每年吸收的新生力量有限，竞争激烈，尤其是待遇好的名校，但在欠发达地区教师仍是稀缺人才。

2. 从业建议。中小学教师职业优点：稳定，成就感强。缺点：活动面窄，责任重大。在做此选择前，还是要做好自我分析，看看自己是否真的“好为人师”，愿意承担教书育人、传道解惑的责任。入门此职业，非师范生首先要考取教师资格证书；同时，需要做长期的准备和职业规划。比如要多提升自己的组织能力与团队合作能力，当然也要提升专业的“口才”与“文才”；好好学习实践心理学，教育学与认知学习理论是很有必要的。

二、媒体行业的编辑

1. 就业前景。将近 1/3 的编辑写作职位，都来自各类媒体，包括报纸、书籍、期刊等传统媒体行业。有数据统计，在未来的几年内，借助网络的应用发展，会出现大量各种类型的网站，从而使网络编辑职位的需求猛增。与传统媒体行业不同，网络编辑需要具备相当的计算机技术水平，比如运用 HTML 语言制作网页与用 Photoshop 处理简单的影像等能力。编辑职位的薪酬因职位职责不同而有很大的差别。小规模的出版社提供的薪金比大规模的出版社要低很多；网络公司又比传统媒体要高些。

2. 从业建议。一般来说，除了应有的文章采写能力，编辑还需要具有策划、组织能力。所谓策划，是指选题创意策划能力；所谓组织，则是选题确定以后的稿源组织等。早先一步开始你的职业化进程，浏览媒体专业网站，协助采访、实习、积累经验是不错的选择。刚入该行，还是非常辛苦劳顿的，需要有心理准备和很好的体能储备。

三、企事业单位关键岗位的助理或文秘

1. 就业前景。作为传统的就职去向，该职位竞争比较激烈，不但需要出众的外形气质与干练素养，还需要高度的专业技能。各职位薪酬水平也相差很大。

2. 从业建议。职业发展路径大致为：助理—专员—经理。要想实现职业发展顺畅，就要比别人做得更专业，人际关系处理更到位。该职业处理细节的职业习惯与专业技能同样重要。入职需要的几个基本技能，如打字速度、办公软件、公文写作等都要过硬，否则工作一开始就会遇到麻烦。同时要学习日程安排、日常事务处理技巧、会议组织、人际关系处理技巧、时间管理、压力管理等必修课程。要想获得类似某公司驻中国首席秘书或上市公司董事会秘书等金领级别的职位，外语口语与高级文秘证书亦是必要条件。

四、企业的文案策划人员

1. 就业前景。“艺术是神灵的游戏。广告是尘世的花朵。”不管夸张与否，有很多出色的策划曾经让默默无闻的产品举世皆知，更有传奇色彩的手笔在行里行外成为经典。策划人员的任务是点石成金，能用你的创意为客户创造财富。对于中文专业的学生来说，还需要掌握另外一门专业或某行业的业务知识，才有入门与职业发展的前提。对于该职业，积累很重要，也就是说刚开始会比较难，但越做越专业，越得心应手。这类职业最大的特点是兼具创意性和技术性。

2. 从业建议。中文系毕业生的专业优势是文笔相对占优，劣势也很明显，可能需要恶补其他专业的知识。从网站与相关专业人士手里搜集相关专业策划案的资料是一个捷径。广告行业的策划人员，需要实践磨炼才能出真才，所以在学习知识的同时，最好到有实力的公司去“蹭”经验。文案创作有一定的条理性，通常做久了就能按照类别摸出一套规律，比如活动文案一般包括活动内容、活动对象、资金预算、预期目标等几大部分。策划要用尽可能详尽的文字去阐述，因为客户一般只是通过你上传到网站上的作品来判断的，不用进行语言交流，所以一定要让客户读懂并了解你的用意所在。策划人员要掌握高超的排版技巧与规范的表达方式，做到内容与形式的完美统一。所以要做这行，学习掌握文字排版与图文处理软件是很有必要的。

第二节　职业生涯规划概述

一、生涯与生涯发展理论

（一）生涯

目前，大多数学者所认可的生涯的定义基本来自萨柏（Donald E. Super）在 1976 年提出的观点：生涯是生活中各种事件的演进方向与历程，综合了个人一生中各种职业与生活的角色。由此表现出个人独特的自我发展形态。生涯也是人生从青春期到退休之后，一连串有酬或无酬职位的综合。除了职业之外，还包括任何与工作有关的角色，如学生、退休者，甚至包含家长和公民的角色。

为了综合阐述生涯发展阶段与角色彼此间的相互影响，萨柏创造性地描绘出一个多重角色生涯发展的综合图形——“生涯彩虹图”（见图 2-1），形象地展现了生涯发展的时空关系，更好地诠释了生涯的定义。在生涯彩虹图中，纵向层面代表的是纵观上下的生活空间，由一组职位和角色组成，分成子女、学生、休闲者、公民、工作者、持家者六个不同的角色，他们交互影响交织出个人独特的生涯类型。他认为在个人发展历程中，个人会随年龄的增长而扮演不同的角色，图的外圈为主要发展阶段，内圈阴暗部分的范围，长短不一，表示在该年龄阶段各种角色的分量；在同一年龄阶段可能同时扮演数种角色，因此彼此会有所重叠，但其所占比例分量则有所不同。

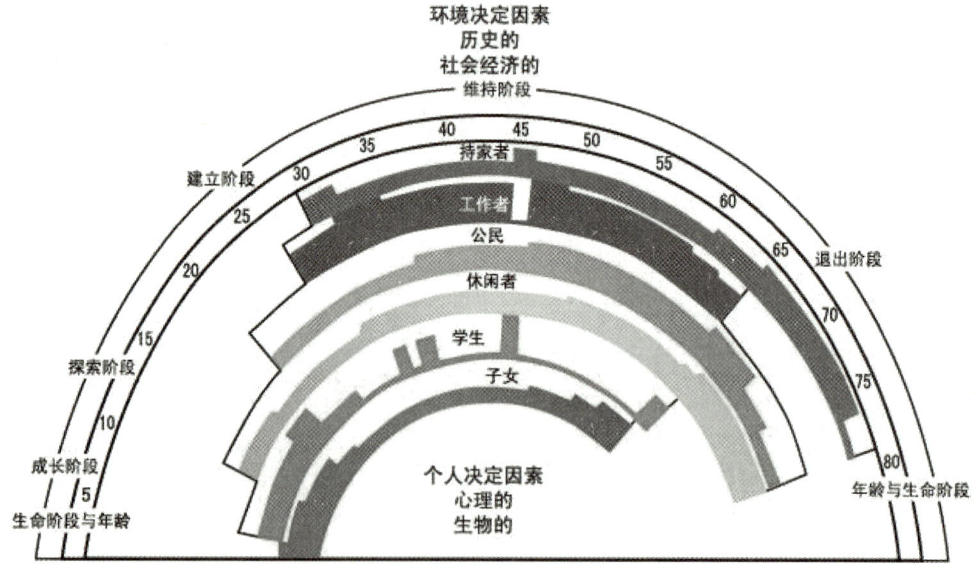

图 2-1　生涯彩虹图示例

图 2-1 为某位来访者为自己所勾画的生涯彩虹图。半圆形最中间一层，儿童的角色在 5 岁以前是涂满颜色的，之后渐渐减少，8 岁时大幅度减少，一直到 45 岁时开始迅速增加。此处的儿童角色，其实就是为人子女的角色。因而这个角色一直存在。早期个体享受被父母养育照顾的温暖，随着成长成熟，慢慢开始同父母平起平坐，而在父母年迈之际，则要开始多花费一些心力来陪伴、赡养父母。

第二层是学生角色。在这个案例中，学生角色从四五岁开始，10 岁以后进一步增强，20 岁以后大幅减少，25 岁以后便戛然而止。但在 30 岁以后，学生角色又出现，特别是 40 岁出头时，学生角色竟然涂满了颜色，但 2 年后又完全消失，直到 65 岁以后。这是由于现代科技发展日新月异，青年在离开学校、工作一段时间之后，常会感到自身学习已不能满足工作需要，需要重回学校以进修的方式来充实自我。也有一部分人甚至等到中年，儿女长大之后，暂时离开原有的工作，接受更高深的教育，以开创生涯的“第二春”。学生角色在 35 岁、40 岁和 45 岁左右凸现，正是这种现象的反映。

第三层是休闲者角色。这一角色在前期较平衡地发展，直到 60 岁以后迅速增加，也许有人会惊讶萨柏把休闲者角色列入生涯规划的考虑之中。其实，平衡工作和休闲是一项非常重要的任务，特别是在如此快节奏、高效率的社会中，正如图中的空白也构成画面一样，休闲是我们维持身心健康的一种重要手段。

第四层是公民角色。本角色从 20 岁开始，35 岁以后得到加强，65~70 岁达到顶峰，之后慢慢减退。公民的角色，就是承担社会责任、关心国家事务的一种责任和义务。

第五层是工作者的角色。该当事人的工作角色从 26 岁左右开始，颜色阴影几乎填满了整个层面，可见当事人对这一角色相当认同。但在 40 多岁时，工作者的角色完全消失，对比其他角色，不难发现，这一阶段，学生角色和家长角色都有不同程度的增强。两三年后，学生角色消失，家长角色的投入程度恢复到平均水平，而工作者的角色又被颜色涂满，直至 60 岁以后开始减少，65 岁终止工作者角色。

第六层是持家者角色，这一角色可以拆分为夫妻、父母、（外）祖父母等角色，然后分别作图。此案例中家长的角色从 30 岁开始，头几年精力投入较多，之后维持在一个适当水平，一直到退休以后才加强了这一角色。76~80 岁几乎没有了持家者的角色。虽然个体的生涯过程中还可能承担其他角色，但对于大多数人来说，上述这些是最基本的角色。在使用“生涯彩虹图”时，个体可根据自身情况，在此图的基础上进行适当调整。

在生涯彩虹图中，最外的层面代表横跨一生的“生活广度”，又称为“大周期”，包括成长阶段、探索阶段、建立阶段、维持阶段和衰退阶段。里面的各层面代表纵观上下的“生活空间”，由一组角色和职位组成，包括子女、学生、休闲者、公民、工作者、持家者等主要角色。各种角色之间是相互作用的，一个角色的成功，特别是早期角色的成功，将会为其他角色提供良好的基础；反之，某一个角色的失败，也可能导致另一个角色的失败。萨柏进一步指出，为了某一角色的成功付出太大的代价，也有可能导致其他角色的失败。

彩虹图中的阴影部分表示角色的相互替换、盛衰消长。它除了受到年龄增长和社会对个人发展、任务期待的影响外，往往跟个人在各个角色上所花的时间和感情投入的程度有关。从这个彩虹图的阴影比例中可以看出，成长阶段（0~14 岁）最显著的角色是子女；探索阶段（15~20 岁）是学生；建立阶段（30 岁左右）是家长和工作者；维持阶段（45 岁左右）工作者的角色突然中断，又恢复了学生角色，同时公民与休闲者的角色逐渐增加，这正如一般所说的“中年危机”的出现，同时暗示这时必须再学习、再调适才有可能处理好职业与家庭生活中所面临的问题。

生涯实践

1. 你喜欢哪种生涯形态？______________________________
2. 你曾想做哪一行的工作？______________________________
3. 现在，你还想做哪一行的工作？
4. 整体而言，下面哪些生活形态对于你而言很重要？选出你最喜欢的三种：

- 住在文化水准较高的地方
- 住在都市地区
- 和父母住在一起，享受天伦之乐
- 工作之余可以参加很多社会活动
- 拥有宽阔、舒适的生活空间
- 和家人共享假期
- 生活富有挑战性、创造性
- 每天有固定的时间与家人相处
- 有宽裕的时间，做自己喜欢的事情
- 每天能够运动
- 能够经常外出旅行看世界
- 能够经常学习，吸收新知
- 有密切配合的工作伙伴
- 贡献自己所能，参与社会服务
- 有崇高的社会声望
- 每个月有稳定的收入
- 可自由支配自己的时间
- 可自由支配自己的金钱
- 和配偶与子女住在一起
- 有丰厚的经济收入
- 居住在小孩上学方便的地方
- 担任管理者的职位

- 和朋友们保持密切的交往
- 居住在固定的地方
- 工作稳定有保障

（二）生涯发展理论

比较有影响力的职业生涯发展阶段划分理论主要有以下四种。

一是萨柏的职业生涯发展阶段理论。萨柏将职业生涯发展分为五个阶段：成长阶段、探索阶段、确立阶段、维持阶段和衰退阶段。成长阶段从 0 岁到 14 岁，分为幻想期（10 岁前）、兴趣期（11—12 岁）和能力期（13—14 岁）。在这一阶段，个人受到家人、老师、同学、朋友的影响，逐步建立自我概念，对职业产生好奇、幻想和兴趣，开始有意识地培养职业能力。探索阶段从 15 岁到 24 岁，分为试验期（15—17 岁）、转变期（18—21 岁）和尝试期（22—24 岁）。在这一阶段，个人积极地探索各种可能的职业，现实地评价个人能力和天赋，根据职业选择做出教育决策，最后完成择业和初就业。确立阶段从 25 岁到 44 岁，分为尝试期（25—30 岁）、稳定期（31—44 岁）和职业中期危机阶段（30—40 岁）。在这一阶段，个人经过早期的探索，确立稳定的职业，谋求发展。此阶段是职业生涯的核心阶段。维持阶段从 45 岁到 64 岁，在这一阶段，个人已获得一定成就，不再考虑更换职业，更多的是维持已取得的成就和社会地位，平衡家庭和工作的关系。衰退阶段从 65 岁开始，个人的健康状况和工作能力渐渐衰退，即将结束职业生涯，权利和责任开始减少。

二是金斯伯格的职业生涯发展阶段理论。金斯伯格（Eli Ginzberg）将职业生涯分为三个阶段：幻想期、尝试期和现实期。幻想期指 11 岁以前的儿童时期，儿童对所接触到的职业充满好奇，幻想着自己长大从事什么职业，并极力效仿。但只是单纯的感兴趣，没有考虑自身的条件和机遇。尝试期从 11 岁到 17 岁，是从少年向青年过渡的时期，分为兴趣阶段（11—12 岁）、能力阶段（13—14 岁）、价值观阶段（15—16 岁）和综合阶段（17 岁）。此阶段的知识和能力得到增长，逐渐形成自己的价值观，初步了解社会，开始结合自身的条件和机遇考虑职业。现实期指 17 岁以后的青年期和成年期，分为试探阶段、具体化阶段和专业化阶段。这个时期能客观地将职业愿望和实现条件结合，有具体和现实的职业目标。

三是格林豪斯的职业生涯发展阶段理论。格林豪斯（Greenhaus）从不同阶段所面临的主要任务的角度来划分职业生涯，将其分为五个阶段：职业准备阶段、进入组织阶段、职业生涯初期、职业生涯中期和职业生涯后期。职业准备阶段在 0 岁到 18 岁之间，主要任务是发展职业想象力、培养职业兴趣、选择职业、接受必要的职业教育和培训。进入组织阶段在 18 岁到 25 岁之间，主要任务是通过求职了解更多的信息，选择适合的职业，并获得较理想的工作。职业生涯初期在 25 岁到 40 岁之间，主要任务是适应组织和工作，不断提高工作能力。职业生涯中期在 40 岁到 55 岁之间，主要任务是学习新知识、努力工作，争取有成就的同时，对早期的职业生涯进行重新评估，决定是否需要重新择业。职业生涯后期从 55 岁到退休，主要任务是保持已有的成就，引导他人，准备退出。

四是施恩的职业生涯发展阶段理论。施恩（Edgar H. Schein）根据人在不同时期的特点和所面临的问题，将职业生涯分为九个阶段：成长、幻想、探索阶段，进入工作世界，基础培训，早期职业的正式成员资格，职业中期，职业中期危险阶段，职业后期，衰退和离职阶段，退休。成长、幻想、探索阶段从 0 岁到 21 岁，充当的角色是学生、职业工作的候选人。进入工作世界从 16 岁到 25 岁，充当的角色是应聘者和新学员。基础培训从 16 岁到 25 岁，充当的角色是实习生和新手。早期职业的正式成员资格从 17 岁到 30 岁，充当的角色是组织新的正式成员资格。职业中期为 25 岁以上，充当的角色是正式成员、任职者、终生成员、主管、经理等。职业中期危险阶段从 35 到 45 岁。职业后期从 40 岁以后直到退休，充当的角色是骨干成员、管理者、有效贡献者等。衰退和离职阶段从 40 岁直到退休，不同的人会在不同的年龄衰退或离职。退休，离开组织或职业的具体年龄因人而异。

二、职业生涯规划的概念

职业生涯规划也叫“职业规划”，又称“生涯规划”。根据中国职业规划师协会的定义，职业生涯规划就是对职业生涯乃至人生进行持续、系统的规划的过程。一个完整的职业规划由职业定位、目标设定和通道设计三个要素构成。

在社会未迈入工业化以前，职业的种类较少，工作内容也较为简单，通常的职业都是父母传授给子女，或由学徒直接向师父学习，因此并不会产生择业的种种问题。自产业革命之后，工业科技日渐发达，机器日新月异，生产过程也日渐复杂，产品种类及生产量也大量增加。因此，行业与职业种类，更加复杂与专业。目前美国《职业分类词典》（*The Dictionary of Occupational Titles*）已列有三万多种职业。如此众多的职业数目及复杂的职业内涵，年轻人凭自己很难洞悉，而父母们也缺乏专业化的知识来协助子女选择适当的职业。因此，辅导年轻人择业的责任，就由家庭转移到学校及社会就业辅导机构。对年轻人而言，职业选择是否适当，将影响其将来事业的成败以及一生的幸福；对社会而言，个人择业是否适当，能决定社会人力供需是否平衡。如果每个人都适才适所，那么不仅每个人都有发展的前途，社会亦会欣欣向荣；相反，则个人贫困，社会问题丛生。

个体职业生涯规划并不是一个单纯的概念，它和个体所处的家庭、组织以及社会存在密切的关系。随着个体价值观、家庭环境、工作环境和社会环境的变化，每个人的职业期望都有或大或小的变化。对于个体来说，职业生涯规划的好坏将影响整个生命历程。我们常常提到的成功与失败，不过是所设定目标的实现与否。目标是决定成败的关键。个体的人生目标是多样的：生活质量目标、职业发展目标、对外界影响力目标、人际环境等社会目标……每个目标体系中的各因子之间相互交织影响，而职业发展目标在整个目标体系中居于中心位置。这个目标的实现与否，直接引起成就与挫折、愉快与不愉快的不同感受，影响着生命的质量。

职业生涯规划最早起源于1908年的美国。有“职业指导之父”之称的弗兰克·帕森斯(Frank Parsons)针对大量年轻人失业的情况，成立了世界上第一个职业咨询机构——波士顿地方就业局，首次提出了“职业咨询”的概念。从此，职业指导开始系统化。到20世纪五六十年代，萨柏等人提出“生涯”的概念，于是生涯规划不再局限于职业指导的局面。

活动设计

读完以下案例资料，小组共同讨论后面的问题并分享结果。

生物学专业毕业的大学生小林是一个有三年多工作经验的女生，先后在某外企和某餐饮企业从事客户服务工作，然而现在的她满脸疲惫和郁闷。她说：“我已经失业4个月了，真烦人。4年前，我大学毕业，学的是生物专业。但我不喜欢，更不想以此为职业。我的英语很好，学校里多年的社团工作经验让我具备了很强的沟通、交际能力。毕业后，我顺利通过三轮面试，成为一家外企的总经理助理，工资水平属于同学中的佼佼者。大家都很羡慕我，但只有我自己知道我的工作无聊，每天都有处理不完的琐碎事情，我感觉自己根本不会有什么出路，更不会学到什么东西。”于是，在一年合同期满的时候，小林毅然离开了那里。不久，小林在报纸上看到一家刚刚进入中国的跨国餐饮集团在招聘工作人员，觉得很新鲜，就去试试，结果被安排在门市部工作，直接接触客户。这个工作小林一干就是两年多。

可是，小林逐渐发现，由于接触的客人大多层次不高，自己的档次也下降了不少；况且，这个企业人际关系复杂，一点都不正规，自己没有背景，要想升职几乎是不可能的。辞职，再一次摆在她的面前。在仔细考虑了一段时间以后，小林认为她绝对能找到更好的机会。于是，她又一次坚决地辞职，并给自己放了三个月的长假，调整好了心态和身体，准备寻找新的工作。

然而，四个月过去了，她邮寄的简历超过了70份，也在各大网站上发了许多求职信，甚至不提工资，不问待遇。让她意想不到的是，她只得到了几个回复，并在简单的一轮、两轮面试之后，没有了下文。

小林现在很苦恼，她说：“我也知道自己没有什么显赫的学历和职业背景，我也不希望自己马上成为高薪一族，但我就是不明白，以我现在的情况，以我这几年还算丰富的工作经验，我怎么就找不到一个普通的工作呢?”

思考与讨论：

1. 你认为小林的问题到底出在哪里？你打算给她一些什么建议？
2. 你喜欢自己目前所学的专业吗？

三、职业生涯规划的原则和步骤

（一）职业生涯规划的原则

（1）清晰性。职业发展规划要因人而异，每个人所处的职业发展阶段不同，其能力、性格和自我发展愿望也不同，因此在制订职业生涯规划的时候，要根据自身的情况，制订个性化的职业规划。职业发展目标和接近与达到目标的措施也必须是清晰而明确的，实现目标的步骤也应直截了当。

（2）挑战性。在制订职业生涯规划目标时，要考虑目标对自己是否具有挑战性，目标是否能够对自己产生内在激励，完成目标是否能够带来满足感。不具有挑战性的职业生涯目标是没有多大意义的。

（3）动态性。职业生涯规划的目标不应该是一成不变的，目标应该具有弹性，需要根据环境的变动做出调整。

（4）一致性。应考虑主要目标与分目标是否一致，目标与措施是否一致，个人目标与组织发展目标是否一致。

（5）激励性。应考虑目标是否符合自己的性格、兴趣和特长，是否能对自己产生内在激励作用。

（6）合作性。应考虑个人的目标与组织的目标是否具有合作性与协调性。

（7）全程性。制订职业生涯规划需要有全局观念，要考虑到职业发展的全过程。

（8）务实性。实现生涯目标的途径很多，在做规划时必须要考虑到自己的特质、社会环境、组织环境以及其他相关的因素，选择切实可行的途径。

（9）可评量。规划的设计应有明确的时间限制或标准，以便评量、检查使自己随时掌握执行状况，并为规划的修正提供参考依据。

（10）职业关联性。专业和职业之间是否有关联，不是以专业和职业本身之间的关联来衡量的，而是以将来要从事职业的要求来判断的。正是因为考虑到职业关联的原则，面对不喜欢自己专业的大学生，专家们常常建议他们寻找专业与兴趣的结合点，而不是鼓励他们换专业。

（二）职业生涯规划的步骤

1. 自我评价

客观的自我认识是制订职业生涯规划的基础，自我认识指的是自己对自己的认识，包括对自己心理特征的认识、对职业生涯发展的认识、对自己兴趣的认识、对自己能力的评估、对自己教育和培训经历的认识，对其他因素的认识等。认识自我，是个人成熟度的反映。只有认识自己，才能对自己的职业方向做出正确的选择，才能对自己的职业目标做出恰当设定，才能选定适合自己发展的职业生涯。

2. 环境分析

在制订职业生涯规划的时候需要对自己所处环境的特点、发展趋势以及外部环境对自己提出的要求等进行分析，以确定自己是否适应组织环境和社会环境的变化，同时确定如何调整自己，使自己能够满足组织和社会的需要。短期规划一般比较注重对组织环境的分析，长期规划则更注重对社会环境的分析。

3. 确定职业发展目标

职业发展目标的设定，是职业生涯规划的核心。职业发展目标指的是可以做到什么职位。一个人事业的成败，很大程度上取决于有无正明确的职业发展目标。因此，大学生在对自我和环境进行分析和评估以后，可以确定适合自己的有实现可能的职业生涯发展目标。职业目标要明确具体，不仅要有总目标，还要包括一个个小的职业目标，并且需要写出各目标的预计完成时间。如果没有切实可行的目标作为驱动力，人们很容易向现状妥协。大学生要将自己理想的职业目标具体化、形象化，在确定职业发展目标时既不能妄自菲薄，也不能好高骛远。为使大学生职业生涯规划更加精准、更加符合实际、更具可行性，可以将其划分为短期规划、中期规划、长期规划和人生规划。

（1）短期规划是指 2 年以内的规划，主要是确定近期目标，规划近期完成的任务，如在 2 年内掌握哪些业务知识等。

（2）中期规划一般为 2~5 年内的目标和任务，如规划到不同业务部门做部门主管等。

（3）长期规划一般指 5~10 年内的规划，如规划成为公司的部门经理或副总经理。

（4）人生规划是指整个职业生涯的规划，时间长至 40 年左右，主要是设定整个人生的发展目标。

4. 制订实现目标的方案

在确定以上各种类型的职业发展目标后，就要制订相应的实施方案来实现这些目标，主要包括职业生涯发展路线的选择、职业的选择、教育和培训计划的制订。实施方案不等于目标，根据目标制订的实施方案必须具体。在现实生活中，许多人都会信誓旦旦地说要实现某个目标，但是常常会半途而废，他们之所以会放弃，往往不是因为实现目标的难度太大，而是因为他们觉得成功离自己很远。因此，大学生在制订实施方案时，应该把最终目标分解成一个个阶段性目标，并制订相应的实施方案。

5. 采取行动

采取行动是所有职业生涯设计中最艰难的一个步骤。职业生涯中的行动主要指为达成既定目标，在提高工作效率、学习知识、掌握技能、开发潜能等方面选用的方法。通过制订分阶段的实施方案，采取具体行动举措，有步骤地一步一步实现目标。如果只有目标，没有行动，那么，目标终归也只能停留在梦想阶段。同学们应该做的是，定下自己的目标，采取实际行动并有计划地不断朝目标方向努力，这一点对职业生涯发展起着至关重要的作用。

6. 评估与调整

在行动的过程中，需要通过评估来检验和评价行动的效果。职业生涯规划也需要经由实践的检验而不断完善。在进行职业生涯规划时，由于每个人自身和外部环境的不同，对未来目标的设定也就有所不同，一个人不可能对外部环境了如指掌，也不可能完全了解自己的所有潜能，这就需要我们在职业发展道路上，根据自身因素和外部环境的变化以及实施过程中所得到的各种反馈信息，不断地对职业生涯规划进行调整。职业的重新选择、实现目标的时限改变、职业生涯策略和路线甚至整个职业生涯目标的调整，都属于修正范畴。评估与调整的目的，是为了纠正最终目标与阶段职业目标的偏差，保证职业生涯规划的有效性，使通向最终目标的职业生涯道路一路畅通，更快更好地实现自己的人生目标。

职业生涯规划对就业的促进作用

1. 求职速度加快

当你有明确的求职目标时，就会有更多的理由去说服用人单位，告诉企业负责人，你就是他最合适的人选。对企业来说，他们也都希望能在最短的时间内找到最合适的人选。当你有了明确的求职目标并把你最有利于这份工作的优势充分地表达出来时，你离应聘成功就已经非常近了。

2. 求职成本降低

因为你有非常明确的职业目标，所以你根本不用去漫天撒网，可以只在各个你认为可能的工作机会前投简历。单凭这一点我们的求职成本就会降低很多，再加上第一条所说的，我们的求职速度将大大地增加，所以掌握了职业规划的方法再找工作，时间将大幅缩短。

3. 工作持久性增强

很多人频繁跳槽大多是因为对工作本身的不认同，这种不认同很可能是无意识的，但如果是有意识的，将势必加快你的离职速度。比如跟老板或同事稍有矛盾，或是经济收入未达预期，而这时外面稍有诱惑，你就极易选择离职，寻求表面上看起来“更好的发展”。而有了明确的职业规划以及目标时，你就会清楚地知道自己得到这份工作的意义，是为积累经验还是为提升技能，抑或是为了历练自己。而此时哪怕有再大的挑战和诱惑，你对工作的选择也会更加慎重，因为你知道这份工作带给你的究竟是什么。

4. 工作满意度更高

因为对工作和职业的高度认同，所以你会更加投入地工作，工作主动性也会大大增强。你会每天很渴望工作时间的到来，你有总也用不尽的动力和能量，你不再把工作当成纯粹的工作，而是把工作当成生活中密不可分的一部分。你可以享受工作带来的无穷乐趣，因为从工作中你可以获得莫大的成就感和幸福感。

5. 充分提升核心竞争力

当你明确了自己的职业规划和选择时，就很自然地知晓了自己需要提升和锻炼什么，自己的核心竞争力在哪里等一系列问题。这样，在工作中你可以轻松地获得更好的发展，你的人生价值和社会价值也都可以顺利地体现出来。这时哪怕你想跳槽，也无须向人求助，因为当你在某个领域有足够资质时，好工作自然会主动来找你。

6. 获得更高的回报

当你对工作更加专注和投入时，你的职业竞争力也将一并得到提升，这时你也必然能给企业和社会创造更多的价值经验及财富，而随之而来的回报也必定是丰厚的，名誉、物质、精神等方面的回报都会主动、迅速地聚集到你的身边。试想一下，每位就业者如果都掌握了职业规划的知识和求职就业的技能，或是得到了权威职业规划机构的专业人士帮助，能快速进行自我职业定位，并确定清晰的职业目标，有计划地实施，找工作还会如此之难吗？建设和谐的社会需要和谐的就业环境。通过职业规划让人们愿意工作，乐意工作，让其在满意的职位上创造更大的价值，这样不仅能解决每个人的生计问题，更可以提升整个社会的竞争力，为国家解决就业难题。（资料来源：新华网）

第三节 自我认识与职业生涯

一、我的价值观与职业生涯

张××，2015 年本科毕业之后直接进入国务院某部委工作，由于人品好、业务能力强，2017 年被提拔为副科长，2020 年又晋升为科长。正当仕途一片光明时，2020 年 8 月他却辞职去创业。许多人为其惋惜：年纪轻轻、有知识、有能力，在国家机关很有发展前途，将来机遇好的话没准还能成为一名部级领导，而自己创业风险很大。在现实中，很多像张××这样的人，例如“李××这样能干的人选择去西部工作？”“小杨大学毕业后怎么不留在大城市而去了乡下？”……很多人认为，他们这种选择不值。那么像张××这样的人的选择究竟值不值得呢？这个问题并没有一个标准答案。只要你认为值就值，你认为不值就不值，这取决于你的个人价值观。其实，现实生活中有很多问题都没有标准答案。你之所以会产生疑问或者不理解，是因为你将自己的价值观强加给当事人，而实际上当事人的价值观与你不同，他认为值得的事情你可能会认为不值。同样，我们每个人的职业选择在一定程度上是受价值观支配和影响的。

（一）价值观概述

价值观是一系列基本的信念，一种有关什么是“值得的”的看法。具体指个人对客观事物（包括人、物、事）及对自己行为结果的意义、作用、效果和重要性的总体评价。

价值观是推动并指引一个人做出决策和行动的原则、信念和标准。它决定个人可能会选择什么行为方式、手段来生活和工作，例如，有的人重视社会地位，那么他在职业选择、工作行为等诸方面都会以是否有利于自己社会地位的提高为标准。而有的人认为，经济利益是最重要的，赚的钱越多就越能表明个人价值。在这样一种价值观的指引下，他会以是否能赚更多的钱来衡量一切，有时甚至为此牺牲自己的友情、亲情和尊严。价值观是每个人在长期的生活实践中形成的，价值观一旦形成，就会成为我们许多行为的准则，通常很难改变。价值观是人们在考虑问题时所看重的原则和标准，是人们内在的驱动力。价值观在人们的职业生涯发展中往往会起到极其重要的、决定性的作用，甚至超过了兴趣和性格对个人的影响。例如，麦肯锡管理咨询公司的合伙人、被业界尊称为“中国咨询业第一人”的潘望博，放弃名利，做没有酬劳的传教人，是出于他的价值观判断和选择。例如青岛大学毕业生××选择出家，在四川甘孜新龙东祉寺、海拔 4200 米的雪域高原开始了清苦而充实的修行生活。这些事例都充分说明了价值观对一个人职业选择的深刻影响。

（二）职业价值观及其类型

1. 职业价值观概念

职业价值观是价值观的重要组成部分，是人们在选择职业时的一种内心尺度。指的是人生目标和人生态度在职业选择方面的具体表现，是人们依据自身的需要对待职业、职业行为和职业发展目标的比较稳定的、具有概括性和动力作用的一套信念系统。俗话说“人各有志”，这个“志”表现在职业选择上就是职业价值观，它探讨以下问题：一个人通过工作所要追求的理想是什么？哪个职业好？哪个岗位适合自己？这些问题都是职业价值观的具体表现。例如大学生就业时通常会考虑一些问题：是去政府单位还是去民营公司？是去技术岗位还是行政岗位？是要工作轻松、收入少还是要高工资、高福利？左右学生进行职业选择的内在逻辑，就是职业价值观。很多大学生把充分发挥自己的才能作为择业的第一标准。

理想、信念、世界观对于职业的影响，集中体现在职业价值观上。职业价值观决定了人的职业期望，影响职业方向和职业目标选择，决定了就业后的工作态度和工作绩效水平，从而决定了职业发展的质量。由于个人的身心条件、年龄阅历、教育状况、家庭影响、兴趣爱好等方面的不同，人们对各种职业有着不同的主观评价。一个人的价值观越清晰，越了解自己在工作和生活中想要寻求什么，什么对自己来说是最重要的，他的人生发展目标也就越清晰。而价值观不清晰的人往往会陷入混乱，在重大问题上难以抉择。不同的价值观在职业选择中也有不同的作用，负面的价值观经常会影响学生择业的过程，有些学生在择业中会产生失望、彷徨等消极的心理状态，导致心理不和谐；正确的价值观可以促进学生找到适合自己的职业，例如，在职业价值观中看重发展因素的学生，其自我满意度较高，自我灵活性较好，这些学生具备很强的竞争力，就业准备充分，具有较强的进取心，善于学习。

2. 职业价值观类型

由于个人的身心条件、年龄阅历、教育状况、家庭和环境影响以及兴趣爱好的不同，人们对各种职业的价值认同和主观评价也不同，职业专家通过大量的调查，把职业价值观分为九大类。

（1）自由型。

持有该类型职业价值观的人希望不受别人指使和干涉，凭自己的能力拥有自己的小

“城堡”。他们更愿意在工作中有弹性，希望充分施展本领，不受太多的约束，同时可以充分掌握自己的时间和行动，自由度高，不想与太多人发生工作关系，既不想“治”人，也不想受制于人。相适应的职业类型：室内装饰专家、图书管理专家、摄影师、音乐教师、作家、演员、记者、诗人、作曲家、编剧、雕刻家、漫画家等。

（2）经济型。

持有该类型职业价值观的人武断地认为世界上的各种关系都建立在金钱的基础上，包括人与人之间的关系，甚至父母与子女之间的爱也带有金钱的烙印。这种类型的人坚信，金钱可以买到世界上所有的幸福。相适应的职业类型：各种职业中都有这种类型的人，以商人为甚。

（3）支配型。

持有该类型职业价值观的人有着较高的权力欲望，希望能够影响或控制他人，使他人按照自己的意思去行动，认为有较高的权力地位会受到他人尊重，从中可以得到较强的成就感和满足感。他们更想当单位的一把手，一呼百应，飞扬跋扈，无视他人的想法，为所欲为，且很享受这一过程。相适应的职业类型：进货员、商品批发员、旅馆经理、饭店经理、广告宣传员、调度员、律师、政治家、零售商等。

（4）小康型。

持有该类型职业价值观的人对自己要求不高，很容易满足于现状，但比较爱慕虚荣，优越感也比较强，依托体面的工作单位，也很渴望能有社会地位和名誉，希望常常受到众人尊敬。当欲望得不到满足时，由于过于强烈的自我意识，反而会很自卑。相适应的职业类型：记账员、会计、银行出纳、法庭速记员、成本估算员、税务员、核算员、打字员、办公室职员、统计员、计算机操作员等。

（5）自我实现型。

持有该类型职业价值观的人并不关心一时一地的幸福，他们一门心思想的是发挥个人才干、追求卓越。他们不太在意收入、地位及他人对自己的看法，持之以恒地努力挖掘自己的潜力，施展自己的本领，并视此为有意义的生活。相适应的职业类型：气象学者、生物学者、天文学家、药剂师、动物学者、化学家、科学报刊编辑、地质学家、植物学者、物理学者、数学家、实验员、科研人员等。

（6）志愿型。

持有该类型职业价值观的人通常富有同情心，把他人的痛苦视为自己的痛苦，他们不愿干表面上哗众取宠的事，而把默默地帮助不幸的人视为无比快乐的事。相适应的职业类型：社会学者、导游、福利机构工作者、咨询人员、社会工作者、教师、护士等。

（7）技术型。

持有该类型职业价值观的人认为立足社会的根本在于一技之长。因此，他们会潜心钻研一门技术，认为靠本事吃饭既可靠又稳当，他们做事精益求精，心思缜密，井井有条，并且对未来充满一种平常的心态。相适应的职业类型：木匠、农民、工程师、飞机机械师、野生动物专家、自动化技师、机械工、电工、火车司机、公共汽车司机、机械制图师等。

（8）合作型。

持有该类型职业价值观的人认为要取得事业的成功，仅凭单枪匹马很难实现，必须要有良好的人际关系网，有困难时可以互相帮助，相互支持。因此，现实中，他们注重人际关系的培养，尊师重友，把结交大量朋友看作最大的财富。相适应的职业类型：公司高管、公关人员、推销人员、秘书等。

（9）享受型。

持有该类型职业价值观的人喜欢安逸的生活，不愿从事任何挑战性的工作。他们没有对某些固定职业类型的追求，只要工作能够免于危险、不会过度劳累、确保自己的身心健康不受影响就可以接受。相适应的职业类型：无固定职业类型。

（三）职业价值观的确立

1. 职业价值观与职业选择的关系

由于受家庭环境、教育兴趣爱好等多方面的影响，不同个体的职业价值观是不同的，而这种不同会影响人们对就业方向和具体职业岗位的选择，例如，是要工作舒适轻松，还是要高标准的工资待遇？是去发达城市，还是到国家最需要的西部地区去？等等。当存在矛盾冲突时，最终影响我们决策的是存在于内心的职业价值观。因此，我们很有必要明确并不断审视自己的职业价值观。

2. 职业价值观的排序与取舍

职业价值观的特性决定人们不会只有唯一的职业价值观，要对自己的职业价值观进行排序，找出你认为最重要、次重要的方面，并提醒自己不可能什么都得到。否则就会患得患失，终其一生也不清楚自己到底想要什么，更谈不上职业生涯的成功和对社会的贡献，因为没有一种职业能完全满足一个人所重视的各种价值观，因而，了解自己各种价值观的权重排序并懂得取舍是非常必要的一件事情。

3. 职业价值观中个人与社会的关系

人不能离开社会而独立存在，个人只有在工作中为社会做贡献才能实现自己的职业价值，当然并不是说要忽略择业中的个人因素，如果只关注社会责任，这样不但不利于个人发展，也是社会的损失。例如，在教育落后、师资匮乏的地区，出于发展教育的需要，让一个富于科学创造力、不善言辞的学者去从事普通的教师工作，对个人而言大材小用，壮志难酬，对社会而言可能会使国家损失一项重大的发明，该地区不过多了一个也许并不出色的教师。相反，我们也不倡导只为个人考虑、毫不考虑国家和社会需要的职业价值观。

4. 树立正确的职业价值观

（1）处理好职业价值观与金钱的关系。金钱是一种成就的报酬，它是在确定职业价值观时首先要面对的问题。有些经济条件不太好的大学毕业生在求职时，将金钱作为首选目标，从根本上讲这并没有错。但是怀有一夜暴富的心理是不正常的，更是危险的，容易被社会上的骗子利用，甚至误入歧途。特别是面对严峻的就业形势，更应理性地降低对金钱的期望，应尽可能地将自我成长和自我实现作为毕业求职时的首选。

（2）处理好职业价值观与个人兴趣和特长的关系。职业价值观、个人兴趣和特长是人们在择业时需要考虑的几个重要因素。在确定价值观时，一定要考虑它是否与自己的兴趣和特长相适应。

（3）处理好职业价值观的排序与取舍问题。职业价值观的特性决定人们不会只有唯一的职业价值观，人性的本能也会驱使人们希望什么都能得到，但在现实生活中鱼和熊掌是不可兼得的。在职业选择中，总要有所取舍，只有舍，才能得。

（4）处理好职业价值观中个人与社会的关系。人不能离开社会而独立存在，个人只有在工作中为社会做贡献才能实现自己的职业价值。

（5）处理好淡泊名利与追逐名利的关系。当一个人有了名利才有资格去谈淡泊，没有名利而去谈淡泊就是“吃不到葡萄说葡萄酸”。名利是人的欲望使然，欲望可以使人成就大的事业，也可使人自我毁灭。以合理、合法、公正、公平的方式追名逐利在一定程度上对个人、对社会都有益，但它需要有限度，该知足时则知足，该进取时则进取。

活动与训练

避难所的抉择

情境：一场空前的灾难即将降临，地球将遭到毁灭。这时有一个避难所可使人们逃生，但避难所里只能收留6个人，需要避难的有12个人。如果让他们自己决定，他们将无法选择。因此，只能由你来决定他们的去留。你只有15分钟的时间。这12个人物的档案如下：

（1）12岁的初中生，智商很高；

（2）医生；

（3）孕妇；

（4）教师；

（5）建筑师；

（6）好朋友，曾经因打架被判过刑；

（7）著名的历史学家；

（8）运动员；

（9）不愿意和妻子分开的科学家；

（10）科学家的妻子，患有严重的疾病；

（11）持枪的警察；

（12）漂亮的女明星。

4人一个小组，请将自己的选择告诉组员。

讨论：

（1）为什么选择这6个人，他们对你来说很重要吗？

(2) 能否说服小组其他成员和你的选择相一致？如果不能，为什么？

提示：这 12 个人象征着 12 种价值观，你所选择的 6 个人就代表着你的价值观和价值体系。

二、我的兴趣与职业生涯

获得诺贝尔物理学奖的华人丁肇中说过："兴趣比天才重要。"一个人如果能根据自己的兴趣去选择职业生涯，他的主观能动性将会得到充分发挥。即使十分疲倦和辛劳，也总是兴致勃勃，心情愉快；即使困难重重也绝不灰心丧气，而能想尽办法，百折不挠地去克服困难，直到成功。

（一）什么是兴趣

兴趣是个体力求认识、掌握某种事物，并经常参与该种活动的心理倾向。或者说，兴趣是个体积极探究某种事物的认识倾向。它表现为人们对某件事、某项活动的选择性态度和积极的情绪反应。当我们对某种事物感兴趣时，就会对该种事物表现出肯定的态度，并积极思考、探索和追求。兴趣是成功的一个重要的推动力，它能将你的潜能最大限度地调动起来，使你长期专注于某一方向，做出艰苦的努力，取得令人瞩目的成绩。美国曾对两千多位著名的科学家进行调查，发现很少有人是出于谋生的目的而工作，他们大多是出于个人对某一领域问题的强烈兴趣而孜孜以求，不计名利报酬，忘我地工作，他们的成功是与他们的兴趣相联系的。当兴趣直接指向与职业有关的活动时，就称之为职业兴趣。

（二）兴趣对职业的影响

同理，我们对于职业也有天然的兴趣。找到自己的职业兴趣，也会让自己的职业更成功并从中获得快乐。这里具体谈一谈兴趣对职业的深远影响。

首先，它是一个人工作的强大、持久动力。"兴趣是最好的老师"，对有兴趣的事情，人们总是"乐此不疲""废寝忘食"；对没兴趣的事情，则"度日如年""倍感煎熬"。人们对有兴趣的事情，不会轻言放弃。陈景润能躲在小黑屋里啃着馒头、喝着凉水证明哥德巴赫猜想，袁隆平能几十年如一日在田间地头风里来雨里去，都是兴趣使然。

其次，它能提高工作效率，创造职业成就。心理学研究发现：一个人从事感兴趣的工作，能发挥全部才能的 80%—90%，而从事自己不感兴趣的工作，只能发挥全部才能的 20%—30%。传统教育推崇勤奋对于成就的作用，"书山有路勤为径，学海无涯苦作舟"。但纵观历史上有所成就的伟大人物，他们几乎都是从兴趣出发的，《诺贝尔奖得主寄语中国青少年》一文中的科学家无一例外地谈到，正是小时候对于某项学科的兴趣，让他们走上了一条成功之路。

最后，它能影响职业幸福感和生活满意度。人生三分之一的时间用于工作，如果不喜欢，那也就意味着这三分之一的人生是不快乐的。工作不快乐，按照"踢猫效应"，会影响三分之一的生活。做不喜欢的工作会导致工作效率差，工作成就低，压力倍增，影响睡眠和健康。

李开复先生当年学的是比较热门的法律专业，一年之后，他决定转到哥伦比亚大学计算机系。回想起当年的选择，他感慨道：“若不是那天的决定，今天我很可能只是在美国某个小镇上，做一个既不成功又不快乐的小律师。”

（三）兴趣对职业生涯规划的影响

兴趣对职业生涯规划的影响主要表现在以下三个方面。

1. 兴趣是职业生涯选择的重要依据

兴趣是最好的老师，是一种强大的精神力量。兴趣可以使人集中精力获得职业知识，启迪智慧并创造性地开展工作。当一个人对某种职业发生兴趣时，他就能发挥整个身心的积极性；就能积极地感知和关注该职业知识、动态，并且积极思考，大胆探索；就能情绪高涨、想象力丰富；就能增强记忆效果，增强克服困难的意志。反之，“强按牛头不喝水”，是不会取得良好效果的，当然也就很难在该职业上发挥个人的优势、做出巨大贡献了。正像你在日常生活中喜欢从事自己感兴趣的活动一样，具有一定兴趣类型的你更倾向于寻找与此有关的职业，特别是在外界环境限制较小时，你更倾向于选择自己感兴趣的职业。

2. 兴趣可以提高工作效率，充分发挥个人才能

当个人对某一方面的工作有兴趣时，枯燥的工作会变得丰富多彩、趣味无穷。兴趣使工作不再是一种负担，而是一种享受。因为兴趣可以调动人的全部精力，以敏锐的观察力、高度的注意力、深刻的思维和丰富的想象力投入工作，促进你能力的发挥。兴趣和能力的合理结合会大大提高工作效率。

3. 兴趣是保证职业稳定、职场成功的重要因素

对某一职业有浓厚的兴趣，是智力开发的“孵化器”。兴趣是工作动力的主要源泉之一。对于一个人来说，对工作感兴趣，就愿意钻研，就会出成就，这正是兴趣的作用。一般来说，兴趣是个体职业生涯适应的一个基本方面，可以为职业生涯选择提供有效的信息。

工作满意是职业生涯适应的一大标志。在其他条件相似的情况下，从事自己感兴趣的职业不但能让你感到满意，而且能够让你的工作单位感到满意，从而保证工作的长期性和稳定性。此外，多方面的兴趣可以使人善于应付多变的环境。如需变换工作，只要自己感兴趣，就能够在新的岗位很快地熟悉和适应新的工作。因此，兴趣是职场成功的一个重要因素，它能将你的潜能最大限度地调动起来，使你长期专注于某一方向，做出艰苦的努力，取得令人瞩目的成绩。

一个人如果能根据自己的爱好去选择职业，他的主动性将会得到充分发挥。即使十分疲倦和辛劳，也总是兴致勃勃，心情愉快；即使困难重重也绝不灰心丧气，仍能废寝忘食、如醉如痴地去解决问题。因此，在选择长期、稳定的职业生涯时，不仅需要知道自己有能力从事什么样的工作，更重要的是知道自己对哪类工作感兴趣。只有将能力和兴趣结合起来考虑，才更有可能规划好职业生涯。

兴趣与择业自测

1. 你对哪一种职业有兴趣，从你的阅读兴趣中就能够反映出来。较为流行的测试方法是美国心理学家勃宁提出的“不完全句子投射测验法”。

请你围绕书籍的阅读情况，填写以下 13 个不完整的句子：

(1) 今天，我感到________________

(2) 如果我应该读书，我________________

(3) 当我长大时________________

(4) 我最大的收获是________________

(5) 这个周末________________

(6) 当我阅读________________

(7) 我喜欢花一天时间________________

(8) 当________________时，我喜欢读书。

(9) 我打算________________

(10) 能教给人一些东西的书是________________

(11) 使人感到快乐的书是________________

(12) 我期望________________

(13) 我遗憾的是________________

当你完成这些句子后，你的兴趣就一目了然了。

2. 你还可以通过回答下面的问题加深对你自己兴趣的认识。

(1) 在目前的学习环境中，你喜欢做什么事情？

(2) 你喜欢什么娱乐活动？

(3) 你喜欢什么人？

(4) 你喜欢什么样的课程？

(5) 你喜欢什么电视节目？

(资料来源：储克森，姚晓峰．职业生涯规划与就业指导 [M]．北京：机械工业出版社，2020.)

三、我的性格与职业生涯

(一) 什么是性格

性格是个人对现实的稳定态度和习惯化的行为方式。它是个人在社会实践活动中通过个体和环境的相互作用而逐步形成的，一经形成，就具有一定的稳定性。

性格中对劳动、对工作态度的成分，直接影响到职业的选择和职业的成就。有的人以劳动为荣，把劳动当作自己的需要；有的人则以劳动为耻，把劳动和工作看成自己的负担。有的人积极、主动、肯干；有的人消极、怠慢。有的人对工作认真负责，一丝不苟；有的人则马虎大意，敷衍塞责。

性格中反映对他人、对自己和对集体态度的成分，也往往影响到职业的选择和成就。自私、傲慢、孤僻、暴躁，对公益事业漠不关心，轻视社会行为规范的人，就不适于从事与人打交道的职业，如教师、服务员、公关人员、外交人员、机关干部等。

性格中的意志成分也同职业的选择与成就有密切关系。缺乏坚韧性的人不适宜从事诸如外科医生、科学研究人员、资料管理人员、运动员等要求耐力很强的工作。容易动摇、怯懦、散漫的人，不适宜选择诸如思政人员、服务员、教师等职业。同样，一个内倾型的人想要成为一名汽车推销员或者一个外倾型的人想要成为一名会计，都是很难办到的。感觉型的人可以成为一名很好的警察、消防员，却很难成为一名优秀的教师。直觉型的人可以成为很好的修理工、故障检修员，却不能成为固定生产线上反复做同一种工作的工人。情感型的人应该避免从事要求具备抽象思维能力的工作，思维型的人则应该避免从事需要丰富情感的职业。

因此，性格类型与职业类型的匹配度，决定了事业的成功与否。

（二）人业互择理论

职业个性理论是由美国约翰·霍普金斯大学心理学教授、著名的职业指导专家约翰·霍兰德于 1959 年提出的具有广泛社会影响的职业选择理论。霍兰德职业人格能力测验能够帮助个体发现和确定自己的职业兴趣与能力专长，进而作为个体在求职择业时进行决策的依据。霍兰德认为人的性格大致可以划分为六种类型，这六种类型分别与六类职业相对应，如果一个人具有某一种性格类型，便易于对这一类职业发生兴趣，从而也适合从事这种职业。

这六种性格分别是：

现实型。喜欢从事与机械操作、工具、动植物等具体事物打交道的工作，遇到问题时倾向于具体的、实际的和结构化的解决方案或策略，回避社会型工作，拥有传统的价值观念，重视工作中的制度、规则。

研究型。喜欢从事观察、分析、推理、评价等方面的工作，重视科学性、学术性的工作方式，具有思考、探索的精神，倾向于用理性分析的方式来解决问题，并寻求有挑战性的问题。

艺术型。喜欢从事具有艺术性、表达性、独创性特点的工作，回避常规型、被动型、约束型的工作，一般具有表演、写作、演说等表达类才能，重视审美体验和个人特征的自我表达，逻辑性不强。

社会型。喜欢从事与人打交道的社会型职业，回避现实型或约束型工作，重视社会观念、道德观念、人道主义精神，一般具有教学、社会技能，倾向于运用社会能力特质解决问题。

企业型。喜欢从事管理、监督、领导、劝说类的企业型职业，回避研究型工作，一般具有领导和演说才能，重视对他人的控制，而不愿受控于人，雄心勃勃。

常规型。喜欢从事注重细节、讲究精确的常规型工作，回避艺术型工作，重视商业和经济成果，拥有传统的价值观念，倾向于通过既有的规则和程序来解决问题。

与霍兰德提出的六种性格类型相对应的职业：

现实型职业。需要熟练运用手工和技术的操作型工作，对应职业有工程师、机械师、技师、电工、木工等。

研究型职业。对自然界、人类社会进行科学研究和试验的工作。对应职业有物理学家、数学家、化学家、动物学家、社会学家、科技工作者、实验员等。

艺术型职业。美术、音乐、文学、戏剧等各领域艺术创作类工作，对应职业有画家、演员、诗人、作家、舞蹈家、雕刻家等。

社会型职业。通过教育、培训、咨询、治疗等方式帮助、服务他人的工作，对应职业有教师、外交人员、咨询师、社会福利机构人员、思想工作者等。

企业型职业。通过劝说、控制、管理他人达到个人或组织目标的工作，对应职业有企业家、管理者、律师、推销员、广告宣传员等。

常规型职业。与数据、文字相关的各类办公室事务性工作，对应职业有秘书、会计统计员、税务员、打字员、速记员等。

趣味链接

接下来我们根据霍兰德职业倾向测验量表，对自己的职业兴趣做一次简单的测评。测验量表将帮助被测量者发现并确定自己的职业兴趣。测验共三个部分，每部分测验都没有时间限制，但请尽快按要求完成。三个部分每个小项皆为是否选择题，请选出比较适合自己的、与自己的情况相符的项目，并按规则统计分值，将相应分值填写在统计项目中。

第一部分　你所感兴趣的活动

表 2-1 列举了若干种活动，请就这些活动判断你的好恶。感兴趣的计 1 分，不感兴趣的不计分。请将各种类型的总分记录在统计表（见表 2-3）相应的栏目中。

表 2-1　六种类型的活动

R：现实型活动	I：研究型活动
1. 装配、修理电器或玩具	1. 读科技图书或杂志
2. 修理自行车	2. 在实验室工作
3. 用木头做东西	3. 改良水果品种，培育新的水果
4. 开汽车或骑摩托车	4. 调查了解土和金属等的物质成分
5. 用机器做东西	5. 研究自己选择的特殊问题
6. 参加木工技术学习班	6. 解算术题或进行数学游戏
7. 参加制图、描图学习	7. 上物理课
8. 驾驶卡车或拖拉机	8. 上化学课
9. 参加机械和电气学习班	9. 上几何课
10. 装配、修理机器	10. 上生物课

（续表）

A：艺术型活动	S：社会型活动
1. 画素描、制图或绘画 2. 参加话剧、戏剧演出 3. 设计家具、室内设计 4. 练习乐器、参加乐队 5. 欣赏音乐或戏剧 6. 看小说、读剧本 7. 从事摄影创作 8. 写诗或吟诗 9. 进艺术培训班 10. 练习书法	1. 单位组织的正式活动 2. 参加某个社会团体或俱乐部的活动 3. 帮助他人解决困难 4. 照顾儿童 5. 出席晚会、联欢会、茶话会 6. 和大家一起出去郊游 7. 想获得关于心理方面的知识 8. 参加讲座或辩论会 9. 观看或参加体育比赛和运动会 10. 结交新朋友
E：企业型活动	C：常规型活动
1. 鼓动他人 2. 卖东西 3. 谈论政治 4. 制订计划、参加会议 5. 以自己的意志影响他人的行为 6. 在社会团体中担任职务 7. 检查与评价他人的工作 8. 结交名流 9. 指导有某种目标的团体 10. 参与政治活动	1. 整理好桌面与房间 2. 抄写文件和信件 3. 为领导写报告或公务信函 4. 检查个人收支情况 5. 参加打字培训班 6. 参加文秘等实务培训 7. 参加商业会计培训班 8. 参加情报处理培训班 9. 整理信件、报告、记录等 10. 撰写商业贸易信

第二部分　你所喜欢的职业

表 2-2 列举了多种职业，选择自己喜欢的职业，有一项计 1 分，不太喜欢或者不关心的工作不选，不计分。请将各种类型的总分记录在统计表（见表 2-3）相应的栏目中。

表 2-2　六种类型的职业

R：现实型职业	I：研究型职业
1. 飞机机械师 2. 野生动物专家 3. 汽车维修工 4. 木匠 5. 测量工程师 6. 无线电报务员 7. 园艺师 8. 长途公共汽车司机 9. 电工 10. 火车司机	1. 气象学或天文学专家 2. 生物学家 3. 医学实验室的技术人员 4. 人类学家 5. 动物学家 6. 化学家 7. 教师 8. 科学杂志的编辑或作家 9. 地质学家 10. 物理学家

（续表）

A：艺术型活动	S：社会型职业
1. 乐队指挥 2. 演奏家 3. 作家 4. 摄影家 5. 记者 6. 画家、书法家 7. 歌唱家 8. 作曲家 9. 电影、电视演员 10. 电视节目主持人	1. 街道、工会或妇联干部 2. 小学、中学教师 3. 精神病医生 4. 婚姻介绍所工作人员 5. 体育教练 6. 福利机构负责人 7. 心理咨询员 8. 共青团干部 9. 导游 10. 国家机关工作人员
E：企业型职业	C：常规型活动
1. 工厂厂长 2. 影视片编制 3. 公司经理 4. 销售员 5. 不动产推销员 6. 广告部长 7. 体育活动主办者 8. 销售部长 9. 个体工商业从业者 10. 企业管理咨询人员	1. 会计师 2. 银行出纳员 3. 税收管理员 4. 计算机操作员 5. 簿记人员 6. 成本核算员 7. 文书档案管理员 8. 打字员 9. 法庭书记员 10. 人口普查登记员

表 2-3　统计表

测试内容	R 型 现实型	I 型 研究型	A 型 艺术型	S 型 社会型	E 型 企业型	C 型 常规型
第一部分 （活动）						
第二部分 （职业）						
总分						

表 2-4　职业索引

R 型 （现实型）	木匠、农民、操作 X 光的技师、工程师、飞机机械师、鱼类和野生动物专家、自动化技师、机械工（车工、钳工等）、电工、无线电报务员、火车司机、长途公共汽车司机、机械制图员、修理机器师、电器师
I 型 （研究型）	气象学者、生物学者、天文学家、药剂师、动物学者、化学家、科学报刊编辑、地质学者、植物学者、物理学者、数学家、实验员、科研人员、科技作者

（续表）

A 型（艺术型）	室内装饰专家、图书管理专家、摄影师、音乐教师、作家、演员、记者、诗人、作曲家、编剧、雕刻家、漫画家
S 型（社会型）	社会学者、导游、福利机构工作者、咨询人员、社会工作者、社会科学教师、学校领导、精神病工作者、公共保健护士
E 型（企业型）	推销员、进货员、商品批发员、旅馆经理、饭店经理、广告宣传员、调度员、律师、政治家、零售商
C 型（常规型）	记账员、会计、银行出纳、法庭速记员、成本估算员、税务员、核算员、打字员、办公室职员、统计员、计算机操作员、秘书

第三部　分性格与择业自测

下面就 6 种性格类型各列出了 10 项活动，选择汇总之后，找出你的性格类型，希望这能帮助你选择自己喜欢的职业。

1. 现实型	喜　欢	不喜欢
A. 参加制图绘图学习班	（　）	（　）
B. 参加机械和电力方面的学习班	（　）	（　）
C. 参加木工技术学习班	（　）	（　）
D. 用木头加工东西	（　）	（　）
E. 开某一种车辆	（　）	（　）
F. 使用机器加工东西	（　）	（　）
G. 装配修理电器或玩具	（　）	（　）
H. 修理自行车	（　）	（　）
I. 驾驶卡车或拖拉机	（　）	（　）
J. 装配修理机器	（　）	（　）
总计次数	（　）	（　）

2. 研究型	喜　欢	不喜欢
A. 化学课	（　）	（　）
B. 了解金属等物质的成分	（　）	（　）
C. 在实验室工作	（　）	（　）
D. 生物课	（　）	（　）
E. 读科技图书和杂志	（　）	（　）
F. 物理课	（　）	（　）
G. 几何课	（　）	（　）
H. 改良水果品种、培育新的水果	（　）	（　）
I. 做数学游戏	（　）	（　）
J. 研究自己选择的特殊问题	（　）	（　）

总计次数	（ ）	（ ）
3. 艺术型	喜 欢	不喜欢
A. 创作诗歌或吟诵诗歌	（ ）	（ ）
B. 参加美术或音乐培训班	（ ）	（ ）
C. 阅读剧本、小说	（ ）	（ ）
D. 欣赏戏剧或音乐	（ ）	（ ）
E. 从事摄影创作	（ ）	（ ）
F. 参加乐队或练习乐器	（ ）	（ ）
G. 参加制图或素描训练	（ ）	（ ）
H. 参加话剧或戏剧表演	（ ）	（ ）
I. 练习书法	（ ）	（ ）
J. 设计家具、布置室内环境	（ ）	（ ）
总计次数	（ ）	（ ）
4. 社会型	喜 欢	不喜欢
A. 结识新朋友	（ ）	（ ）
B. 出席茶话会、晚会、联欢会	（ ）	（ ）
C. 照顾儿童	（ ）	（ ）
D. 帮助别人解决困难	（ ）	（ ）
E. 参加学校或单位组织的各类活动	（ ）	（ ）
F. 参加某个社会团体活动	（ ）	（ ）
G. 参加辩论会、听各种讲座	（ ）	（ ）
H. 想获得关于心理学方面的知识	（ ）	（ ）
I. 观看或参加体育比赛和运动会	（ ）	（ ）
J. 和大家一起外出郊游	（ ）	（ ）
总计次数	（ ）	（ ）
5. 企业型	喜 欢	不喜欢
A. 检查与评价别人的工作	（ ）	（ ）
B. 在社会团体中担任某种职务	（ ）	（ ）
C. 结识名人	（ ）	（ ）
D. 谈论政治	（ ）	（ ）
E. 制订计划、参加会议	（ ）	（ ）
F. 从事商业活动	（ ）	（ ）
G. 经常说服鼓励别人	（ ）	（ ）
H. 以自己的意志影响别人的行为	（ ）	（ ）
I. 指导各种具有某种目标的社会团体	（ ）	（ ）

J. 参与政治活动	(　　)	(　　)
总计次数	(　　)	(　　)
6. 常规型	喜　欢	不喜欢
A. 抄写文件或信件	(　　)	(　　)
B. 参加情报处理工作	(　　)	(　　)
C. 整理报告记录	(　　)	(　　)
D. 检查个人收支情况	(　　)	(　　)
E. 参加打字培训	(　　)	(　　)
F. 整理好桌面和房间	(　　)	(　　)
G. 参加商业会计培训班	(　　)	(　　)
H. 起草商业贸易信函	(　　)	(　　)
I. 替人写报告或公务信函	(　　)	(　　)
J. 参加计算、文秘等实务培训	(　　)	(　　)
总计次数	(　　)	(　　)

四、我的能力与职业生涯

（一）能力概念及其分类

1. 能力概念

按照《辞海》的解释，能力是指完成一定活动的本领，包括完成一定活动的具体方式，以及顺利完成一定活动所必需的心理特征。从心理学的角度定义，能力是完成一项目标或者任务所体现出来的综合素质。能力是指直接影响人的活动效率，促使活动顺利完成的个性心理特征综合。能力是保证活动取得成功的基本条件，但不是唯一条件，活动的成功与个体的态度、知识、个性特点均有关。能力总是和人完成一定的实践联系在一起的。离开了具体实践，既不能表现人的能力，也不能发展人的能力。

能力与知识、技能相互联系，但也有区别。其联系主要表现在两个方面：一是知识、技能是能力发展的基础，能力形成与发展依赖于知识、技能的获得，但并非所有知识、技能都可转化为能力；那些能广泛应用和迁移的知识和技能才可转化为能力。二是能力高低影响掌握知识、技能的速度和质量，能力强的人只要付出较小的努力就可以获得同样的知识和技能，而能力差的人则需要付出更大的努力。其区别表现在两个方面：一是分属不同的范畴，二是发展是不同步的。比如知识多不一定能力就强。我们经常看到一些大学生在大学学习阶段成绩很好，学了很多理论知识，但工作能力较差。

2. 能力分类

按能力所表现的活动领域的不同来划分，能力可以分为一般能力、特殊能力、再造能力、创造能力、认知能力、元认知能力、超能力。

一般能力（也称智力）。它是指在进行各种活动中必须具备的基本能力。它包括感知能力（观察力）、记忆力、想象力、思维能力、注意力等，其中抽象思维能力是核心。

特殊能力（又称专门能力）。它是顺利完成某种专门活动所必备的能力，如音乐能力、绘画能力、数学能力、运动能力等。各种特殊能力都有自己的独特结构。如音乐能力由音乐的感知能力、音乐的记忆和想象能力、音乐的情感能力、音乐的动作能力构成。

再造能力。它是指在活动中顺利地掌握前人所积累的知识、技能，并按现成的模式进行活动的能力。这种能力有利于学习活动的要求。人们在学习活动中的认知、记忆、操作与熟练能力多属于再造能力。

创造能力。它是指在活动中创造出独特的、新颖的、有社会价值的产品的能力。它具有独特性、变通性、流畅性等特点。

认知能力。它是指个体接受信息、加工信息和运用信息的能力，它表现在人对客观世界的认识活动之中。认知能力的活动对象是认知信息。

元认知能力。元认知能力是指个体对自己的认识过程进行认知和控制的能力，它表现为人对内心正在发生的认知活动的认识、体验和监控。元认知的活动对象是认知活动本身，它包括个人怎样评价自己的认知活动，怎样从已知的可能性中选择解决问题的确切方法，怎样集中注意力，怎样及时决定停止做一件困难的工作，怎样判断目标是否与自己的能力一致等。

超能力。义同异能、特异功能，它指心灵感应、透视、预知、念力、超自然能力，被归类于超心理学的范畴内。

（二）职业能力概念及其分类

职业发展和能力高低之间，有毋庸置疑的直接关系。能力高低可以通过职业角色来表现。能力是一个人能否进入职业的先决条件，是能否胜任职业工作的主观条件。无论从事什么职业，总要具有一定的能力。没有任何能力，就无法从事各种职业，对个人来讲也就无所谓职业生涯可言。

1. 职业能力概念

职业能力是指人们为从事某种职业必须具备的知识、技能，以及心理特征等多种能力的综合。职业能力不单纯是操作技能或动手能力，还包括知识、技能、态度、情感、价值观等多方面内容。

任何一个职业或工作岗位都会有相应的职责要求，职业能力是胜任职业岗位的必要条件。职业能力主要包含三方面基本要素：一是为了胜任一种具体职业而必须具备的能力，表现为任职资格；二是指在步入职场之后表现的职业素质；三是开始职业生涯之后具备的职业生涯管理能力。例如：一个老师只具备语言表达能力是不够的，还必须具备对教学的组织和管理能力，对教材的理解和使用能力，对教学问题和教学效果的分析、判断能力等，并且能对学生进行积极有效的教育。

2. 职业能力分类

职业能力主要由基本能力、专业能力和职业核心能力三大类构成。

（1）基本能力。基本能力是指从事社会职业活动所必须具备的最基本的、通用的能力。主要包括一般的文字和语言运用能力、空间判断能力、形体知觉能力、颜色分辨能力、手的灵巧度、手眼协调能力等。

（2）专业能力。专业能力主要是指从事某一职业，适应职业岗位的专业知识和专业技能。在求职过程中，招聘方最关注的就是求职者是否具备胜任岗位工作的专业能力。例如：你去应聘教学工作岗位，对方最看重你是否具备最基本的教学能力。具有较为过硬的专业知识和专业技能，是毕业生获取就业机会的必备条件。

（3）职业核心能力。职业核心能力是指职业生涯中除基本能力、专业能力之外的能力，它运用于各种职业，具有跨行业的迁移性，是伴随人们终身适应岗位变换并可持续发展的能力。在德国、新加坡称为“关键能力”，美国称为“基本能力”，在全美测评协会的技能测评体系中称为“软技施”。职业核心能力由德国的企业界提出，在西门子公司进行了试点培养，取得了良好的效果。目前，职业核心能力得到了国际上的公认，受到了国内外教育界的普遍重视。国际上普遍注重培养的“关键能力”，主要包括四个方面：①跨职业的专业能力。从以下三方面可以体现出一个人跨职业的专业能力：一是运用数学和测量方法的能力；二是计算机应用能力；三是运用外语解决技术问题和进行交流的能力。②方法能力。一是信息搜集和筛选能力；二是掌握制订工作计划、独立决策和实施的能力；三是具备准确的自我评价能力和接受他人评价的承受力，并能够从成败经历中有效地吸取经验教训。③社会能力。社会能力主要是指一个人的团队协作能力、人际交往和沟通的能力。在工作中能够协同他人共同完成工作，对他人公正宽容，具有准确裁定事物的判断力和自律能力等，这是胜任岗位和在工作中开拓进取的重要条件。④个人能力。随着中国经济体制改革的深入、法制的不断健全完善，人的社会责任心和诚信将越来越被重视，一个人的职业道德会越来越受到全社会的尊重和赞赏，爱岗敬业、工作负责、注重细节的职业人格会得到全社会的肯定和推崇。

资料链接

1998 年，我国原劳动和社会保障部在《国家技能振兴战略》中把职业核心能力分为 8 项，称为“8 项核心能力”，包括：①与人交流能力；②数字运用能力；③创造革新能力；④自我学习能力；⑤与人合作能力；⑥解决问题能力；⑦信息处理能力；⑧外语应用能力。

其中，②、④、⑦项为职业方法能力，①、③、⑤、⑥、⑧项为职业社会能力。职业核心能力已成为高校大学生就业和即将就业人群竞争力的重要标志，是企事业单位在职人员综合素质提升的重要内容。

（三）探索你的职业能力

1. 能力倾向测试

能力倾向测试可以预测一个人将来在某方面的“可能”成就，挖掘出职业发展潜能。最常用的测验有如下几种：①差别能力倾向测验，分别测验文字推理能力、数字推理能力、抽象推理能力、文书速度、准确性、机械推理能力、空间关系能力、拼写和语言应用能力。②一般能力倾向成套测验，包含对11项能力倾向进行评估，分别是一般学习能力、语言能力、数理能力、判断能力、图形知觉能力、符号知觉能力、运动协调能力、手指灵活度、手腕灵巧度、眼手足协调能力和颜色辨别能力。③我国公务员录取考试中常用到的行政能力倾向测验，这是用来测试公务员工作所具备的一般潜能的一种职业能力测试，包括数量关系、判断推理、常识判断、语言理解与表达、资料分析五个方面。

2. 经验分析

通过对过去的成就事件进行分析总结，对自己的能力排序，梳理自己所具备的职业能力，常用的有“我的成就故事清单”等方法。

多元能力分析

1. 表2-5中每项能力满分为10分，给自己的每项能力打分。

表2-5 多元能力自测

能力类型	含义	分数（满分为10分）
语言能力	听、说、读、写能力	
逻辑思维能力	根据需求有效地传递信息；用数学方法来解决问题；用科学的原理和方法来解决问题；运用逻辑推理来判定解决问题的建议结论和方法的优缺点	
管理能力	绩效监督，协调安排，说服他人；谈判技能，指导他人；解决复杂的问题，判断和决策；时间管理，财务管理，物资管理，人力资源管理	
动手能力	具体专业操作技能方面的能力	
身体协调能力	运用四肢和躯干的能力，表现为察觉、体验他人情结和情感的能力	
沟通能力	理解工作文件的句子和段落，理解对方讲话的要点，适当地提出问题；在交谈中有效地传递信息、理解信息中的启示，用于解决问题，帮助做出决定；关注并理解他人的反应；积极地寻找方法来帮助他人	
自省能力	能够正确地认识和评价自身的情感、动机等能力，形成自尊、自律和自制的能力	

2. 试分析自己哪项能力还可以提高。

随堂训练

职业能力分析

小李是广西某高校市场营销专业的学生，他的理想是成为一名优秀的营销人员。毕业后，小李成功面试了一家公司。刚进入公司，领导希望他能在基层认真锻炼，他很不开心，经常跟同事抱怨，郁郁寡欢，消极怠工。这件事很快就反映到了领导那里。于是，领导找到小李，询问了一些关于工作、生活的事，小李便把自己的不满一股脑儿地发泄出来。领导想了想说："那这样，我们准备在市场部增设一个市场三部，你去负责吧！"小李瞪大了眼睛说："不行不行，我还没有这么大的能力。"领导说："我们公司有一批积压的产品，你把它们处理一下。"小李说："都积压那么久了，肯定没人要。"领导笑了笑说："没关系，那你就把昨天的会议记录整理一下。"小李说："我不太喜欢做整理文字的工作。"领导说："那你觉得自己能干什么？"小李羞红了脸。

步骤一：全班分为若干个小组，讨论小李的职业能力如何。

步骤二：各小组写出提升小李职业能力的对策。

步骤三：试着分析自己的职业能力，看看自己在哪些方面还有欠缺。

步骤四：教师点评。

第四节　我的职业生涯我决策

一、职业生涯决策概念

职业决策指的是个体在职业发展过程中需要做出的抉择活动。职业生涯决策的概念最早由美国学者杰普森·大卫（Jepsen David）等人在 1974 年提出。职业生涯决策有广义和狭义之分。广义的职业生涯决策指的是为了获得满意的职业生涯规划而进行的分析和判断的过程，通过对各种职业生涯方案进行评估，从而确定最优的职业选择。狭义的职业生涯决策指的是职业生涯方案最后的选择。

职业生涯决策是一个复杂的认知过程，它不仅是一个即时的职业选择行为，也是一个动态的决策过程。决策者需要搜集有关自我和职业环境的信息，并在多项选择之间权衡利弊，以达成其最大的价值。

职业生涯决策是个性因素和职业因素的统一。在市场经济条件下，不同的人有不同的就业目标，不同的社会岗位对不同的求职者进行选拔。这就要求在进行职业生涯决策时，要充分考虑决策者的性格、兴趣、气质、能力和价值观等个人信息，同时也必须面临社会、职业和教育等各方面的选择。这样才可以在综合自我认知和社会认知的基础上，利用职业生涯决策的知识和技能，对个性因素和职业因素进行优化，制定出个人的职业生涯决策。

二、职业生涯决策方法

职业生涯决策的方法有很多，但最常见的方法是 SWOT 分析法。SWOT 是英文 Strengths（优势）、Weaknesses（劣势）、Opportunities（机会）、Threats（威胁）的缩写，该方法主要是针对自己综合条件的优势、劣势，以及所面临的机会、威胁四个方面对自己未来的职业生涯进行规划，以确保职业生涯规划的准确性。只有对自己和外界环境有深入的了解，才可以将职业生涯掌握在自己手里。

（一）明确自己的优势

1. 自己最优秀的品质有哪些？

为了发现自己的闪光点，同学们需要做一次详细的自我分析和描述，并把自己最突出的优点逐条写在纸上，再尝试写一份自我推荐信，然后与自己面对面地沟通，并从用人单位的角度看写推荐信的那个人是否可以让你信服，从中发现在你身上是否具有其他人所不具备的优点。

2. 曾经学习了哪些知识？

包括在大学里学习了哪些课程，特别是专业课；掌握了哪些职业技能，获得了哪些技能证书，包括计算机、外语、各种职业技能证书等。

3. 曾经做过哪些可以代表自己能力的事？

同学们可以列举一下自己在大学里曾参与过哪些学生活动或社会实践活动，取得了哪些成就及经验的积累，获得了哪些职业技能比赛的成功，等等。同学们在列举所做的能反映自己能力的项目时要突出自己经历的丰富性和效果的突出性，特别是要选择那些与自己目标职业相一致的项目，这样才更有说服力。

4. 自己做过的事情中最成功的有哪些？是如何取得成功的？

通过对成功事例的分析，除了可以发现自己的长处，如对职业的兴趣爱好、个性对职业的适合性、专业知识和职业能力等，还可从深层次上挖掘自己的潜力，调整自己加强学习、积蓄能量的策略。这也是今后努力的动力之源，更可以为职业生涯设计提供有力的支撑。

（二）找出自己的劣势

首先，要分析一下自己的性格中有哪些弱点和不足。每个人无论是先天还是后天，都会存在某些不足，这是任何人都无法避免的。为了对自己有个清醒的判断，可先列出自己的劣势，然后找人聊聊天，看看在别人眼中的你是个什么样子的，与你自己预想的是否一致，在此基础上找出其中的偏差，分析其中的原因并设法弥补它，这将有助于实现自我提高。找出那些与目标职业相关的、会阻碍自己实现职业目标的劣势或缺点。如在素质、能力、创造力、财力、行为习惯等方面的不足。当发现自己在某方面存在不足时，就要下决心改正它，促使自己采取切实可行的措施，加强学习和修养，唯此才有可能取得真正的进步。

其次，要分析一下自己在经验或经历上存在哪些缺陷。要善于发现自己的缺陷并认真对待，努力克服。缺陷并不一定都是不利因素，有时也许会变成职业中最强的利器。比如你是一个性格内敛的人，不擅长与人打交道，虽然这样的不足意味着你不善交际，但有些类似统计分析、财务管理、图书资料管理、数据录入等的工作岗位可能恰恰需要这样性格的人。

最后，分析一下自己最失败的经历是什么。将自己认为最失败的几件事列出来，找出失败的原因，会发现有些失败可能是因为你的个性造成的，也可能是其他偶然因素造成的。俗话说，失败是成功之母，失败的教训，通常会使你反思其中的问题所在，从中吸取教训，在今后的工作中避免犯同样的错误，从而让你变得更加成熟。

（三）外部环境的机会

根据调研的信息，列出有利于大学毕业生就业的内容：如各级政府及主管部门制定的就业政策和措施、各人才市场的需求信息、与自己专业和职业相关的需求量增加、与自己专业或相近专业毕业生减少等，并进行分析，找出最有利于自己就业的职业、单位和工作岗位。

（四）外部环境的威胁

根据职业调研信息，列出不利于大学生就业的内容：如近年来大学应届毕业生人数快速上升，人才供给量激增，而受世界经济不景气的影响，某些专业的人才需求量却在不断下降；经济形势中的不利因素，影响到大学生就业的工资收入、社会福利等；人才信息供需双方不对称等。

在对 SWOT 四项内容做详细的评价和分析的基础上，最后做出总体鉴定，主要包括自己最理想的职业方向、所要达到的具体位置、具体可分几个阶段实施、现在要做哪些准备。

三、职业生涯规划撰写

大学生职业生涯规划书没有固定的格式，本节给出一种格式作为参考，同学们也可以根据个人的情况进行个性化调整。一般大学生职业生涯规划书包括以下六个部分。

1. 引言

主要写明对大学生活的认识，对职业生涯规划的认识与思考，撰写职业生涯规划书的目的和意义等等，内容简洁即可。

2. 认识自我

这部分也可以叫自我评估、自我分析等，可以通过职业生涯规划工具人才测评报告、本人对自己的认识、周围人对自己的评价来对本人进行客观的分析。主要有以下几个方面：

（1）个人基本情况。

包括性别、年龄、政治面貌、外语水平、家庭所在地、专业、毕业院校等个人情况，主要选择与职业生涯相关的个人因素。本部分也可以放在引言后、认识自我前。

（2）职业兴趣。

职业兴趣是指人们对某种职业活动具有的比较稳定而持久的心理倾向，使人对某种职业给予优先注意，并向往之。有些人的职业兴趣很明显，有些人对自己的职业兴趣没有明确的认识，可以使用职业测评工具分析自己的职业兴趣。

（3）职业能力。

职业能力是人们从事其职业的多种能力的综合，指个体将所学的知识、技能和态度在特定的职业活动或情境中进行类化迁移与整合所形成的能完成一定职业任务的能力，并进行评估，也可以通过职业能力测试工具获得测评结果。

（4）个人特质。

个人特质是指个人在不同的情境下均表现出的一些特点，如害羞、积极进取、顺从、懒惰、忠诚、畏缩等，是一个人相对稳定的思想和情绪方式。个人特质也可以通过测评工具进行测评。

3. 环境分析

（1）家庭环境。

可以分析父母所从事的职业、受教育程度、家庭经济条件、家庭人力资源、家庭氛围等。

（2）学校环境。

可以分析所在院校的类型、社会影响力、地理位置、校友分布情况，以及所学专业在毕业院校中的位置、专业发展程度等。

（3）社会环境。

可以分析国家目前的政治、经济发展情况，主要分析毕业院校所在地，职业生涯发展目标城市或城市群的政治、经济发展情况，以及对毕业生的政策，等等。

4. 职业目标定位

对于大学生来说，大学所做的职业生涯规划基本上都是人生的第一次职业选择，主要有以下几个方面。

（1）直接就业。

随着大学生毕业人数逐年增加，就业压力增大，考研压力一样逐年增加，很多人选择先找工作。毕业就找工作，尽早进入职场成为大学毕业生的主要选择。

这就要求大学毕业生提前做好求职的充分准备，将自己的择业与社会需要、个人优势、社会就业形势、未来目标等紧密结合，明确自己的起点，准确选择求职的行业地区和层次，注重列举，注重与自己的职业能力、职业素质相匹配，做好求职的心理准备，有针对性地参加各种类型的招聘会，抓住机会及时就业。

（2）通过参加公务员考试就业。

随着国家公务员招考人数不断增加，专业要求逐渐放宽，有一定数量的大学毕业生愿意通过参加国家公务员考试获得就业机会。通过公务员考试可以进入国家各级机关工作，工作稳定性强，社会声誉高。当然，公务员工作弹性小，考试难度大，这也是大学毕业生要考虑的问题。

（3）参加研究生入学考试。

参加研究生入学考试（又称考研）并顺利通过后，可以提高自身的学历层次，拓展专业学习的深度、广度，增加知识储备，能够提高就业的竞争力，增加就业竞争机会。同时，考研将错过大学本科毕业可能有的就业机会，考研本身也要付出大量的时间和精力。随着考研人数逐年增加，研究生毕业时的竞争压力一样存在。选择考研一定要从实际出发，综合自己的优势，充分评估自己的实力，不要为了逃避现有的求职压力而去考研。

（4）出国留学。

去国外留学深造，既长见识，又能进一步提高自己的智商和情商，的确是一条不错的职业人生路。不过“条条大路通罗马”，选择这条路，首先还是要符合自己的实际情况。毕竟出国留学要远离亲人、远离祖国，除受到经济条件、外语水平等客观条件的限制外，还需要有很强的心理承受能力。事实上，随着我国改革开放的进一步深入，出国留学已经成为很常见的一种选择。但我们也要注意到，去国外发展成本增加，难度增大，大批出国留学人员无法在国外发展，回国后，还要适应新的职业环境。如果没有相应的职业规划，出国所学不能与国内企业的要求相衔接，也存在着巨大的风险。

（5）自主创业。

“大众创业，万众创新”，在大学毕业生中，自主创业成为一种新的选择。大学毕业生自主创业不但解决了自身的就业问题，而且能为他人创造更多的就业机会。这已经成为国家和地方各部门重视和鼓励的一种重要就业路径。国家和各相关部门不但出台了相应的配套政策，而且频繁举行全国性或地区性大学生创业大赛，建立大学生创业实习基地，设立大学生创业基金，为大学生自主创业打开了方便之门。

（6）灵活就业。

灵活就业是最近几年新兴的职业形式，是指在劳动时间、收入报酬、工作场地等方面有别于传统的标准全日制就业形式的各种就业形式的总称，这种职业形式一般与互联网密切相关，比如网络写手、网络主播。随着互联网的发展，越来越多新的职业类别和工作形式将不断出现，丰富了大学生的职业生涯。

5. 具体行动计划

根据以上各种分析和职业目标的选择，要制订出切实可行的行动计划，重点是计划好大学在校期间要开展的各类活动和要完成的每一项具体的任务。可以分年度、分任务类型写明具体的行动计划，计划要可操作、可衡量、可评价。可以按不同的时间段做好计划，制作计划表，包括计划类别（短期计划、中期计划）、时间跨度（从哪年到哪年的计划）、目标（要达到的目的或要完成的任务等）、计划内容（具体的任务内容等）、措施（完成任务的保障办法等）。计划越详细越好，对每一年、每个月、每一天都要列出详细的任务，要具有很高的执行性，可操作、可衡量，以便自我监督计划的执行情况。

6. 计划评估与调整

根据各阶段计划完成情况，不断评估目标实现的程度，并根据现实情况的变化，不断调整职业目标，以更好地完成职业生涯规划。如对职业目标进行评估，确定是否要选择新的职业；对职业发展进行评估，确定是否要调整发展方向；对措施进行评估，确定是否能够保障计划的顺利进行；对其他因素进行评估，确定是否有新的情况出现，是否有意外发生会影响职业生涯规划的进行。评估与调整是个人对自己不断认识的过程，也是对社会不断认识的过程，是使职业生涯规划更加有效的有力手段。

典型案例

一位计划毕业后就业的大学二年级学生的职业生涯规划

（一）自我分析

1. 性格

我开朗、活泼，喜欢与人交往，喜欢结交朋友，一旦与别人建立了朋友关系，我就会用心地去经营一段友谊。

我具有较强的上进心，一直不甘于落后，一旦落后，我就会奋起直追。上高中之前，我对一切都看得很重要，不允许自己在任何方面做得不好，而且非常重视别人对我的评价。但是上高中之后，我渐渐明白，山外有山，人外有人。于是，我开始改变自己，不再要求自己在各个方面必须优秀，因为人不可能十全十美。

正是因为我的心态发生了变化，所以我应对挫折的能力增强了，我也懂得了要微笑着面对生活。

2. 兴趣爱好

可能是受家庭环境的影响，我从小就喜欢读书，直到现在，读书仍然是我最大的爱好。我读过各种各样的书，但是很遗憾，不知道是自己读书的方法有问题还是别的什么原因，虽然我读过很多书，但是记住的内容不是很多，每次写文章想运用看过的东西时，都感觉无法很好地驾驭，这个方面还有待加强。

3. 优势

善于结交朋友是我的一大优势，毕竟人际关系对个人的发展是非常重要的。我的适应能力很强，无论什么样的新环境，我都可以很快地适应。

4. 劣势

如同前面所述，我的心态发生变化以后，我学到了很多，但是我也失去了很多，我不再相信自己有能力与别人竞争，我变得越来越沉默，对很多活动都失去了兴趣。我很早就意识到了这个问题，我也很想改变，但是没有成功。

（二）职业选择及理由

1. 职业选择

虽然当初填报志愿时，新闻学专业不是我自己的选择，但是在深入学习之后，我发现我还是很喜欢这个专业的，所以我希望我将来能成为一个记者。

2. 理由

我不喜欢平平淡淡、毫无激情的生活，我希望我的生活丰富多彩，这是我选择记者这个职业的主要原因。

我之所以选择记者这个职业，还有一个原因是我从小就很崇拜记者，我羡慕他们可以了解很多普通人永远无法知道的真相，可以解决一些普通人无法解决的问题，这对我来说是一种诱惑。

记者需要有较强的观察能力、判断能力、语言表达能力、沟通能力和人际交往能力，我知道自己在有些方面还存在不足，所以，在以后的学习和生活中，我会努力提高个人修养和素质。

（三）未来两年的计划

未来两年，我不会像读大学一年级的时候那样得过且过，我会努力学习，为就业打好基础。

1. 大学二年级阶段

在学习专业课程的同时，多读与所学专业有关的书籍，以拓宽自己的视野。

每天早晨去操场上大声朗读英语，平时也要加强口语练习，努力提高自己的英语水平。毕竟，记者要接触的人很多，在有些场合，可能需要用英语与别人交流。

积极参加各种实践活动，提高自己解决实际问题的能力。在不影响学习的情况下，找一家新闻单位实习，使自己更好地了解记者这个职业。

2. 大学三年级阶段

在大学三年级阶段，我必须面对就业的压力，这是无法逃避的。在这个阶段，我会努力提高自己的职业能力和职业素养，为就业打好基础。

（资料来源：万辉君．大学生就业指导与职业生涯规划［M］．武汉：华中科技大学出版社，2018.）

本章要点回顾

职业是现代人最重要的社会属性，是个体社会价值最重要的体现形式。职业生涯就是一个人的职业经历，它是指一个人一生中所有与职业相联系的行为与活动，以及相关的态度、价值观、愿望等连续性经历的过程，也是一个人一生中职业、职位的变迁及工作、理想的实现过程。职业规划就是对职业生涯乃至人生进行持续的、系统的计划的过程。

职业生涯规划中要考虑的因素包括个人的兴趣、气质、性格等心理特质，以及客观环境对职业发展的影响。好的职业生涯规划可以帮助大学生找到自己的职业定位，目标明确地展开自己的职业生涯。

思考与练习

1. 什么是职业生涯规划？如何撰写职业生涯规划书？请你根据你的专业和兴趣等特点做一份适合自己的职业生涯规划书。

2. 案例分析：

案例1：杨昊和吴玲是硕士阶段的同学。杨昊认真、冷静、做事有计划；吴玲灵活、圆滑、办事易冲动。毕业后两个人同时到了南方的同一所高校任教，并且还在同一个系。在迎接新教师的座谈会上，院长殷切地希望年轻人树立人生目标并为之奋斗。会后，两人开玩笑说，目标就是当院长，看谁先当上。

15年后，果然有一个人当上了院长。你猜，谁当上了院长？

实际情形是，3年后，吴玲当上了系副主任，杨昊仍是普通老师。15年后，杨昊当上了院长，吴玲仍然是一名系副主任。

杨昊自立下目标便制订了人生规划。前3年，注重教学，第4~8年准备考博士并就读博士，第9~12年潜心做研究，成为知名学者。从第13年起，不仅教学、科研成绩突出，还特别注重加强各方面人际关系。第15年老院长退休，人们不约而同让杨昊接班。而吴玲一开始关注仕途，3年就当上系副主任。但教学一般，科研无成果，压力很大。后来又跟着下海潮流先合伙开餐厅，后开面粉厂、美容院、服装店，可干一样亏一样。又过了4年后才发现自己并不适合经商。等重新再回到教学、科研上来，已经过去了10年，与杨昊已拉开了差距。

问题思考：杨昊与吴玲处在同一起跑线上，有着一致的目标，但最终结果相距甚远。请结合本章内容分析两者出现差距的主要原因。

第三章

怎样做到天生我材必有用?

——大学生就业前的心理、知识及职业能力准备

本章导读

机遇总是垂青有准备的人，大学毕业生为使自己成功踏入职场，应该做怎样的求职心理及技能准备?

十多年来已习惯于听课、看书、完成作业、参加考试，与同学老师朝夕相处生活的我们，将要结束熟悉的生活，开始一种新鲜的、陌生的、令人向往的生活，会感到兴奋、好奇、期待，却也会地担心、害怕、焦虑。这些情绪不是没有原因的，因为新的历程从踏入职场开始。然而，顺利踏入职场需要周密的策划，从心理、知识、职业等方面进行精心准备，这是确保成功踏入职场的基础性工作。因此，在大学期间大学生需要为迈出校门做好准备，提高自身心理承受能力和专业知识技能水平，加深对社会和职业的了解，让求职的自己不再焦虑和慌张。本章将为你介绍踏入职场的心理准备和技能准备，帮助你成功踏入职场。

学习目标

1. 了解在求职过程中可能出现的心理问题，以及心理问题出现的原因，掌握心理调适的方法
2. 了解知识结构和信息时代知识的特征以及对求职者的要求
3. 掌握如何管理自己的知识和信息
4. 了解具备职业能力对求职的重要性
5. 掌握培养职业能力的方法

第一节　大学生就业前的知识准备

人类文明发展到今天，任何工作都需要一定的知识信息积累才有可能完成。任何人想进入任意一个专门的领域或在某个领域取得一定的成就，首先要完成的就是必要的知识信

息积累。“中国人力资源开发网”进行的一项大学生就业调查的报告显示：企业人士和大学生都认为对企业岗位专业知识缺乏了解是困扰大学生求职的最主要因素。因此，大学生要想在求职中取得成功，必须进行知识的储备。

一、知识结构概念及其特点

（一）知识与知识结构

知识，是指人类在实践中认识客观世界（包括人类自身）的成果。它可能包括事实、信息、描述或在教育和实践中获得的技能。它可能是关于理论的，也可能是关于实践的。

知识结构是指人们通过认识客观世界而获得的各类知识信息单元及其相互之间的关系。通俗来讲，知识结构是客观知识世界经过求知者的输入、储存、加工在头脑中形成的由智力联系起来的多要素、多系列、多层次的动态综合体，也可以称为知识体系或智能体系。人才的知识结构通常可分为三角型、宝塔型、衣架型、T 型、H 型、X 型等，前三个类型一般是指专业技术人才，而后三个类型则是掌握两个以上领域的通才。合理的知识结构是担任现代社会职业岗位的必要条件，是人才成长的基础。现代社会的职业岗位，所需要的是知识结构合理且能根据当今社会发展和职业的具体要求将自己所学到的各类知识科学地组合起来的人才。

知识链接

蜘蛛网型知识结构是以所学的专业知识为中心，与其他专业相近的、有较大相互作用的知识作为网状连接的结构，形如蜘蛛网。这种知识结构，是以自己的专业知识作为一个“中心点”，与其他相近的、作用较大的知识相互联结，形成一个适应性较大的、能够在较大范围内左右驰骋的知识网。这种蜘蛛网型知识结构的特点是：知识广度与深度的统一。这种人才知识结构呈复合型状态。随着社会生产的高速发展，这种知识结构的人才非常受社会用人单位的欢迎。

（二）知识结构特点

大学生建立知识结构，一定要防止知识面过窄的倾向。知识结构的建立是一个复杂长期的过程。通常合理的知识结构具有如下特点。

一是整体性。即专博相济，深度与广度相结合，既学有专长又兼容并蓄。

二是层次性。即合理知识结构的建立，必须从低到高，在纵向联系中，划分基础层次、中间层次和最高层次。没有基础层次，较高层次就会成为空中楼阁，没有高层次，则显示不出水平。因此任何层次都不能忽视。

三是比例性。即数量和质量之间合理配比。配比的原则应根据培养目标来定，成才方向不同，知识结构的组成就不一样。

四是动态性。即知识结构不应处于僵化状态，而应不断进行自我更新。这是为适应科技发展、知识更新、研究探索新的课题和领域、职业和工作变动等因素的需要，否则就会跟不上飞速发展的时代步伐。

研究表明：当前大学生的合理的知识结构应由核心知识、紧密知识和外围知识构成，呈现“年轮状”。核心知识是指大学生所学专业的基础知识、基本理论、基本实验技能等内容。核心知识反映我们知识结构的基本内容。紧密知识是教材内容相关的较高层次的专业体系框架、学科发展史、探究专业知识的标准、思考方式、对专业及其发展的基本认识和价值判断等内容。紧密知识反映我们知识结构的纵深度，这样的知识结构让我们知道“是什么”和“为什么”，使我们能更好地适应社会需要，不断拓展自己。外围知识是与社会、生产、生活密切相关的知识，如所学专业。其他学科的交叉融合，专业领域最新成就等。外围知识包括一些社会常识，反映我们知识的宽度，这部分内容可帮助我们知行合一，为培养解决实际问题的能力打下坚实基础。

我学的是什么？

《中华人民共和国国家标准　学科分类与代码》（国家标准 GBT_13745-2009）将学科分类定义到一、二、三级，共设 13 个学科门类，62 个一级学科或学科群、676 个二级学科或学科群、2382 个三级学科。在原有学科分类基础上，2015 年国务院学位委员会、教育部在“工学”学科门类下增设“网络空间安全”一级学科；2021 年 1 月，国务院学位委员会、教育部又增设了“交叉学科”门类、“集成电路科学与工程”和“国家安全学”一级学科，目前学科门类达到 14 个，一级学科或学科群达到 65 个。

活动设计：我学的是什么？

上网查询《中华人民共和国国家标准　学科分类与代码》或者《学位授予和人才培养学科目录》。

小组讨论：你所在的专业属于哪个门类、什么学科？知道这个信息之后你们有哪些感受和想法？

二、信息时代对求职者的知识要求

各类现代职业对于就业者文化素质和知识结构的要求越来越高。就知识结构而言，不仅对就业者掌握知识技能的理论水平的要求越来越高，同时对就业者知识和技能的适应性要求也越来越强。

（一）宽厚扎实的基础知识

基础知识是知识结构的根基。大学生无论是选择职业，还是确定方向，或是适应工作性质的变动，都离不开宽厚扎实的基础知识的储备。这不仅关系到能否进一步发展，能否在专业上有所建树，而且关系到将来走向工作岗位之后能否尽快适应和胜任工作。所以大学生在大学阶段要认真系统地学习基础知识，扎实掌握基础知识理论。

（二）精深的专业知识

专业知识是知识结构的核心，大学生毕业之后将要从事具有较强专业性的工作。因此，在大学阶段，大学生既要掌握扎实的基础知识，还要掌握精深的专业知识。所谓精深，是指大学生对自己所从事专业的知识和技术的了解应具有一定的深度，既有对概念体系、理论体系、研究方法、学科历史和现状等的要求，又有对本专业国内外最新信息及与其专业邻近领域知识的了解和熟悉，并善于将其与本专业领域紧密联系起来的要求。

（三）现代管理和人文社会知识

现代化的社会，需要大学生具有一定的社会知识、经济与管理知识以及人文社会知识。进入大学后，学生们只在本专业知识范围内学习，即使有通识文化素质课，但其学到的人文社会知识内容也是极为有限的，所以很多大学生毕业之后，在人文知识方面普遍存在知识面太窄的问题。因此，作为一名大学生，应该利用在校学习的时间，利用专业学习的空余时间，多读一些社会科学、管理科学方面的书籍，增加自己的知识储备，开阔自己的视野，不断增加对社会和现代管理科学的了解，从而不断提高自己的能力。

（四）科技前沿的新技术、新知识

在现代科学技术发展如此迅猛、科学知识量急剧增长的今天，面对全面改革开放的形势，如果只掌握本专业现阶段的知识，是很难适应社会的。所以大学生应该利用在学校学习的宝贵时间，在不断加深对本专业知识了解的同时，跨学科学习更多的知识，以充实自己，在基础知识学习的宽度和深度上下功夫。要自觉地阅读现代科学书籍，掌握本专业国内外研究的新动向、新成果，了解世界科技新动态，注意本专业的科学前沿状况，注意所掌握专业知识的精湛性和先进性。这样在毕业后，才能在实际工作中不断追踪国际上的先进技术。例如人工智能和大数据的兴起催生新的岗位，从而产生新的岗位素质要求，劳动者就要对人工智能目前的发展态势、技术聚焦优势及今后的发展趋势有所了解。当然要求大学生同时掌握多种专业知识是不现实的，但是除了精通自己的专业知识并能在实际中运用以外，再掌握或了解与专业相关相近的若干专业知识和技术却是可以做到的。

三、管理自己的知识和信息

当今时代是信息爆炸的时代，信息和知识正在以越来越碎片化的方式进入生活，无孔不入。我们如果无法从中提取、整合出有价值的部分，最终就会被淹没在信息里。因此，必须重视个人知识的管理。

（一）个人知识管理的概念及其作用

个人知识管理，英文是 Personal Knowledge Management（简称 PKM）。个人知识管理的宽泛定义由 Paul A. Dorsey 教授提出，他认为："个人知识管理应该被看作既有逻辑概念层面又有实际操作层面的一套解决问题的技巧与方法。"后来，Frand 和 Hixon 将个人知识管理定义为："它是一种概念框架，指个人组织和集中自己认为重要的信息，使其成为我们知识基础的一部分。它还提供某种将散乱的信息片段转化为可以系统性应用的东西的（个人）战略，并以此扩展我们的个人知识。"从实用的角度讲，我国学者把个人知识管理定义为个人通过工具建立知识体系并不断完善，进行知识的收集、消化吸收和创新的过程。

综上，尽管个人知识管理有各种版本的定义，其实质却都在于帮助个人提升工作效率，整合自己的信息资源，提高个人的竞争力。具体来讲，个人知识管理具有以下作用：一是通过实施 PKM，个人可以在短时间内处理大量的信息，快速有效地获取所需知识，准确地表达知识，提高工作效率和自身能力；二是通过对个人知识的管理，人们可以养成良好的学习习惯，增强信息素养，完善自己的专业知识体系，提高自己的能力和竞争力，为实现个人价值和可持续发展打下坚实基础；三是收集和消化工作、生活等所需的知识，能清晰地反映自己的知识结构，根据情况进行结构调整或内容更新。

（二）个人知识管理的所需要素和步骤

1. 进行个人知识管理需要具备的要素

A. 时间控制（将大块的时间分解为 20~30 分钟）。

B. 工作空间舒适度（确保自己在适宜的地方开始任务）。

C. 快速阅读、备注和研究（准备好必要的文具和其他工具）。

D. 备案和文档管理（为工作中的信息文件取一个方便你搜索的名字或编号）。

E. 信息设计（哪些信息有用，哪些信息无用）。

F. 有目的的写作（写下自己一闪而过的思考和疑问）。

G. 知识/信息处理设施（通常指计算机等 IT 设备）。

H. 知识/信息过滤技能（暂时不触碰与当下任务没有直接联系的信息）。

2. 个人知识管理实施的步骤和方法

Skyrme 也从经验方面对个人知识管理战略进行了更为细致的描述，包括以下内容：明确自己的信息需求；制定一个（知识）获取战略；设定信息的优先级，确定哪些信息可以丢弃，哪些信息可以收取；确定如何和何时处理手上的信息；为需要归档和保存的知识建立规范；创建个人的文件系统，可以兼顾（管理）自己的工作、生活和其他知识活动；按不同用途建立信息目录（书签）和索引；经常评估/评价所存储信息和目录的价值。具体来讲，个人知识管理的实施步骤如下：

（1）分析个人对知识管理资源的需求：哪些是当下紧急的需求，哪些是长远发展的需要；运用二八法则进行规划区分。

（2）建立个人知识管理结构和专业知识体系。以下内容供参考。

A. 人际交往资源（如联系人的通讯录、每个人的特点与特长等）。

B. 通信管理（书信、电子信件、传真等）。

C. 个人时间管理工具（事务提醒、待办事宜、个人备忘录）。

D. 网络资源管理（网站管理与连接）。

E. 文件档案，个人知识库管理。

（3）建立个人知识管理的准则和文档命名规范。个人文档的命名规范非常重要，能帮助我们快速准确地找到自己所需的资料。建议的命名规范为：大类别+年月日+具体名称，如：竞争对手市场活动分析_ 20041202_ 市场部_ 小黄 . doc。看上去比较麻烦，但这是进行有效的个人文档管理的基础，这个看似麻烦的方式会节约你许多的时间精力，让你成为一个高效率的人。

（4）选择进行个人知识管理的工具。对个人来说，针对不同的信息可以采用不同的工具，只要简单易用，适合自己就行，比如邮箱、通讯录，都是常见的个人知识管理的工具。对知识内容的管理，可以采用网络收藏夹和博客。

（5）维护，持之以恒地维护个人专业知识体系，最难的也是持之以恒。

A. 添加新的知识源和知识分类。

B. 更新、修改和删除部分知识源。

C. 调整共享的位置。

D. 与他人进行知识资源交流。

E. 不断完善个人知识管理的各项准则。

（6）在实际工作中应用个人专业知识资源。我们积累知识的唯一目的就是使用它，利用知识创造效益。个人知识管理的最终意义在于提高工作效率、提升能力、促进创新。知识管理要有助于个人知识的流动，促进新知识的不断获取，促进显性知识向隐性知识的转化。在实践中个人可以总结自己有效的方法，并多与他人交流，充分利用自己拥有的知识，只有这样才能真正提升自己。

（三）个人知识管理的技巧和方法

（1）检索信息：在个人知识管理中，检索信息的技巧既包括技术要求很低的“问问题→听回答”，也包括充分利用互联网的搜索引擎、电子图书馆的数据库和其他相关数据库查找信息。

（2）评估信息：指个人可以判断信息的质量，而且判断这种信息与自己遇到的问题的相关程度。评估主要从可信度、准确度、合理性及相关支持等方面来进行。可信度一般根据作者的可信度、质量保证依据、元信息等来判定。准确度可从时间界限、综合全面性、信息面向的对象及其使用目的、合理性等方面来确定。相关支持则是指信息文本的索引目录、参考文献等。

（3）组织信息：用不同的工具把各种信息组织起来，过滤无用和相关度不大的信息资源，有效地存储信息，建立信息之间的联系，方便以后的查找和使用。在手工操作的环境中，我们会用文件夹、抽屉和其他比较原始的方法来组织信息。在现代的高科技环境中，我们用电子文档、数据库和网页，或者用专门的知识管理软件来组织信息。有效组织信息的原则是无论环境怎样，组织起来的信息应该便于有效地利用。

（4）分析信息：对信息进行分析并从中得出有用的结论。常用的分析信息的方法是建立和应用模型，通过大量的数据分析得出信息间的关系。电子表格、统计软件、数据挖掘软件等提供了分析信息的方法，但在建立各种分析软件的模型的工作中，人还是最重要的。

（5）表达信息：可以实现隐性知识向显性知识的转化。个人知识在交流、共享中得到升华。表达信息的最重要方面是你的受众。信息的表达，无论是通过幻灯片、网站还是通过文本，都应该围绕如何让受众理解、记住与自己的互动。

（6）信息安全：保证信息的安全涉及开发与应用各种保证信息的秘密、质量和安全存储的方法和技巧。密码管理、备份、档案管理都是保证信息安全的常用方法。

（7）信息协同：信息技术的发展为组织和部门的协同工作提供了强有力的支持。如通过小组或团队的形式组织学生进行学习，教师与学生、学生与学生在讨论与交流的基础上对一些要解决的问题进行协同工作，交流和共享彼此的观点和知识。有效地利用这种技巧就要充分地理解协同工作的各种原则及其内在内容。

第二节　大学生的职业能力准备

在求职过程中，能力是力量，能力过硬就会受到用人单位的欢迎。要想求职顺利，要想自己未来在工作中获得成功，必须掌握职业能力，持续学习，不断提升自己的职业能力。关于职业能力、分类及其测试，第二章已进行了相关分析，本章不再重复论述，本章着重分析职业能力的培养问题。

一、当前最受雇主欢迎的职业能力

关于职业能力，不同的时代，对职业能力的要求是不一样的。从现有专家、学者的调查来看，当前比较受欢迎的能力主要为以下 10 种：

（1）解决问题能力。那些能够发现问题、解决问题并迅速做出有效决断的人，就业行情将持续升温。特别在商业经营、管理咨询、公共管理、科学、医药和工程领域需求剧增。

（2）专业技能。例如，在工程、通信、汽车、交通、航空航天等领域，对电力、电子和机械设备进行安装、调试和修理的专业人员。

（3）沟通能力。一个公司的成功，很多时候取决于全体职员的团结协作。

（4）计算机编程。如果能利用计算机编程满足某公司的特定需要，那么获得工作的机会将大大增加。

（5）培训技能。对于能够在教育、社区服务、管理协调和商业等方面进行培训的人才的需求量逐年增加。

（6）科学与数学技能。拥有科学和数学头脑的人才，需求量必将骤增，以应对这些领域的挑战。

（7）理财能力。投资经纪人、证券交易员、会计等职业的需求量也将继续增加。

（8）信息管理能力。系统分析员、信息技术员、数据库管理员以及通信工程师等掌握信息管理能力的人才，社会需求量大。

（9）外语交际能力。掌握一门外语将有助于你得到工作机会。

（10）商业管理能力。掌握成功运作一个公司的方法是至关重要的。这方面最核心的技能，一是人员管理、系统管理、资源管理和融资的能力；二是了解客户的需要并迅速将这些需要转化为商机的能力。

知识链接

科技革命与未来职业

当今世界正面临深刻变化，新一轮科技革命和产业变革的浪潮席卷全球。随着人工智能、大数据、云计算、量子科技等新一代信息技术的迅猛发展，涌现出一系列新技术、新动能、新业态、新模式，也催生了大批新的产业和职业。世界经济论坛发布的《2018 年未来就业》报告称，在未来 10 年，自动化技术和智能科技的发展将使 7500 万份工作消失。不过，随着公司重新规划机器与人的分工，另有 1.33 亿份新工作将应运而生，也就是说在未来 10 年，净增加的新工作岗位将多达 5800 万份。与此同时，报告认为，新工作的质量、地点和形式将发生重大改变，稳定的全职工作将越来越少，越来越多公司可能会选择使用自由职业者或专业承包商。世界经济论坛（WEF）主席克劳斯·施瓦布表示，新技术带来的就业机会不是“必然的结论”，需要在培训和教育方面加大投资，以帮助工人适应。也就是说，不学习新技能，你也得不到新的工作机会。如果不积极主动，企业和员工可能会在第四次工业革命中失去潜在的经济价值。面向未来，适应变化，实现可持续发展，是劳动者所面临的重要任务。如何把握新科技革命和产业变革的历史机遇，深化高等教育教学改革？准确把握人才培养定位与方式的转变，将培养学生适应工作岗位的能力扩展到对面向未来的职业核心能力的培养，让学生具有不断学习和改造自己的能力，能够拥抱未知、适应变革，这应该是高等教育教学改革的题中之义。

二、目标职业与职业能力基本要求

不同类型职业人员的职业能力体系不同，职业对录用人员素质要求也不一样，下面对一些常见职业的能力要求做出分析。

（一）科研型职业能力要求

科研型职业主要包括科研院所、高新企业等机构中的基础理论研究、应用理论研究、各学科学术研究、信息情报研究等工作，科技含量相对较高。科研工作是一种创造性劳动，科研型人员应具备以创造力为核心的知识结构。期望进入此类职业领域工作的大学生，在知识结构方面，要具备扎实的基础知识、严谨的研究态度、良好的逻辑分析能力；要掌握多种科学研究方法，精通本专业的各种实验方法和调查研究方法；既要有专长又要有较渊博的知识，达到专与博的有效结合；具备创造性、熟练的基本技能、理论理解及应用能力，以及将三者融会贯通、协调结合起来的能力；具备独立思考、勤于实践、不怕挫折的良好心理素质；关注和掌握本专业领域的国内外最新研究成果和前沿信息。

（二）管理型职业能力要求

管理型职业主要包括企事业单位中的行政管理、企业管理、金融管理、财政管理、经济管理等工作。从事该类职业，既要贯彻国家的方针政策并能灵活运用，有高度的公众意识，具备坚实的管理专业理论和实际知识，懂得管理科学的发展规律，了解最先进、最有效的管理方法和经验，又要懂得与管理工作相关的税务、工商、外贸等相关知识。除此之外，还要具有较广博的自然知识和社会知识，具备一定的领导、组织协调和社交才能及语言文字表达能力；要健康的身体和充沛的精力以应付千头万绪、千变万化的工作。

（三）事务型职业能力要求

事务型职业，是指与组织机构内部日常的制度性、规范性信息传播等有关的事务处理的职业活动，如打字员、档案管理员、办事员、图书管理员、法院书记员等，事务型职业对从业者的素质要求，在知识方面侧重于基础文化知识，要对职业技术知识有较具体的了解，要懂得统计、档案管理知识，熟悉专门法规和规章条例，一些涉外单位对外语也有较高的要求。事务型职业的不少岗位需要员工严守纪律，保守秘密，有的还有礼仪方面的特殊要求。在能力方面要求具有较高的社交能力、语言表达能力和干练的办事能力等。

（四）技术型职业能力要求

技术型职业主要包括各行业、各领域中从事各类技术应用工作的职业。比如技师、工程师等，此类职业要求从业者有扎实的专业技术知识、较新的现代专业理论，还要熟练地掌握能够应用于实际工作中的操作技术。另外，还需要考取相应的职业资格证书，如医师执业证、质量专业技术人员职业资格证、出版专业技术人员职业资格证等。

（五）文化型职业能力要求

文化型职业包括作家、服装设计师、音乐家、舞蹈家、摄影家、书画雕刻家、广告设计师等。文化型职业在知识和能力方面对从业者素质的要求是：能博采众长、广泛涉猎，有敏锐的观察力、丰富的想象力、坚强的毅力、得天独厚的艺术天赋、不断创新的精神。

（六）社会型职业能力要求

社会型职业包括教育、救死扶伤、提供公共服务、协调人际关系、为人民提供生活便利等工作，如教师、医生、律师、法官等。社会型职业从业者的要求如下：在知识素质方面，应具有基础的科学文化知识，尤其是应该具备广博的知识面和职业要求的专业知识；在能力素质方面，要有一定的事实理解能力、社会活动能力、组织协调能力、自身形象设计能力和文字表达能力等。随着经济的全球化，人才竞争的国际化，中外语言的表达能力和计算机操作能力已成为各种职业所要求具备的基本技能。

例如，教师需要具有较高的文化素养和丰富、坚实的专业知识；了解与本专业相似或相近的交叉学科或新兴学科的知识；需要掌握教育学、心理学、教育心理学等教育科学的相关知识；具备必要的师范技能，比如普通话、板书、制作课件、师范礼仪、教学方法等；遵守教师职业道德和师德；具有教师资格证。

（七）政法类职业能力要求

例如：法官、检察官、警察。由于在国家稳定和社会安全方面发挥着重要的作用，社会对政法类职业的从业者的要求一直比较严格。该类职业的从业者需要具有较高的理论和政策水平，不仅要熟悉掌握本职工作中涉及的政策法律、规章制度，还要有较强的行政执法能力、公文写作能力以及处理各种紧急事件的应急能力。进入此类职业，一般需要参加各级别的公务员考试或参加国家司法考试。

（八）财会型职业能力要求

财会型职业主要包括财务、会计、审计、营销、采购等工作，如会计师、审计师、报关员、业务员等。想进入此类职业领域的大学生需要具备税务、商法、财会制度、经济学、数学运算、法律、销售、采购方面的知识。随着市场经济体制的建立，社会对财会类从业人员的要求也相应提高，财会型职业从业者不仅要熟悉本职工作中涉及的政策法律、规章制度，还要紧跟形势，善于学习，拓宽知识面，能够适应国家或者单位财会制度和方法的不断变化。

三、职业能力培养

（一）根据职业目标规划，构建合理的知识结构

任何职业目标规划都要有合理的知识结构。所谓合理的知识结构，就是既有精深的专

门知识，又有广博的知识面，具有事业发展实际需要的最合理、最优化的知识体系。随着社会对专业要求的变化和发展，专业知识不断更新，知识面也越来越宽。为适应当代科技发展既高度分化、又高度综合的特点，这种专业性通常只能是一个大致的方向，而更具体、更细致的专业目标是在大学四年的学习过程中或是在将来走向社会后，才能最终确定下来。因此，在大学学习阶段，每一位大学生都要根据自己的职业目标规划，在学好专业知识的同时兼顾适应科技发展特点和社会对人才综合性知识要求的特点，构建合理的知识结构，以增强毕业后对工作的适应性。大学生在大学期间除了要学好专业知识外，还应根据自己的能力、兴趣和爱好，选修或自学其他课程，扩大自己的知识面，为毕业后更好地适应工作打下良好的基础。

（二）加强实验和实习工作，提高专业实践能力

大学生专业实践能力的提高，主要通过实验教学和实习工作获得。因此，要提高大学生的专业实践能力，高校和学生可以从以下方面进行努力。一是加强实验教学。随着社会对人才需求的变化，本科的学生必须转变观念，充分认识实践教学在本科教育中的重要地位。要加强技能的学习，通过实践，培养和锻炼自己的思路、技术，印证自己所学的理论知识，对发现问题、解决问题的能力进行全面训练。教师在实践教学中必须对学生提出严格要求，严把考核关，帮助他们提高对实验教学重要性的认识。二是重视实习工作。对于大学生来说，实习是非常重要的。它是学生理论联系实际、培养实践能力的重要途径。在实习工作中，学生一方面可以将所学的理论知识和生产实践有机结合，从而加深对理论知识的理解；另一方面，可以锻炼自己的社会交往能力、团队合作能力、分析解决实际问题的能力等，同时也可以获得许多在课堂或校园内无法学到的东西。只有通过长时间的实习实践工作，学生才能学会综合运用所学的理论知识分析实际问题，从而提高解决实际问题的能力。三是积极参加各类学科竞赛。大学校园是一个供青年人才一展身手的平台，在这里大学生可以找到许多志同道合的朋友，一展才华，发挥出自己过人的才能。校园里常常举办的各类竞赛便成为展现自我风采、培养个人能力的良好契机，比如全国大学生职业生涯规划大赛、“挑战杯”全国大学生创业计划竞赛、“互联网+”大学生创新创业大赛、“创新杯”等各类赛事，引发了高校学生的普遍关注和参与。这些赛事鼓励大学生将所学专业知识与日新月异的社会实践相结合，既能培养学生运用专业知识解决问题的能力，提高学生的专业实践应用能力，也能够激发和培养青年学生的创业意识和创业能力。

顶岗实习

一、顶岗实习的意义

顶岗实习是实践性教学环节，是提高学生实践能力的重要途径，是实现教育与职业工

作环境对接的关键，对提高人才培养质量具有以下几个方面的重要意义。

(1) 培养学生吃苦耐劳、爱岗敬业的精神与承受挫折的心理素质，养成良好的职业道德。

(2) 增加学生对社会的全面了解，丰富社会实际经验，提升综合素质。

(3) 通过实践改变学生就业观念，提升学生创新精神和创业意识。

(4) 提升学生综合运用知识解决实际问题的能力。

(5) 培养实事求是、严肃认真的科学工作态度。

(6) 掌握相关专业技术知识，提升学生专业基本技能，零距离上岗。

(7) 加强教师与企业的沟通与联系，为人才培养方案制订掌握第一手资料。

二、顶岗实习学生的双重角色

1. 学校学生

(1) 必须维护学校的形象和声誉，言行举止文明礼貌，不做任何有损于学校的事情。

(2) 必须服从学校的安排和要求，与班主任和指导教师保持联系。有事或遇到困难，要与学校联系。

(3) 必须遵守学生守则和学校的有关规章制度，穿着打扮保持学生的风格。

(4) 必须保持同学之间的团结友爱，互相关心、帮助。

2. 企业员工

(1) 必须遵纪守法，严格遵守企业的各种规章制度，学习、融入企业文化，融入企业大家庭。

(2) 必须服从企业的领导、安排和要求，遵守职业道德，保守企业秘密。

(3) 必须敬业爱岗，积极上进，谦虚做人，勤奋做事。多向身边的人请教，主动多做工作，工作认真负责。

(4) 必须遵守劳动纪律，强化安全意识、质量意识，严格遵守操作规定，做好劳动保护，安全文明生产。

三、顶岗实习生离岗要理性

在顶岗实习中，学生离岗是常见的问题。导致学生离岗的原因是多方面的。既有个人的原因，如缺乏耐心和吃苦耐劳的精神、身体健康问题、怠工旷工、违反厂规厂纪、就业期望值与实际工作差距较大、适应力差等；也有实习单位的原因，如拖欠工资、随意组织加班加点、劳动强度大、随意变动实习岗位等。学校应对学生强化预防教育，加强实习前学生的思想品德和职业道德教育，教育学生爱岗敬业、吃苦耐劳、勤俭节约，以避免随意离岗。对于有离岗意向的学生，老师应该及时告诫其按实习单位规定的程序办理工作交接手续，在保护自身合法权益的同时维护好学校在实习单位的良好声誉和形象。在此期间，学校应该注意做好以下两点工作：第一，当学生个人离岗原因出现时，实习老师应与学生单独谈话，避免学生不辞而别；第二，在确定学生已办好离岗手续后，带队老师要先通知校方、班主任、学生家长，并告知返校时间、到校的具体时间等，防止学生发生意外。

四、实习生工伤责任事故认定及处理办法

劳动过程中的职业风险是用人单位和劳动者都无法避免的。在职劳动者发生工伤事故时，可以根据《劳动法》及劳动保险的相关法律规定进行处理。但是对于顶岗实习的学生发生工伤事故时如何处理，目前我国现行法律法规并没有十分明确的规定，常常引发争议。在实际中处理此类问题，应该注意把握以下三点：

(1) 在实习协议中对顶岗实习过程中出现的学生工伤赔偿做出明确约定。目前我国法律对实习生与实习单位之间的关系还没有做出专门规定。根据劳动关系的认定标准来看，实习生与实习单位之间，严格意义上不存在劳动关系，因此不适用《劳动法》，不能获得工伤赔偿。在司法实践中，此类案件往往按一般民事侵权纠纷来处理，由实习单位和学校共同对受害学生承担损害赔偿责任。顶岗实习是学校教学工作的一个重要环节，是课堂教学的延伸。实习生在实习期间的身份仍然是在校学生，因而学校应对其承担一定的管理和保护的义务。如果学校没有尽到相应的义务，则学校对学生的人身损害存在一定的过错，应在其过错范围内承担相应的责任。从法理角度分析，实习单位是直接责任人，而学校仅应在过错范围内承担补充责任。考虑到顶岗实习的意义与实习各方的利益，为避免过多地发生此类纠纷，应当事先在实习协议中做出明确的约定。

(2) 在顶岗实习过程中运用工伤保险机制，加强对相关各方的利益维护。学生在实习期间发生的人身伤害事故，不仅涉及受伤学生、学校，还涉及提供实习场所的企业和单位。劳动过程中的职业风险是实习学生无法规避的，应该把顶岗实习期间发生的事故纳入工伤保险体制，这样既维护了学生的权益，也为学校和实习单位分担了风险。从某种意义上讲，也有利于消除企业的顾虑，调动他们接受实习学生的积极性，为人才培养提供更好的法律保护。

(3) 根据相关法律法规，妥善处理学生工伤问题。长期以来，由于缺少预防学生伤害事故和处理程序的具体规定，此类事故的处理难度很大。2002 年 6 月，教育部从明确学校责任、保护学生人身安全、预防学生伤害事故、妥善处理学生伤害事故的目的出发，发布了《学生伤害事故处理办法》，此办法第二条规定："在学校实施的教育教学活动或者学校组织的校外活动中，以及在学校负有管理责任的校舍、场地、其他教育教学设施、生活设施内发生的，造成在校学生人身损害后果的事故的处理，适用本办法。"第八条规定："学生伤害事故的责任，应当根据相关当事人的行为与损害后果之间的因果关系依法确定。因学生、学校或者其他相关当事人的过错造成的学生伤害事故，相关当事人应当根据其行为过错程度的比例及其与损害后果之间的因果关系承担相应的责任。"

五、利用信息技术手段加强顶岗实习学生的管理

构建学校、企业、家庭三位一体的管理模式，突出校企合作在校外学生实习管理中的重要作用，创建学生校外实习计算机及智能手机 APP 综合管理平台，为解决学生校外实习管理难问题提供有效手段。利用综合管理平台，通过院系、企业、学校就业指导办公室等多部门合作联动，建立信息沟通机制，解决校外实习学生缺乏实时监督、难以管理的问题。

典型案例

因为梦想，所以努力；为了成功，拼尽全力

小乔是某高校 2017 级室内设计班学生，2019 年 7 月，由学校安排进入某公司顶岗实习，担任电话营销员。

初入社会的小乔，每天电话量超过 200 个甚至达到 300 个左右，为客户提供装修咨询服务。当有些同学还在抱怨客户冷漠、被客户甩电话时，他却始终如一地热情愉快，积极耐心地完成每一次通话。作为一名设计专业的电话客服，小乔并不会急于求成，而是从客户的角度寻找恰当的话题，仅凭着一根电话线、一个随时联系的聊天社交工具，搭建起了与客户之间信任的桥梁。对他而言，电话联系不是为了邀约客户来签单，而是先与客户建立起信任与友谊的关系。大多客服专员都能遇见这样的问题：客户对家装一知半解。这时候他就会利用在学校学到的专业知识，耐心地为客户讲解家装常识，也总能做到为每个客户花大量的时间去认真地聆听，耐心地了解他们的家装需求，再细心地发现客户的喜好，然后根据客户的要求与设计师沟通好，制订出一套家装方案。即使在遇到“刁钻”的客户时，他也总是设身处地站在客户的角度为客户着想，不生气、不抱怨。工作上遇到瓶颈时，他不会退缩，而是想方设法解决一切困难，对他而言与其想困难，不如花时间去探究原因，克服难题。由于他的努力，入职培训后的第一个工作月，小乔的邀约上店量就达到 28 户，客户量奖励 2 800 元；签单合同金额达到 24 万元，开工后领到业绩提成 12 000 元；在 8 月份的业绩奖励中，小乔成为公司新人业绩冠军，领到阶段营销奖金 4 500 元；在 8 月初，他还鼓起勇气挑战公司总经理 PK 业绩，顺利拿下 2 000 元 PK 奖金。8 月份，他人生的第一桶金就这样产生了：奖金加底薪加提成共 22 800 元。小乔 9 月份的业绩也同样耀眼：到 9 月 20 日，月度时间刚过半，已经邀约 28 组客户，再创新高，累计合同金额达到 15 万元。

当身边同伴们还在摸索路子的时候，甚至还在徘徊的时候，小乔已经凭借着积累的经验、累积的资源让业绩突飞猛进！踏实做事、勤于思考、讲究方法是他坚持的工作原则，他也始终以此种方式去成为更加出色的家装客服。正如他的生活宣言所说：“因为梦想，所以努力；为了成功，拼尽全力！”这种宝贵的品质始终陪伴着他，督促着他变得更优秀。

小乔的实习期到2020年春节放假前结束。在实习的这半年时间里，小乔在工作中充分认识到自己在销售方面的特长，他已经在酝酿着他新的职业规划。2020年春节过后，在老师的建议和指导下，小乔于毕业前夕，成功应聘到某公司，做了一名出色的房产销售顾问，在新的工作领域创造着他出色的营销业绩。

案例分析：小乔毕业之后之所以应聘成功，得益于他在专业实践中积累了丰富的实践经验（勤奋、细致和耐心，还有他为客户服务的真诚和敬业精神），和根据专业实践进行的系统职业规划。

（三）积极参加各种社会实践锻炼

（1）勤工俭学。大学生既可以在校内进行勤工俭学，也可以在社会上寻找各种兼职的机会。现在很多高校都会提供很多勤工俭学的机会给广大的学生，也会为家境贫困的学生提供合适的岗位。比如家教、学生助理、食堂服务员、收银员等。但相对学校的勤工俭学岗位，社会岗位要求的专业性更高，更具挑战性。通过勤工俭学可以培养和锻炼学生的独立能力，增加报酬，还可以增加社会阅历，学会人际关系的处理、待人接物等。例如，家教，可以锻炼一个人的耐心以及表达能力；收银员，可以培养一个人的细心以及与人交往的能力等。当然，在勤工俭学中，不要本末倒置，不能为了兼职，完全忽视专业知识的积累，否则就与我们要求的“理论联系实际”的本意背道而驰了。

（2）社团活动。社团是校园里的同学为了某个共同的兴趣、某一个共同的目的而组织起来的业余团体。大学社团很多，例如书法协会、戏剧社、记者团、摄影协会等。每一个社团都有自身的主体，定期组织社团活动。学生可以根据自己的兴趣、爱好、特长选择参加合适的社团，丰富自己的课余生活。

（3）社会实践。社会实践，是指学生利用寒暑假、双休日走出校园，身体力行，在社会生活中树立理想，拓宽视野、增长才干、服务社会。为了带动学生走向社会，学以致用，实现学生的实践意愿，学校会为学生提供各种实践机会，并在组织、宣传、资金等方面给予一定的指导和帮助。当前大学生的社会实践引起了社会的关注，有些地区和单位专门组织社会实践的岗位和课题，鼓励学生积极参与并给予一定的资助，对一些有发展前景的课题，主办者可以帮助孵化甚至进一步发展，大学生要切实把握这样的机会，从中锻炼自己各方面的能力。

（4）担任学生干部。在大学生活中，你可以通过毛遂自荐的方式担任学生干部，任何一个职位都可以是你发挥自身才干为同学服务的机会。学生干部要经常召开班会、传达通知、统计信息等，这些都需要你能协调各方、组织人员参与，并对行为做出决断和选择；学生干部还要和同学、老师打交道。通过担任学生干部，一方面可以锻炼自己的组织管理能力、决策能力；另一方面可以很好地培养自己待人接物、人际关系处理的技巧，扩大社交圈子，获得众多的朋友，这其实是一笔宝贵的资源和财富。有过担任学生干部实践经历的学生往往易受企业的青睐。

（四）培养良好的意志品质

意志品质不是天生的，要在实践行动中培养，适当讲道理是必要的，但关键是实践。良好的意志品质是保证活动顺利进行、实现预定目的的重要条件。

1. 培养自觉性

自觉性是指人对自己的行动目的有着正确的认识，并为之不懈地努力。与自觉性相反的是意志的动摇性。自觉性品质是青年成才的内动力。

规划人生的长远目标和近期目标，也是培养自觉性意志品质的重要条件。从心理学来看，青年立志越远大，就越能充分调动智力，使自己观察敏锐，记忆持久，思维深刻，想象丰富。立志越远大，也越能充分发挥非智力因素的效能。

当然，我们在确立人生目标时，必须根据自己的实际情况。所定的长远目标，必须是经过努力能够达到的，这样才能激发我们在达到目标的征途上磨炼意志。同样，确定服务于长期目标的短期具体安排也很重要。短期具体的目标安排，能使我们在单位时间内高效率地工作。只有切实达到一个个具体的短期目标，方能实现长远目标。如果我们确定的目标是力所不及、不能实现的，则会使我们丧失达到目标的信心，就谈不上自觉性的培养了。

2. 培养坚持性

坚持性是指坚忍不拔，坚持到底，不达目的誓不罢休的精神。坚持性是青年成才的最重要的意志品质。

如何培养坚持性的意志品质?

从专注力入手。我们无法坚持常常是因为自己不够专注。培养坚持性的意志品质可以从训练自己在日常活动中一次只做一件事的专注力入手。人的意志不是天生就有的，而是在后天的生活实践中，在教育的作用下，通过自己的努力而逐步培养起来的。

从小事锻炼坚持性的意志。经常在小事上锻炼自己的意志，才可能在重大事情上表现出坚强意志来。“冰冻三尺，非一日之寒”，坚强的意志是在千百件小事的锻炼中逐步培养出来的。因此我们在学习、工作中要注意利用身边工作、学习中的事情，有意识地培养锻炼自己。

坚持参加体育锻炼。坚持体育锻炼不仅可以使身体强壮、健康，还能培养勇敢、坚强、机智、果断、团结互助等道德意志品质。在体育锻炼中克服的困难越大，经受的考验越多，意志就会磨炼得越坚强。

3. 培养自制力

自制力是指一个人在意志行动中善于控制自己的情绪，约束自己的言行。自制力主要表现在两个方面：一方面是在实际工作、学习中努力克服不利于自己的恐惧、犹豫、懒惰等；另一方面应善于在实际行动中抑制冲动行为。自制力对人走向成功起着十分重要的作用。

本专业所需要的职业能力分析

（1）分组：3~5 人为一个小组。

（2）小组讨论：本专业的毕业生可以从事哪些具体职业？

（3）分析：讨论该职业所需要的各方面能力的掌握程度，并填表（见表 3-1。例如：文秘专业的学生从事秘书职业的讨论）。

（4）思考：我还有那些职业能力不足？应该从那些方面去促进自我职业能力的提升？

表 3-1　本专业所需要的职业能力分析表

职业	语言能力	逻辑思维能力	管理能力	动手能力	身体协调能力	沟通能力	自省能力
秘书							

第三节　大学生就业前的心理素质准备

就业是大学生人生道路上的一次重大抉择，求职路上必然会遇到种种复杂的矛盾和心理困惑。高校毕业生在就业前，除了要具备扎实的知识和能力外，还应充分做好就业的心理素质准备。著名心理学家马斯洛说过：心态若改变，态度跟着改变；态度改变，习惯跟着改变；习惯改变，性格跟着改变；性格改变，人生跟着改变。良好的心理素质，能帮助大学生正确认识和处理求职就业过程中遇到的种种问题，克服心理障碍并取得择业的成功。

一、心理素质概述

（一）心理素质概念

心理素质是人的整体素质的重要组成部分。心理素质是在遗传基础之上，个体在教育与环境影响下，经过主体实践训练所形成的性格品质与心理能力的综合体现。心理素质对内制约着主体的心理健康状况，对外与其他素质一起影响主体的行为表现。

心理素质水平的高低应该从以下方面进行衡量：性格品质的优劣、认知潜能的大小、心理适应能力的强弱、内在动力的大小及指向。心理素质对内体现为心理健康状况的好坏，对外影响行为表现的优劣。

（二）就业心理准备概念

就业心理准备是大学生就业前的一种发自内心的职业训练活动，是指大学毕业生面对择业和就业路上可能出现的各种情况所做的估计和评价，以及为解决这些问题而建立某种思想观念和强化某些心理品质的心理活动过程。

就业心理准备一般从踏入大学校园开始专业课学习时就开始了，通过对专业内容、服务对象等方面的学习，结合自己的个性特征、价值观等，逐步了解自己今后所要从事的职业性质、职业特征，并逐渐树立起牢固的专业思想和专业心理，为今后的就业做好准备。这个努力的过程，其实就是大学生就业前的心理准备过程。有了这个过程，大学生才能增强自身在就业时的心理竞争实力。

（三）就业心理素质对毕业生求职择业的影响

1. 就业心理素质对择业目标及其实现的影响

就业心理素质对大学毕业生确定自己择业的目标对象具有重要的影响。每个大学生都具有自己独特的个性、兴趣爱好、理想、价值观，要确定自身所学的专业是否和自己的价值观、个性、爱好、特长相匹配，用人单位需求和社会需求、国家利益等能否与个人需求、个人理想、个人利益相匹配。大学毕业生只有正确地分析自我、认识自我，方能在择业的坐标中找到自己准确的位置。而要做到这点，就必须具备良好的就业心理素质。

就业心理素质对择业目标的实现也具有重要的影响。就业、择业过程是用人单位和求职者的选择与被选择的过程。大学生在择业过程中既要经历投简历、自荐、面试、笔试等一系列考验，也要面临工作的专业、效益、地域与自己的爱好、需求、家庭要求等之间的矛盾选择。要想顺利地经受住这些考验，克服复杂矛盾的困难，良好的心理素质将起到重要的作用。良好的心理素质可使人在面对考验和矛盾时，做到镇定自若、乐观向上、不怕挫折、勇于创新、缜密考虑、果断决策。

2. 就业心理素质对职业适应与职业成就的影响

大学生完成求职择业后将离开自己熟悉的校园走向工作岗位，角色、环境、人际关系都将发生重大变化。大学生要适应这些变化，调整好自己，适应自己的工作角色，在岗位上做出成就和贡献，关键在于良好的心理素质。心理素质良好的毕业生，一般都能尽快调整自己，热爱自己的工作，熟悉工作，给自己、工作单位和社会交一份满意的答卷。

二、就业心理素质健康的标志

就业心理素质是个体所拥有的对择业活动有重要影响的心理品质的总和。就业心理素质健康的标志主要体现在以下几个方面。

（一）具有良好的就业认知

认知是一种心理活动。就业认知是大学生对职业、择业的心理活动，包括择业过程中的社会认知和自我认知。择业社会认知主要指毕业生在择业过程中能够主动了解就业的形势、职业发展状况、用人单位的用人需求情况等，从而根据这些就业信息做出择业抉择。而自我认知则是指毕业生能够客观准确地观察、认识、评价、剖析自己的兴趣、爱好、性格和理想，从而能够结合社会认知，调整自己的就业心态、目标定位和就业期望值。

（二）具有稳定健康的情绪

情绪是个体对外界事物认知的主观体验，是多种感觉、思想和行为综合产生的心理和生理状态。认知心理学家认为，思维决定情绪，内心有什么样的想法就会有什么样的情绪体验和情绪表现。积极健康的心理情绪可以帮助大学生在择业时克服紧张、焦虑、烦躁、失落和抑郁的问题；而消极不良的情绪不仅会影响大学生择业的心态和行为，更会在今后的就业岗位上不断产生负面影响，从而影响个体职业发展的各个阶段。因此，大学生在就业前必须养成稳定健康的情绪心理，做到成功不狂喜，失败不气馁，善于控制和管理自己的情绪，保持良好的心理状态。

（三）具有健全的意志品质

意志是个体有意识地实现预定目标的心理过程，是个人主观能动性的集中体现，是个人事业成功必备的心理条件。健全的意志品质主要表现为行为目的明确而合理，自觉性高；意志顽强，能自觉克服前进道路中的各种困难和挫折，不实现奋斗目标不罢休；善于冷静、客观地分析情况，处事果断。拥有坚定意志的大学生一般能够做到既有坚定地实现自我目标的意志力，又有克制干扰目标的积极情绪和行为，还有抵抗通向目标过程中的抗挫折能力，面对就业和创业的挑战更加从容。而这些能力的形成是大学生四年学习实践锻炼的结果。

（四）具有完善和谐的人际关系和健康的人格

心理健康的标志之一就是具有完善和谐的人际关系和健康的人格。拥有和谐人际关系的大学生一般表现为：乐于与人交往，在心理上能够接纳大多数人，积极主动地广交朋友。拥有健康的人格的毕业生在择业时能够互相帮助，保持和谐的人际沟通，即时共享就业信息，共同解决就业中遇到的各种问题，进而共同完成就业的目标。

（五）具有较强的环境适应能力

拥有良好的环境适应能力可以让毕业生在严肃、竞争激烈的面试中克服紧张的心理；在工作中能快速适应工作环境，转变角色；在工作过程中可以减少依赖心理，善于在不同环境下培养自己的兴趣；能够与同事、朋友建立起和谐、融洽的关系；能够让自己在工作中过得更充实；等等。

三、大学生常见的求职心理问题

心理问题是指一切心理不健康的现象或倾向。它是由心理压力和心理承受力相互作用，使人失去了应有的心理平衡的结果。大学生群体在从青年期到成年期的成长过程中，由于受自身及外部环境等多种因素的影响，使得自身的心理健康状况比个体一生中的其他阶段及处于这一时期的其他群体明显要差。大多数学者研究认为，大学生在就业期主要存在以下心理问题。

（一）焦虑

焦虑是由心理冲突或挫折而引起的，是紧张、不安、焦急、忧虑、恐惧等感受交织成的情绪状态。毕业前夕，激烈的就业竞争环境导致大学生的就业压力增大，就业焦虑增强，这在大学生中已经是一种普遍的心理状态。焦虑产生的原因主要有：毕业方向的选择，就业、考研、恋爱分合、生活学习中不愉快的经历，离别感伤，经济条件等冲突和事件。大学成绩优秀的学生焦虑能否找到实现人生价值的理想单位；学业成绩不好的学生焦虑有没有单位录用自己；农村和边远山区的学生焦虑要不要回家乡工作；恋人们焦虑毕业后能否在一起；女同学焦虑用人单位有性别歧视；等等。

适度的焦虑对增强大学生的进取心，激发大学生的奋斗精神有一定的积极作用，正如一定程度的压力能提高人的学习和工作效率一样，但是，焦虑过度会使大学生毕业时精神上负担沉重、紧张烦躁、心神不宁、萎靡不振，这些症结若不及时排除，既会危及学生的身体健康和心理健康，同时也会对学生的学习产生重大影响。有的学生就会表现出得过且过、疲于应付、意志消沉、长吁短叹、食不安味、卧不安席，时间长了就会使人失去应有的判断能力和自制能力，成为择业的绊脚石。

（二）自卑

自卑是一种缺乏自尊心、自信心的表现，是一种消极的心理状态。自卑的心理表现为对自己的能力评价过低，看不起自己，这源于他人对自己的不客观评价和自己对自己的消极暗示。过度自卑，会导致精神不振、消极厌世、沮丧、失望、孤寂、脆弱、不思进取等心理反应，久而久之还可能导致形成自卑型人格。过度自卑的大学生在求职时总觉得自己的专业知识、技能及综合素质不如别人；求职屡次受挫时，会萎靡不振，自我封闭，产生退却的思想；面对用人单位，难以在适当的时候充分地展示出自身的长处，从而错过许多求职良机；面对自己能胜任的求职工作不敢说“我能行”，而总是说“试试看”；等等。

典型案例

自信是求职成功的基石

张莹，××高校2019届工商管理专业毕业生。张莹是个腼腆的女孩，每次去应聘都如履薄冰，面红耳赤，手脚慌乱不知往哪儿放，不敢抬头正眼看面试官，回答问题更是没有自信。因此每次她简历、笔试都顺利过关，但最后都输在面试上。

有一次面试，主考官问："简历上，你说你会弹古筝？"

张莹回答："会一点，但弹得不好！"其实，张莹在中学时就通过了古筝十级考试。

主考官再问："你学过哪些人力资源管理课程，在这方面你有什么优势？"

张莹小声地回答道："学过一些，但不是很好。"其实，人力资源管理课程是张莹大学阶段的专业必修课程，张莹不但学过，而且学得不错，在大学阶段还考了相关的人力资源师资格证书。并且她的实习也是在某企业人力资源部门从事薪酬方面的工作。

主考官又问："如果给你一个月时间，你能学会开车吗？"

张莹回答："不知道。"

案例分析：张莹每次求职都不成功，其主要原因是自卑，对自己不够自信。而自信是就业心理素质的重要组成部分，更是求职成功的基石。

（三）自负

自负心理是一种盲目自大，缺乏客观自我评价的心理表现。当前，一些大学生对自己估计过高，自负心理严重，自以为高人一等，自命不凡，处处表现出恃才傲物、目空一切的态度。在这种心理作用下，他们非常容易脱离实际，以幻想代替现实，使自己的择业目标和现实产生极大的反差。自负心理比较强的大学生在求职时，经常会因为自己毕业于名牌学府，或因为所学的是热门专业，或因为技术职级甚高，或因为被不少用人单位垂青，所以自视甚高，在就业时表现为对用人单位追求十全十美，追求高工资、高福利、高待遇，就业条件苛刻、眼高手低等，最终可能导致求职择业的失败。而一旦未能如愿，情绪就一落千丈，继而产生孤独、失落、烦躁、抑郁等心理现象。

典型案例

某高校毕业生陈某毕业后在深圳多年，他本来在一家合资企业找到一份人事文员的工作，但是他认为这是一个高中生就能胜任的位置，如果让他屈驾于此岂不是"浪费人才"？于是，一个星期不到就主动辞职了。后来几经辗转，他凭着"丰富的理论知识"在一家外资企业找到一份做行政主管的美差，但由于他没有外资企业的实际管理经验，不能顺利开展工作，试用期一到就被老板"炒鱿鱼"了。

案例分析：在人才市场求职登记表上，我们常常可以发现一个有意思的现象：应届生所提的薪金要求普遍比相对有一定工作经验的历届毕业生高，往往工作时间越长的求职人员对薪金的期望值越接近市场的实际水平。事实证明：清楚地认识自己，先低再高，是一种适用于多数应届毕业生的非常务实的求职方法。

（四）依赖

依赖心理，是指求职者在求职中不愿承担责任，缺乏独立意识，没有独立的决策能力，没有进取精神，只是依赖父母、老师、学校，甚至只等用人单位送上门，而不去积极争取。在求职中，毕业生的依赖心理是普遍存在的，有的大学生缺乏主动参与意识，独立性不强，信心和勇气不足，不积极主动地为就业做准备，不敢或不愿去面对激烈的就业竞争，不敢向用人单位展示和推销自我，而是将希望寄托在家长、亲朋好友和学校身上。当别人为自己找的工作不合心意时就大发脾气，抱怨父母或学校。还有不少毕业生由家长陪着参加供需见面会，职业的好坏完全由父母决定，缺乏自主择业的能力。

（五）攀比

攀比心理也是很多大学生都会有的心理，简单讲就是看到别人拥有，自己也同样想得到的心理。每位毕业生都希望自己的工作无论是薪水还是福利都能比其他人好，这种想法是人之常情。但是在求职就业过程中，由于每个人的能力、性格、生活背景、所遇到的机遇不同，因而在职业选择上并不具有可比性。但有的同学争强好胜、虚荣心强，容易拥有攀比心理，以至于形成不切实际的就业期望。当看到其他人找到比较理想的工作时，心里就不舒服、不平衡。严重的攀比心理会引发脱离实际且盲目不服气的极端心理，甚至导致产生极端行为。如有的同学由于对自我缺乏客观认识，导致自认为比别人强，而不考虑实际情况，结果，在择业过程中，当看到他人成功求职后，不选择从他人的成功中认真学习一些经验，反而在攀比心理作用下，不自量力地也要争一下，最后却事与愿违、处处碰壁，耽误了大量时间和精力。

典型案例

小张一直认为行政工作是一个很体面的工作，因此上大学时报的是行政管理专业。在人才交流会上，他应聘一家储运有限公司的行政助理一职，可该企业半小时竟收到应聘行政助理岗位的求职表 12 份。小张看机会渺茫，便又应聘一家经贸发展有限公司的人事助理岗位，这个岗位同样应聘者如云。小张确立的目标是非行政、人事工作不做。可不是岗位太少，就是应聘这些岗位的人太多。最后，小张只好神情沮丧地离开会场。

案例分析：不管什么时代，人们所从事的行业都有热门、冷门之分，在当前高等教育与社会需求尚未完全接轨的前提下，一味追求热门行业，追求专业对口，盲目攀比，无疑给自己就业增加了屏障。因此，在当前大学生就业形势严峻的情况下，在热门职业就业已趋于饱和的情况下，不妨去应聘那些冷门的、适合自己的职位，机会可能更大些。

四、大学毕业生求职心理问题产生的原因

大学毕业生求职心理问题是由大学生自身心理特点、发展的阶段以及社会、学校、家庭等方面的原因引起的。

（一）大学生自身的原因

大学毕业生毕业时年龄大多为22~24岁，正处于青年发展阶段，虽然接受事物快，自我意识强，但是心理发展还不成熟、不稳定，做事大多好幻想好冲动。同时，由于一直生活在象牙塔里，对社会缺乏了解，因而在观察问题、分析问题、解决问题时，容易理论脱离实际，缺少理性的眼光等。这些原因的存在导致一些毕业生在学到了一点专业技能后便夸夸其谈，纸上谈兵，择业时容易期望值过高，缺乏承受挫折的心理准备；过分依赖家长、老师，缺乏主动进取和抓住机遇的求职心理准备；自以为是，过高估计自己的水平，故意卖弄，给用人单位留下不可靠、做事不沉稳的负面印象。

（二）社会原因

随着改革开放的深入和经济全球化的发展，文化多元化已成为当代中国文化的显著特征。多元文化价值为大学生个体发展和价值选择提供了更多的自由和更广阔的空间，也深刻地改变着大学生的价值取向、思维方式和行为选择。受到多元价值观的影响，一些大学生在学习中强调“实用主义”，轻视基础知识，过分强调能力锻炼，忽视思维方法训练；在人际交往中，强调“目的主义”“功利主义”，不重视人伦道德和人格修养等；在民族文化方面，喜欢追求西方的价值观和生活方式，例如过“洋”节、买“洋”品等，缺乏对民族传统文化价值的认同。正因为当代大学生是生活在一个多元价值观并存且相互冲突的复杂环境中，导致他们难以根据已有的经验，合理而准确地选择和认同某一社会价值观念系统，从而在一定程度上产生迷茫和困惑、病态心理、矛盾心理等。

（三）学校原因

学校缺乏对大学生价值观的引导和教育；没有对大学生职业生涯规划进行系统全面的引导；缺乏对毕业生求职的正确认识，一些重点学校师生甚至有一种偏见，认为学生就业层次低有失学校声誉。

（四）家庭原因

从家庭的角度看，大多数家庭对子女的期望值较高，对子女就业干预较多，就业的观念也陈旧，表现在就业单位选择上，父母总期望子女到国企或效益好的大单位工作，或是考公务员；在就业区域选择上，期望子女到一线城市，而不是西部落后省区；在就业岗位选择上，期望子女选择舒适的就业环境，而不是鼓励子女到创新、艰苦的岗位。

五、大学生求职心理调整的方式

职业选择期是职业生涯发展规划的关键时期，能否在此期间培养良好健康的心理，决定着一个人在职业生涯中能否发挥自己的个性，施展自己的才华，取得事业成功，实现自我价值。要让大学生形成健康的就业心理，不仅需要大学生的努力，也需要社会、学校、家庭各方面的努力。

典型案例

杨××，广西某大学经济管理学院工商管理专业 2021 届毕业生，最近快要毕业了，心里感到莫名的恐惧。他说：“我一想到要到社会上去，就觉得特别可怕，觉得外面的世界很复杂，自己恐怕无法应付。要是可以的话，我更愿意一辈子待在校园里。”

在某知名大学就读的大三学生张××，并不因为自己是名校学生而骄傲，相反，她经常被某种自卑的情绪缠绕着。因为她来自农村，家境窘迫，上了大学之后，她的成绩一直平平，也很少参与学生工作。还有一年就要毕业了，小张却很自卑，担心自己缺乏竞争力找不到工作，她陷入了深深的苦恼中，学习没劲头，饭也吃不下，心里很痛苦。

案例分析：学习、成才、求职是在校大学生面临的三大人生课题，而求职不仅是对大学生能力和综合素质的考查，也是对大学生心理素质的一大考验。学校要采取积极措施，强化大学生求职的心理承受能力，化解求职的心理压力，这对大学毕业生本人的身心健康及其人生价值的实现，都具有十分重要的现实意义。

（一）认清就业形势，调整就业期望，克服焦虑心理

当前我国实行就业市场化、自主择业的就业分配制度，该制度的实施给大学生就业选择灵活性带来了机遇，但是，由于我国大学毕业生的人数在逐年猛增，就业压力增大，社会对人才的要求越来越高，大学毕业生的就业竞争愈演愈烈。面对严酷的就业形势，在就业市场上存在用人单位找不到人、大量毕业生无处可去的“错位”现象。导致这一问题的原因既有就业形势严峻、就业竞争激烈的客观原因，又有大学毕业生不能正确地评价自己、就业期望普遍较高的主观原因。要克服焦虑心理，大学毕业生必须认清就业形势，客

观地认识和评价自己。首先，面对严峻的就业形势，大学毕业生必须考虑自己的专业和理想的职业在社会上的需求量如何，竞争强度如何；自己的理想职业与自己所学的专业是否相符，如果不相符，该如何弥补；求职的单位对求职者有何具体要求；等等。其次，要客观地分析自己的兴趣特长、性格气质、能力水平等，思考自己想干什么，能干什么，竞争力如何，既要充分挖掘自身优势，也要理性看待自身不足。综合考虑以上因素，从而正确定位职业，科学理性地选择就业岗位，调整就业期望。摆脱过去那种择业就是“一次到位”，要求绝对安稳的观念；当获得一个理想职业的时机还不成熟时，应采取“先就业，后择业，再创业”的办法。在工作实践中不断提高自己的社会生存能力、增加工作经验，然后凭借自己的努力，逐步实现自我价值。

大学毕业生如何进行自我评价？主要有以下几种方法：

一是进行自我反省，也叫自我静思法。即在求职时遇到困难和挫折时控制心境、冷静对待，时刻告诫自己不要冲动和急躁，进而反省：我的专业发展方向是什么？自己有什么优势劣势？自己的爱好、特点、性格、气质是什么？什么工作是最适合自己的？我为什么求职遇挫？等等。通过自我反省，仔细分析产生求职困难的原因，以便有针对性地解决问题，使自己在择业过程中处于积极主动的位置。

二是与他人比较。将自己与社会上其他人比较，特别是与自己条件相类似的人进行比较，要通过其他人对自己的态度来认识自己。如果一个人的自我评价与他人对自己的评价基本一致，基本就可以认为他的自我认识发展比较好，比较客观；如果不一致，差距太大，甚至相反，那就表明他的自我评价不够客观，需要及时调整生活工作的方式、态度，改善心态，适应环境。

三是心理测验法。可借助专业人员的帮助指导，通过智力、人格、兴趣和能力测试等，对自己的能力倾向、兴趣和性格进行客观评估，以帮助自己正确认识和评价自己。

（二）认识职业价值，树立正确的职业价值观，克服攀比心理

当前，随着我国经济的发展以及人们生活水平的提高，人们的需求从过去单一的生存需求向多元的高层次需求转变。相关学者的研究显示，关于职业价值结构涉及交往、义利、挑战、环境、权力、成就、创造、求新、归属、责任、自认 11 个类别的因子，所以职业的价值是非常丰富的。而一个国家、一个社会的发展，需要千千万万有知识、有才能的大学生的积极参与，才能持续推进。因此，大学毕业生在择业时不能只考虑经济收入、工作条件、工作地点、工作稳定等因素，要在考察国家、社会对大学生需要的基础上，结合自身的理想追求来树立正确合理的职业价值观。当前，为了促进我国经济的平衡快速发展，实现中国梦，国家大力倡导大学生到西部、到艰苦行业、到基层去工作。因此，新时代的大学生应该响应祖国号召，到祖国需要的地方去锻炼自己。虽然这些地方工作条件艰苦，经济发展水平不高，但发展空间大、发展潜力大。大学生在求职时，对能让自己充分

发挥作用的单位要优先考虑；对于那些创业机会多的工作地点也要重视；不要盲目攀比、从众，要树立适应我国当前市场经济发展、人才需求规律的合理的职业价值观，以指导自己正确择业。

问问自己

分小组讨论以下几个有关择业的问题：

1. 如果没有理想的地区怎么办？边远地区、农村、街道社区需要我们，能去吗？
2. 如果没有理想的单位怎么办？单位不理想，但专业对口，能去吗？
3. 如果进了理想的单位，却没有理想的岗位或工种，能接受吗？

（三）加强实践锻炼，打破害怕失败的枷锁，克服自卑心理

自卑心理是毕业生求职的大敌。拥有自卑特点的同学往往感觉自己不如人，如貌不如人、技不如人或家庭经济条件不如人等，轻视、怀疑自己的能力。带着这些心理阴影去求职，往往会给面试官留下缺乏朝气、信心不足的印象，被录用的可能性大大降低，因此，必须克服自卑心理，打破害怕失败的枷锁。一位心理专家对求职者说过：“要想找到一份好工作，就必须把自卑踩在脚下。”也许你总认为自己是一只丑小鸭，其实，每只丑小鸭都能变成白天鹅，而改变的关键就是自己的心态。常言道，“勤能补拙”“台上三分钟，台下十年功”。拥有自卑心理的同学往往在某方面存在一些不足，只要我们能扬长补短，勤于实践，就一定能克服自卑心理。下面介绍三种克服求职自卑心理的方法。

1. 加强社会实践的锻炼。大学阶段，应多参加社会实践活动，如社团、暑期社会实践、企业假期实习、专业实习、志愿者活动等，通过丰富的社会实践活动，锻炼自己，体验获得成功的愉悦，激励自我，不断发现自己的能力，提高自信心。

2. 扬长避短，展现自己的优势。就业前，可以请同学和父母帮忙列举出“同学眼中的我的优点”“父母眼中的我的优点”，综合后最大限度地挖掘自己实际存在的优点和优势。在面试时学会恰如其分地表现自己的才能，展现自己的优势。比如，学会如何平静地与人交谈、如何接近陌生人、如何同别人握手寒暄、如何进行开场白、如何使谈话继续和终止等技巧。

3. 自我暗示法。在就业时暗示自己，不要计较别人的议论。失败、成功都是自己的事，无须担心他人的议论。大部分求职者在求职中都会经历挫折，尤其在双向选择的激烈竞争中，一时的挫折、失败都是正常的。我们应把它看作锻炼意志、增强能力的好机会，培养自己的心理承受能力。因此，在应聘中要暗示自己，如果此次面试不行，还会有下一个机会，这个单位不录取，还有其他的单位在等着自己。在面试过程中，要暗示自己，面

试无非是一场谈话，尽量使自己放松。

（四）主动捕捉就业机会，克服依赖心理

大学生经过努力的拼搏和激烈的竞争，告别了中学时代，跨入了大学，进入了一个全新的生活天地。大学生必须从高中依赖父母的心理转向依靠自己。但是很多大学生在临近毕业时还是把就业的希望寄托在学校和老师身上，总是怀着“车到山前必有路”的依赖心理。这种依赖心理的存在，久而久之会使学生逐渐丧失自信、失去自我，不相信通过自己的努力可以达成自己想要的目标，无法适应社会的发展。在当今竞争激烈的社会，自信心、自我效能感（相信通过自己的努力可以完成任务的自信程度）对于一个人的成功越来越重要。

如何克服就业依赖心理？一是要充分认识到依赖心理的危害；二是在大学学习阶段，注意养成遇到问题独立思考、独立解决问题的习惯，不要什么事情都指望老师、同学，要有属于自己的选择和判断，培养自主性和创造性；三是善于捕捉就业机会。学生就业中的机遇因素是非常重要的，大学生既要善于认识和评价自我，还要善于根据自己的特点和优势，多搜集有关的职业信息，多参加招聘会，抓住属于自己的机遇，这样才能保证求职顺利。当然，机遇并不是对任何人都适用的。一份工作的好与不好是相对的，对别人合适的，对自己不一定合适，因此一定不能盲从。要时时记住，只有适合自己的机遇才是最好的。遇到好的机遇要主动出击，不能犹豫，否则会错失良机。

资料链接

如何培养求职中的积极心态

积极的心态是一种乐观、进取的心态。它是一种正面的心态，由希望、乐观、勇气、进取、慷慨等正面的特征组成；而消极的心态是一种负面的心态，它由悲观、颓废、抱怨、等待、我行我素等负面的特征组成。如何培养自己的积极心态呢?

一是从行动的角度培养。积极行动会导致积极思维，而积极思维会导致积极的心态。许多人总是等到自己有了积极的感受再去付诸行动，实际上是一种本末倒置，心态是紧跟行动的，如果一个人从一种消极心态开始，等待着感觉把自己带向行动，那他就永远成不了他想做的积极心态者。因此做任何事情都不要等待，不要想“这事等我心情好时再做吧”，而应该用行动来培养自己积极的心态。

二是从语言的角度培养。运用正面的语言暗示也有利于积极心态的培养，比如今天你忙了一天，终于把事情做完了，不要说“我累死了”，而应从正面说：“紧张了一天，现在真轻松。”遇到困难的事情，不要说“我不行”，而应说：“我经过努力一定能行。”

三是从环境的角度培养。环境包括你周围的人和事物，应该注意发现人和事物的闪光点，不要总是盯着别人的缺点和事物的阴暗面。因为任何人都有优点和缺点，任何事物都

有正面和反面，任何一个社会都有好事和坏事，像我们这个世界有白天和黑夜一样。在生活中注意称赞别人的优点，注意欣赏事物的美丽，而不是抱怨别人的不好或环境的恶劣，你的心态自然就会积极起来。

实践训练

项目一：人格心理测试游戏

著名的心理学咨询专家菲尔·麦格劳根据自己多年的心理学研究，撰写了以下人格测试题目，一些企业的人事部门经常用这套题目做面试工具，有兴趣的同学不妨测试一下自己。在答题的过程中，请注意以当前几周内的实际状况为准，不要把陈年旧事都选在答案里面。

1. 你何时感觉最好？

(a) 早晨　(b) 下午及傍晚　(c) 夜里

2. 你走路时是……

(a) 大步地快走 (b) 小步地快走 (c) 不快，仰着头面对着世界 (d) 不快，低着头 (e) 很慢

3. 和人说话时，你……

(a) 手臂交叠地站着 (b) 双手紧握着 (c) 一只手或两只手放在臀部 (d) 碰着或推着与你说话的人 (e) 玩着你的耳朵、摸着你的下巴或用手整理头发

4. 坐着休息时，你……

(a) 两膝盖并拢 (b) 两腿交叉 (c) 两腿伸直 (d) 一条腿蜷在身下

5. 碰到你感到发笑的事时，你的反应是……

(a) 一个欣赏的大笑 (b) 笑着，但不大声 (c) 轻声的咯咯地笑 (d) 羞怯的微笑

6. 当去一个派对或社交场合时，你……

(a) 很大声地入场以引起注意 (b) 安静地入场，找你认识的人 (c) 非常安静地入场，尽量保持不被注意

7. 当你非常专心工作时，有人打断你，你会……

(a) 欢迎他 (b) 感到非常恼怒 (c) 在上面两极端之间

8. 下列颜色中，你最喜欢哪一种颜色？

(a) 红色或橘色 (b) 黑色 (c) 黄色或浅蓝色 (d) 绿色 (e) 深蓝色或紫色 (f) 白色 (g) 棕色或灰色

9. 临入睡的前几分钟，你在床上的姿势是……

(a) 仰躺，伸直 (b) 俯卧，伸直 (c) 侧躺，微蜷 (d) 头睡在一手臂上 (e) 被子盖过头

10. 你经常梦到你在……

(a) 落下 (b) 打架或挣扎 (c) 找东西或人 (d) 飞或漂浮 (e) 你平常不做梦 (f) 你的梦都是愉快的

答案及解析：请将所有分数相加，对照后面的内容进行分析。

以上题目各选项分数如下：

1.	(a) 2	(b) 4	(c) 6				
2.	(a) 6	(b) 4	(c) 7	(d) 2	(e) 1		
3.	(a) 4	(b) 2	(c) 5	(d) 7	(e) 6		
4.	(a) 4	(b) 6	(c) 2	(d) 1			
5.	(a) 6	(b) 4	(c) 3	(d) 5			
6.	(a) 6	(b) 4	(c) 2				
7.	(a) 6	(b) 2	(c) 4				
8.	(a) 6	(b) 7	(c) 5	(d) 4	(e) 3	(f) 2	(g) 1
9.	(a) 7	(b) 6	(c) 4	(d) 2	(e) 1		
10.	(a) 4	(b) 2	(c) 3	(d) 5	(e) 6	(f) 1	

[低于21分：内向的悲观者]

人们认为你是一个害羞的、神经质的、优柔寡断的人，需要被人照顾，永远要别人为你做决定，不想与任何事或任何人有关。他们认为你是一个杞人忧天者，一个永远看到不存在的问题的人。有些人认为你令人乏味，只有那些深知你的人知道你不是这样的人。

[21分到30分：缺乏信心的挑剔者]

你的朋友认为你勤勉刻苦、很挑剔。他们认为你是一个谨慎的、十分小心的人，一个缓慢而稳定辛勤工作的人。如果你做任何冲动的事或无准备的事，你会令他们大吃一惊。他们认为你会从各个角度仔细地检查一切之后仍决定不做。他们认为你的这种反应一部分是因为你小心的天性所引起的。

[31分到40分：以牙还牙的自我保护者]

别人认为你是一个明智、谨慎、注重实效的人，也认为你是一个伶俐、有天赋、有才干且谦虚的人。你不会很快、很容易和人成为朋友，但却是一个对朋友非常忠诚的人，同时要求朋友对你也有忠诚的回报。那些真正有机会了解你的人知道要动摇你对朋友的信任是很难的，但相等的，一旦信任被破坏，会使你很难过。

[41分到50分：平衡的中道者]

别人认为你是一个新鲜的、有活力的、有魅力的、好玩的、讲究实际的且永远有趣的人，一个经常成为大家的焦点的人，同时是一个足够平衡的人，不至于因此而昏了头。他们也认为你亲切、和蔼、体贴人，是一个永远会使人高兴起来并会帮助他人的人。

[51 分到 60 分：吸引人的冒险家]

别人认为你是一个令人兴奋的、高度活泼的、相当易冲动的人，是一个天生的领袖，一个会很快做决定的人，虽然你的决定不总是对的。他们认为你是大胆的和冒险的，会愿意尝试做任何事至少一次；是一个愿意尝试机会而欣赏冒险的人，他们喜欢跟你在一起。

[60 分以上：傲慢的孤独者]

他人认为对你必须“小心处理”。在别人的眼中，你是自负的，以自我为中心的，极端有支配欲、统治欲的。他人可能钦佩你，希望能多像你一点，但不会永远相信你，会对与你更深入的来往有所踌躇及犹豫。

测试之后，对照自己是否感觉一样，从而针对性格不足，尝试努力去调整自己。

项目二：做一做面试总结，“有则改之，无则加勉”

面试后，不管你成功与否都有必要对这次面试的情况做出回顾和总结，以便从中获得经验和教训，为下次面试做准备。下面就来回顾一下你在面试中是怎样表现的。

(1) 自己的外表形象（衣着打扮、精神状态等）是否让对方感到不悦？

(2) 言谈举止是否得体，注意礼貌？

(3) 在面试过程中是否表现得沉着而镇静、自信而充满活力？

(4) 是否恰当地表达了自己的愿望和需求？

(5) 对自己的求职资格和工作能力的陈述是否中肯、有理有据、让人信服？

(6) 是否全神贯注地倾听了对方的讲话？

(7) 面试官对自己的态度如何？对自己可能形成怎样的评价？

(8) 自己计划要了解的情况是否全都了解到了？

(9) 谈话过程中气氛如何？谈话的质量怎样？

(10) 自己对对方提问的反应是否灵活？回答是否恰当？

(11) 在面试的过程中，认为自己哪些方面表现得好，哪些方面表现得不好？

(12) 这次面试总的情况如何？

本章要点回顾

1. 正确对待求职过程中遇到的挫折，如遇到挫折应进行及时的自我调整，培养积极的求职心态。

2. 进入职场前的知识技能准备对大学生而言十分重要。应做好这些准备：

(1) 梳理自己的知识结构，了解现代职位对技能的要求。

(2) 了解职业能力的内涵，了解自己的职业能力构成情况，能够找到适合自己的方式，逐步提升自己的职业能力。

(3) 充分利用本科期间的时间和机会，不断提高自身的综合能力。

思考与练习

一、思考分析

阅读下面的招聘小故事，并认真思考分析。

一个会讲故事的人

某公司想要招聘一个部门经理，经过几轮筛选，只剩下三个应聘者来竞争，三个人等待应聘时，突然停电了。主考官就说："等一会儿才来电，我们不妨活跃一下气氛，每个人讲一个故事，看谁讲得好。"其中有一个人说："主考官，不好意思，我不会讲故事，我出去一下。"剩下的两个人中有一个特别高兴，因为他特别会讲故事，于是他开始在黑暗中讲故事，把剩下的人逗得哈哈大笑。忽然，电灯亮了。大家全看到了讲故事的人，他觉得很得意。不料，主考官对他说："谢谢你刚才的故事，不过我要通知你，你没有被录取。"他觉得很奇怪，心想还没有开始招聘，怎么就把我刷下去了，况且我刚才讲故事很成功啊。主考官告诉他："这是我们特意安排的测试题，停电的时候，第一个人出去帮我们查看电路去了，而你在这里讲故事。我们公司要招聘的是一个有解决问题能力的经理，要求有领导和统筹的能力，而不是一个光会练嘴皮子的人。"主考官接着转向另一个人："而你只是在那里听故事，所以你们两个都没有被录取。"

1. 这个招聘小故事给你的启示：________________

2. "空谈误国，实干兴邦""梦想没有行动终归是梦""一打纲领比不上一个实际行动"，你对这三句话的理解是：________________

二、小测试

你能不能在互联网时代沟通自如？

由于互联网的普及，有很多人已经深陷在虚幻的网络世界里不能自拔，或与不知是男是女的"情人"聊天，或沉浸在网络游戏无尽的厮杀之中。久而久之，便会丧失现实世界中与人沟通的能力。当不得不回到现实中的时候，就会觉得现实生活中的交流变得让你茫然无措，不知怎么办才好。

下面就来测一下你的沟通能力退化了吗？

1. 你刚走进办公室，一位同事就悄悄地跟你说："经理找你。"你会怎样应对？

A. 认为他在搞恶作剧。

B. 主动找经理询问是什么问题。

C. 马上向他打听。

2. 你所在部门只有一个晋升的名额，上司没有把这个机会给那个条件比你好的人，而是给了你。上任的第一天，你如何对待那位曾经的竞争者？

A. 打听他的联系方式，以匿名的方式和他聊天。

B. 不会找那个人，就当什么也没发生。

C. 请同事们吃饭，同时向他表示你的诚恳。

3. 如果你是部门主管，发现你的一些下属经常早退，你会怎么办？

A. 制定制度，早退罚款。

B. 每天在下班前，开个小例会，直到大家觉悟为止。

C. 找那些爱早退的人长谈，找出原因。

4. 当你看见自己的亲友或邻居为一些琐事而争吵时，你会怎么处理？

A. 问清原因后加以劝解。

B. 在一旁观看，并防止意外发生。

C. 不闻不问，让他们吵。

5. 你异性好友的追求对象邀请你一起吃饭。第二天，你的好友反复追问你谈话内容，你会怎么办？

A. 轻描淡写，淡化主题。

B. 只字不提。

C. 给好友提一些合适的建议。

分数分配：

选项 / 得分 / 题号	A	B	C
1	1	3	2
2	2	1	3
3	1	3	2
4	3	2	1
5	2	1	3

得分分析：

1. 13~15 分

你有良好的人际交往能力。当有困难的时候，你总是有办法，因为你懂得如何表达自己的思想和情感，从而进一步获得别人的理解和支持，保持同事之间、上下级之间的良好关系。

2. 9~12 分

你在处理问题的时候暴露出了一些不当之处。当你遇到沟通障碍的时候，也很想解决问题，但是方法就没有那么得当了。你经常采用直接的方法，虽然真诚有余，但效果不佳。你的处事方式应更加灵活。要认识到虚幻和现实总是有差距的。

3. 5~8 分

你需要赶紧提升自己的沟通能力。你的沟通技巧比较差，常常让人产生误会，而自己还浑然不知，给别人留下不好的印象，甚至无意中还对别人造成伤害。有时你无法准确地表达或者根本不屑表达自己的想法和观点，这往往不利于沟通。

第四章

如何防范职业陷阱？

——大学生就业程序和权益保护

本章导读

大学生在求职过程中本来就会面临许多困难，一些无良单位却利用大学生社会经验不足，以及急于就业的心理，趁机变相设置陷阱，诱骗大学生，在他们身上捞取钱财，导致大学生不仅求职上当、财产受损，心理也受到伤害，这无异于雪上加霜。为确保不掉入他人设置的求职陷阱，大学生要提高自我保护意识和辨别是非的能力，处处留心、留意，遇事三思而后行。

学习目标

1. 了解大学生就业的程序
2. 学会识别大学生就业中可能遇到的陷阱
3. 了解大学生就业的权益保障
4. 掌握如何解决劳动争议，学会通过法律手段保护自身权益

第一节　大学生就业的基本程序

在我们步入在校的最后一学年时，无论你是否已经做好准备，就业活动都会如期展开。一般来说，大学生在就业过程中会经过以下三个阶段。

一、就业准备

学校将组织毕业生开展就业指导活动，基于之前开设的就业指导课程，学校就业指导中心将向毕业生介绍全国和当地高校毕业生就业的状况和形势；邀请用人单位代表，向毕业生介绍企业和公司的选人要求；向毕业生宣传国家地方和学校的毕业生就业工作的法规政策；使毕业生基本掌握如何寻找和处理毕业生就业信息，如何写就业自荐信，如何应聘

工作岗位，如何签订就业协议书以及如何处理就业中遇到的困难等。就业准备是就业活动中必不可少的，是帮助毕业生了解就业和就业常识的重要阶段。

二、就业行动

毕业学年第一学期的国庆长假之后，毕业生进入就业行动阶段。这一阶段，用人单位对大学毕业生的需求信息将不断出现，一直持续到毕业生派遣前一段时间。这是毕业生就业的关键时期，主要步骤如下：毕业生通过社会发布的就业信息，参加就业招聘活动，了解用人单位的招聘条件，参加用人单位的笔试和面试，收到用人单位的录用通知书，与用人单位签订就业协议书等。

三、就业派遣

与用人单位签订就业协议书后，毕业生的就业行动暂时告一段落。在毕业生离校前，学校根据毕业生的就业协议，向毕业生核发派遣报到证，毕业生根据派遣报到证上的单位和时间，到录用单位报到上班。毕业生顺利走上工作岗位，同学们人生又一个旅程——职业生涯开始了。

第二节　大学生就业面临的常见求职陷阱

一、承诺陷阱

“高薪诚聘，年薪××万”“包吃包住，立即上岗”“工作轻松，待遇一流”……翻开报纸，许多单位在招聘广告中所做的承诺都会让求职者怦然心动、心驰神往。俗话说，人往高处走，水往低处流，每一个大学毕业生都希望找到一份理想的工作，这是情理之中的事情。可是，高薪的得来就这么容易吗？近年来，由于国家机关分流人员、国有企业减员增效、一些用人单位人才相对饱和、毕业生自身期望值过高等原因，大学毕业生的就业压力越来越大，大学生就业难，甚至毕业后出现待业现象，已成为不争的事实。一些用人单位正是利用了大学毕业生求职心切的心理和缺乏社会经验的特点，在招聘广告中介绍本单位情况时言过其实，做出一些让人心动的“承诺”，以吸引应届毕业生来应聘。常见的“承诺”有：

1. 高薪承诺。求职者在向用人单位询问薪酬时，用人单位通常会用高薪来吸引求职者，而到发工资的时候，很多用人单位都会给求职者“一刀”，或称其工作任务没有完成，或称其工作中存在失误，以此来扣除部分工资。

2. 职位承诺。一些公司的确需要人才，但其招聘的职位照实说不可能引起求职者的关注，于是招聘者会将职位描述得非常好，比如：本来只需要一名销售人员，可能会告诉你这个职位是市场部经理；本来只需要一名行政人员，却告诉你是储备干部。而当你真正深入其中才发现，它们不过是表象而已，当你感觉上当转而重新寻找工作时，却错过了最佳时机。

3. 福利承诺。一些用人单位口头上给求职者许下的福利承诺格外让人心动，如包吃包住、免费培训等，而实际上要得到这些福利又有许多苛刻的条件。

月薪缩水

求职者：我在报纸上看到一条招聘广告，月薪8000元招“IT经理”。面试两次后才得知试用期月薪3000元，扣除保险以及公司规定的其他费用，到手就2000元左右；转正后通过各种考核再加上绩效奖金才有可能达到8000元。我抱着“以学习为主”的想法就先签了试用期合同。但入职才2个月，对方就以我“没有发展潜力”为由把我给开除了。

专家建议：有些企业在招聘信息中打出对大学毕业生非常有诱惑的薪资，而且不设入职门槛，面试程序也非常简单。等签合同的时候才告知试用期内只有2000元左右的月薪，当这些职场新人的试用期快结束的时候，企业在试用期内就会找个理由开除他们，或者称试用期满解聘，让大学毕业生有苦说不出。对于此类招聘伎俩，毕业生一定要警惕，认清自身实力，从基础做起，逐渐展现自己的才华，不要轻信高薪诱惑。同时，也要勇敢维护自身的合法权益。

（资料来源：北青网）

二、传销陷阱

所谓传销，原本指生产企业不通过店铺销售，而由传销员将本企业产品直接销售给消费者的经营方式。现在，传销指通过发展人员或者要求被发展人员以交纳一定费用为条件取得加入资格等方式非法获得财富的行为。众所周知，传销是非法活动。虽然国家加大了对传销的打击力度，使传销在一定范围内、一定程度上得到了较为有效的控制，但是还有传销人员并未死心，转为“地下”活动。由于大学生拥有的潜在社会资源很丰富，他们未出校门、缺乏社会经验，因而深得传销组织的“青睐”。一些传销组织利用大学毕业生求职心切的心理，以知名企业或单位的名义招聘毕业生，或通过要求毕业生在网上投递简历等方式套取毕业生的联系方式，然后主动与毕业生联系，以到单位参加面试或实习为由，将毕业生骗至外地，收取其有效证件，限制其人身自由，强迫、诱骗毕业生加人传销组织，给毕业生造成了重大损失。

典型案例

小黎的不幸遭遇

毕业后，小黎在家乡的小县城找到一份在事业单位上班的工作，每天朝九晚五的作息时间及2000多元的月薪，与他创业致富的梦想相差甚远，因此他一直想去外面闯闯，但由于家人朋友的反对而不能成行。2010年初，他的同学黄某和他联系，邀请他到江西跟另外几个同学一起创业，成立经营电工耗材和维护设备的公司。在黄某的怂恿下，小黎不顾家人的反对，踏上了前往江西的列车。

半夜到了车站，小黎被黄某带到离车站较远的一个地方投宿，觉得不对劲，追问黄某怎么回事，黄某却默然不语。第二天一早，黄某带着小黎到了另一个地方，说是要去“听课”。这时小黎才反应过来，原来自己跌入了传销团伙的“狼窝”。

在传销团伙里的每一天，小黎与其他成员都会接受“洗脑式”培训，培训内容均为“国家秘密培训直销精英”“如何介绍亲朋好友加入联盟”“利益分成”之类的话题。小黎坚定地拒绝听信授课内容，下定决心一定要逃出来。在某个清晨，他偷偷地逃离住所返回家乡。

案例分析：毕业生要树立正确的求职观念，切勿贪图高薪。小黎毕业参加工作后，一直不满足于现状，黄某正是利用小黎不安于现状、想创业致富的心态，打着合伙创业的幌子，把小黎骗入传销窝点。传销分子常打着“介绍工作”“高薪招聘”“创业投资”等幌子，诱骗学生进入传销窝点，然后使用暴力、限制自由等手段，胁迫他们诱骗亲友加入传销，发展下线。

毕业生在找工作时应该本着脚踏实地的态度，对于入职条件过于简单、欠缺一定手续的用人单位，要多加留意。应该在应聘或入职前了解清楚相关信息，还可以向公司的人力资源部询问相关信息。要通过正规的渠道、有信誉的人才中心找工作，这样掌握的信息会比较准确。

三、收费和抵押陷阱

在招聘中以不同名目收取各种费用是最常见的招聘陷阱之一，这个招数对于很多应聘者来说都是“温柔的陷阱”。比如，一些公司在面试的时候，为了能够招到人，将公司的优势以及员工的福利待遇说得天花乱坠，并以工资高为诱饵，使很多毕业生听后都很心动。然而，当真正入职后却被告知需要缴纳入职费、报名手续费、介绍费、保证费、服务费、培训费等相关费用，最后以“不符合条件”为由将报名者拒之门外。

虽然国家劳动部门早就规定，任何企业在招聘员工时，不得以任何理由、任何形式向求职者收取押金，或者以身份证、毕业证等作为抵押。但是，目前仍有很多企业在招聘员工时向求职者收取押金，或要求求职者提供身份证，理由是便于管理。不少企业在收取押金或拿到身份证之后，便为所欲为，如延长劳动时间、增加劳动强度、不改善生活条件等。更有甚者，有些用人单位拿求职者的身份证注册公司，求职者在不知不觉中成了公司的“总经理”，当然，如果该公司出了问题，很多责任都要由求职者来承担。

典型案例

还没赚到工资先背上培训贷

在毕业求职时，小郭从网上看到了某科技公司发布的招聘信息，该公司正在招聘开发人员。投递简历后，小郭便应邀参加了面试。随后，该公司称小郭需要参加公司举办的培训，并要收取1.98万元的培训费。但这笔钱不需要小郭预先支付，只需要小郭以自己的身份在某互联网贷款平台上申请贷款，贷出的款项则交给公司作为培训费。为了尽快入职，小郭按对方的要求进行了贷款，公司也对他承诺培训结束后只要考核合格即可转正，月薪保证在7000元以上，后期贷款将由公司偿还。但在培训后，公司既没有给小郭办理转正手续，也没有代其偿还贷款。这笔贷款就记在了小郭名下，加上服务费和利息，还没有领取过任何工资的小郭就背上了一笔2万余元的债务。与小郭同一批来到该公司的求职者共有30余人，他们均办理了培训贷款，而早在2016年，就曾有40余人因同样的方式吃了亏。

小提示：大学毕业生刚参加工作时，薪酬不高是很正常的。相反，如果一些单位声称只要入职就可提供高薪酬，毕业生就应该提高警惕，因为一些不法分子企图利用高薪待遇做幌子，接下来会骗取毕业生所谓的押金、培训费、服装费等。

四、中介陷阱

一些不法分子租一间办公室，找两个工作人员，无证提供中介服务，他们与企业勾结，合伙蒙骗求职者，遇到有关部门检查，便人去屋空。这类机构就是所谓的“皮包公司”，他们到处行骗，却又无从查找，其手段原始，但隐蔽性很强。毕业生不要到无营业执照的中介机构去求职，以免自己的合法利益受到侵害。

五、试用陷阱

一般来说，单位用人有试用期是正常的，试用期的薪水一般都不高，等到转正之后，薪水会有较大幅度提高。很多公司为了使用廉价劳动力，抓住毕业生急于找工作的心理，与很多毕业生签约，但是试用期一过，就用各种理由辞退绝大部分毕业生。用人单位这种考察毕业生的方式对毕业生造成了很大的伤害。

典型案例

小罗是一名即将毕业的学生，他四处投递简历，寻找工作的时候接到了一家中小企业的电话。该公司表示，如果小罗可以在公司实习三个月并且表现得令人满意的话，双方就可以正式签约。小罗想，在求职的高峰时期去实习的话，会错过不少其他求职机会。而且，如何定义“表现得令人满意”也存在很大的问题，于是就没有答应。小罗的同学小夏听说之后，觉得机会难得，于是就联系了这家公司。在三个月的实习中，小夏一直在公司中忙项目、整理资料，十分认真。不过，三个月之后，该公司并没有与小夏签约。后来，小夏听说，该公司只是在这段时间的工作比较多，临时需要人手，并没有打算招聘正式员工。

案例分析：根据《中华人民共和国劳动合同法》（以下简称《劳动合同法》）规定，用人单位自用工之日起即与劳动者建立劳动关系。建立劳动关系，应订立书面的劳动合同。劳动合同可以约定试用期，试用期包含在劳动合同期限内。劳动合同仅约定试用期的，试用期不成立，该期限为劳动合同期限。该公司与小夏口头约定的试用期实为劳动合同的期限，依法该试用期不成立。小夏因求职心切，没有意识到用人单位违反《劳动合同法》用工，在个人的利益受到损害以后也没有采取相应的措施维护自己的权益，浪费了三个月的时间和精力，也因此错过了招聘的黄金时期。

毕业生在求职中遭遇“口头约定”的试用期陷阱时，首先必须认清用工单位不与新劳动者签订书面劳动合同是违法的。其次，如果已经陷入“口头约定”的陷阱，赶紧向企业雇主提出补签劳动合同的要求。最后，如果不幸已经中了“口头约定”的圈套，为了挽回个人损失，要用相关的法律条款来维护自己的权益。

六、网络陷阱

利用网络获得求职信息虽然具有查询方便、信息量大、可选择面广的优势，还可免去求职者奔波之苦，从而降低查找求职信息的成本，但完全依赖网络获得求职信息也存在一定的安全隐患。如果求职者轻易相信网上的招聘信息，可能会遇到很多麻烦。

首先，部分网上人才市场缺乏相应的管理机构。网上的招聘信息一旦引发问题，求职者可能会投诉无门。其次，由于网络的安全性比较差，个人或企业在网络上输入的信息，有可能被他人窃取、利用，造成名誉上、经济上的损失。再者，有些网站对发布的招聘信息不认真筛选，使得虚假信息屡禁不绝。面对网络上的不实招聘信息，求职学生自己很难辨别真假，学生上当受骗的情况也时有发生。

典型案例

网络上的一些不法中介平台，抓住学生想要进入名企的心理，推出了“付费内推”等项目。这些平台往往声称自己与众多企业有合作关系，可利用这些资源内部推荐大学生去企业实习，但获得内部推荐的资格需要付费，费用从几百元到上万元不等。有的实习生交钱后，获得的岗位与自己理想中的工作完全不符，而且也无法获得退款；有的则是内部推荐失败，得到中介的反馈称“我们尽力了”；更有甚者，被中介宣称的“预付500元安排笔试包过”所吸引，可付费后却再也联系不上中介了。

案例提示：大学生应该明白，如果自己有能力通过用人单位的官方渠道获得实习机会，何必要付费给那些坑人的平台去获得内部推荐的资格？那完全是不必要的支出。如果自身能力不足，即使有内部推荐，也不一定能够成功，因为正规单位在招聘新人时，更看重的是个人实力。因此，提高自身的素质和能力，才是获得进入优质用人单位机会的根本条件。

第三节　大学生就业的权益保护

大学生在就业市场中属于弱势群体，在求职的过程中，存在各种各样可能的“陷阱”。求职者应提高警惕，加强自我保护的意识。要了解就业的相关政策法规，熟悉毕业后的就业流程，从而学会用政策法规保护自己，少走弯路，少受不合理的侵犯，成功就业。要做到顺利就业，就必须明确自己所享有的权利。只有明确了这些权利，才能更好地维护自己的权利不受侵害。

一、大学毕业生就业后的主要权利

（一）有要求用人单位履行协议接收自己的权利

毕业生与用人单位签订的就业协议书是国家专用于毕业生就业的正式文本，具有法律效力。双方一旦签约，就有义务严格履行协议，不得无故进行更改。用人单位必须依照协议接收毕业生并妥善安排毕业生的工作，提供相应的工作和生活条件，以保证毕业生的正常工作。

（二）有要求用人单位按照法律规定提供各种劳动保障的权利

毕业生到用人单位报到后应签订劳动合同，同时开始享有《中华人民共和国劳动法》（以下简称《劳动法》）第3条所规定的权利，即“劳动者享有取得劳动报酬的权利、休息休假的权利、获得劳动安全卫生保护的权利、接受职业技能培训的权利、享受社会保险和福利的权利、提请劳动争议处理的权利以及福利规定的洽谈劳动权利”。

（三）有追究用人单位违约责任的权利

毕业生与用人单位签订就业协议，是双方遵循平等自愿、协商一致原则而达成的协议，双方均有遵守的义务。如果用人单位一方不能按照协议的内容履行，或者在执行过程中打折扣，毕业生有追究用人单位违约责任的权利。

（四）有要求和拒绝签订就业协议或劳动合同的权利

用人单位以各种理由不签订就业协议或劳动合同，或者以欺诈、胁迫的方式要求毕业生签订就业协议或劳动合同，都属于违规行为，是对毕业生权益的侵犯。面对这种情况，毕业生有权拒绝签订劳动合同。

（五）对用人单位违约的行为有求偿权

毕业生与用人单位达成就业意向后，双方需要通过签订就业协议或劳动合同的方式，对双方的责任、权利、义务等进行明确的说明，任何一方不得擅自毁约，如用人单位无要求解约，毕业生有权要求对方严格履行就业协议或劳动合同，否则用人单位应对毕业生承担违约责任，支付违约金，毕业生有权利要求用人单位进行补偿。此外，一旦发现用人单位不履行其工资、保险与福利承诺，可以向有关劳动执法部门举报，及时解决，以免遭受更大的损失。

（六）有要求用人单位保护个人信息和隐私的权利

大学毕业生在求职过程中，不可避免地会将自己的部分个人信息提供给用人单位，以供用人单位在进行招聘决策时参考。按规定，这些个人信息仅限于用人单位内部使用。大学毕业生有权要求用人单位在未经本人同意的情况下，不得将自己的个人信息随意发布和使用，用人单位也无权以招聘为名义要求毕业生提供属于个人隐私的信息。

二、大学生就业权益的法律保障

（一）与大学生就业有关的法律法规

1. 大学生就业权益受《劳动合同法》保护

《劳动合同法》自 2008 年 1 月 1 日起生效，从劳动合同的订立、履行、变更、解除到终止，《劳动合同法》明确了劳动合同双方当事人的权利和义务。这部法律的实施，将更加有力地保护劳动者的合法权益，也让即将踏入社会的大学生的合法权益能够得到有效的保护。目前，许多单位在招聘大学生的时候，都要求先试用再签订劳动合同。很多应届毕业生因为没有工作经验，在正式入职前都要实习或见习，一些单位不会跟应届毕业生订立任何书面合同或协议，只有口头约定。一些毕业生在试用期满后，被企业无理地辞退，毕业生拿不到任何报酬不说，还失去了寻找其他工作的机会，陷入两难的局面。这些情况在《劳动合同法》实施后得到改善。《劳动合同法》明确规定：建立劳动关系，应当订立书面劳动合同。已建立劳动关系，未同时订立书面劳动合同的，应当自用工之日起一个月内订立书面劳动合同。用人单位自用工之日起超过一个月不满一年未与劳动者订立书面劳动合同的，应当向劳动者每月支付二倍的工资。这些规定，将进一步督促和规范企业用人时的合同订立行为。

除了要求订立书面合同以外，《劳动合同法》还规定了试用期的期限。《劳动合同法》规定，劳动合同期限一年以上不满三年的，试用期不得超过两个月。过去有的用人单位随意延长试用期，有的竟然试用一年，甚至两年，一些应届毕业生在这点上敢怒不敢言。

总的来说，《劳动合同法》规范了人才市场和企业用工，给包括大学生在内的劳动者提供了有序的求职环境，这样的规范有利于保障劳动者的合法权益。

2. 大学生就业权益受《劳动法》保护

我国《劳动法》规定：劳动者享有平等就业和选择职业的权利、取得劳动报酬的权利、休息休假的权利、获得劳动安全卫生保护的权利、接受职业技能培训的权利、享受社会保险和福利的权利、提请劳动争议处理的权利以及法律规定的其他劳动权利。劳动者有权依法参加和组织工会。工会代表和维护劳动者的合法权益，依法独立自主地开展活动。劳动者依照法律规定，通过职工大会、职工代表大会或者其他形式，参与民主管理或者就保护劳动者合法权益与用人单位进行平等协商。劳动者就业，不因民族、种族、性别、宗教信仰不同而受歧视。妇女享有与男子平等的就业权利。在录用职工时，除国家规定的不适合妇女的工种或者岗位外，不得以性别为由拒绝录用妇女或者提高对妇女的录用标准。

根据《劳动法》第 36 条规定，国家实行劳动者每日工作时间不超过 8 小时、平均每周工作时间不超过 44 小时的工时制度。用人单位应当根据以上规定，合理确定计件工作者的劳动定额和计件报酬标准。用人单位应当保证劳动者每周至少休息一日。企业因生产特点不能实行以上规定的，经劳动行政部门批准，可以实行其他工作和休息办法。用人单位在下列节日期间应当依法安排劳动者休假：元旦、春节、国际劳动节、国庆节、其他休假节日。用人单位由于生产经营的需要，经与工会和劳动者协商后可以延长工作时间，一般每日不得超过 1 个小时；因特殊原因需要延长工作时间的，在保障劳动者身体健康的条件下延长工作时间每日不得超过 3 个小时，每月不得超过 36 个小时。有下列情形之一的，用人单位应当按照下列标准支付高于劳动者正常工作时间工资的工资报酬：安排劳动者延长工作时间的，支付不低于工资的 150% 的工资报酬；休息日安排劳动者工作又不能安排补休的，支付不低于工资的 200% 的工资报酬；法定休假日安排劳动者工作的，支付不低于工资的 300% 的工资报酬。

（二）签订劳动合同

1. 劳动合同的概念

劳动合同又称劳动契约或劳动协议，是指劳动者与用人单位之间确立劳动关系、明确双方权利和义务的协议。需要注意的是，无论工作的时间是长还是短，无论是固定工还是临时工，都应该与企业签订劳动合同。一般来说，毕业生在办理报到手续后，就可与用人单位签订劳动合同。劳动合同应当以书面形式订立。

2. 劳动合同的条款

（1）必备条款。

根据《劳动合同法》第 17 条规定，劳动合同应当具备以下条款：①用人单位的名称、住所和法定代表人或者主要负责人。②劳动者的姓名、住址和居民身份证或者其他有效身份证件号码。③劳动合同期限。④工作内容和工作地点。⑤工作时间和休息休假。⑥劳动报酬。⑦社会保险。⑧劳动保护、劳动条件和职业危害防护。⑨法律、法规规定应当纳入劳动合同的其他事项。

用人单位提供的劳动合同文本上未载明上诉必备条款的，由劳动行政部门责令改正；给劳动者造成损害的，应当承担赔偿责任。

（2）可备条款。

可备条款，又称约定条款，是指除法定的必备条款外，劳动合同当事人可以协商约定的条款。约定条款内容取决于当事人的协商，但不得违反法律、法规的规定。劳动合同中常见的约定条款有试用期条款、服务期条款、保密和竞业限制条款、违约金条款，补充保险和福利待遇等其他事项。这里重点讲述试用期条款。

劳动合同的试用期是指用人单位与劳动者依法约定在劳动合同期内互相考察的期限。《劳动合同法》有关试用期的规定的主要内容如下：①对试用期的长短做出限制性规定。劳动合同期限三个月以上不满一年的，试用期不得超过一个月；劳动合同期限一年以上不满三年的，试用期不得超过两个月；三年以上固定期限和无固定期限的劳动合同，试用期不得超过六个月。②限制试用期的约定次数。同一用人单位与同一劳动者只能约定一次试用期。③规定不得约定试用期的情形。以完成一定工作任务为期限的劳动合同或者劳动合同期限不满三个月的，不得约定试用期。非全日制用工也不得约定试用期。④明确试用期与劳动合同的关系。试用期包含在劳动合同期限内。劳动合同仅约定试用期的，试用期不成立，该期限为劳动合同期限。⑤规定试用期的工资标准。劳动者在试用期的工资不得低于本单位相同岗位最低档工资或者劳动合同约定工资的80%，并不得低于用人单位所在地的最低工资标准。⑥限制用人单位的解除权。在试用期中，除有证据证明劳动者不符合录用条件、有违规违法行为或者不能胜任工作外，用人单位不得解除劳动合同。用人单位在试用期解除劳动合同的，应当向劳动者说明理由。

用人单位违反《劳动合同法》规定与劳动者约定试用期的，由劳动行政部门责令改正；违法约定的试用期已经履行的，由用人单位以劳动者试用期满月工资为标准，按已经履行的超过法定试用期的期间向劳动者支付赔偿金。

典型案例

违法约定试用期已履行的，用人单位如何承担法律责任？

2019年2月，张某进入某实业公司工作，岗位为人力资源管理专员。双方订立了为期1年的劳动合同，自2019年2月25日至2020年2月25日，其中试用期自2019年2月25日至2019年5月24日，试用期月工资1900元，转正后月工资2400元。2019年9月，张某提出辞职，公司同意解除劳动合同。后张某以公司违法约定试用期为由申请劳动仲裁，要求公司支付违法约定试用期赔偿金2400元。该实业公司辩称，劳动合同是双方真实意思的表示。张某作为人力资源管理专员，明知《劳动合同法》有关试用期的规定，在签订劳动合同时对试用期约定没有提出任何异议，应当视为放弃己方权力，认可公司有关试用期的约定，公司不应当承担赔偿责任。

案例分析：本案争议的焦点是劳动者在违法约定试用期条款的劳动合同上签字是否可以免除用人单位的法律责任？本案是一起典型的违法约定试用期纠纷。《劳动合同法》对试用期做出了明确的规定。这些规定均属于强制性规定，当事人约定的试用期条款的内容不得与其相抵触，否则，用人单位应当承担法律责任。劳动者在劳动合同上签字，不能改变本案中试用期条款内容的违法性，因此，用人单位以劳动者同意为由主张免责，在法律上是不成立的。本案劳动仲裁委员会认为，按照《劳动合同法》规定，劳动合同期限 1 年以上不满 3 年的，试用期不得超过 2 个月，实业公司与张某的劳动合同期限为 1 年，但约定试用期为 3 个月，违反了《劳动合同法》的强制性规定，由于违法约定的试用期已经履行，实业公司应当按照《劳动合同法》第 83 条规定，以劳动者试用期满月工资为标准，按已经履行的超过法定试用期的期间向张某支付赔偿金。

（三）劳动争议的解决

劳动争议是指用人单位与劳动者发生的争议。劳动争议是由劳动问题引起的，即因用人单位开除、除名辞退劳动者和劳动者辞职、自动离职发生的争议；或是因执行国家有关工资、保险、福利、培训、劳动保护的规定发生的争议；或是因履行劳动合同发生的争议。根据《劳动法》的规定，劳动争议可分为集体合同争议和个别争议两类。劳动争议的种类不同，解决的机构和方法也不一样。个人劳动争议一般采取协商、调解、仲裁、诉讼的方法解决，集体劳动争议则可以由政府直接出面协调处理。

《劳动法》规定：劳动争议发生后，当事人可以向本单位劳动争议调解委员会申请调解；调解不成，当事人一方要求仲裁的，可以向劳动争议仲裁委员会申请仲裁。当事人一方也可以直接向劳动争议仲裁委员会申请仲裁。对仲裁裁决不服的，可以向人民法院提起诉讼。劳动争议主要适用调解、仲裁、诉讼程序处理。

1. 劳动争议调解

劳动争议调解是指企业劳动争议调解委员会在查明事实、分清是非、明确责任的基础上，依照国家劳动法的规定以及劳动合同约定的权利和义务，推动用人单位和劳动者之间相互谅解、解决争议的方式。调解委员会由职工代表、企业代表、企业工会代表大会组成。职工代表由职工代表大会（或者职工大会）推举产生；企业代表由厂长（经理）指定；企业工会代表由企业工会委员会指定。调解委员会组成人员的具体人数由职代会提出并与厂长（经理）协商确定，企业代表的人数不得超过调解委员会总数的 1/3。调解委员会主任由企业工会代表担任，办理机构设在企业工会委员会。调解委员会调解劳动争议应当遵循当事人双方自愿的原则。当事人申请调解，自知道或应当知道其权利被侵害的 8 至 30 日内，以口头或书面形式向调解委员会提出申请。调解委员会调解劳动争议，应自当事人申请调解之日起 30 日内结束，到期未能结束，则视为调解不成。

2. 劳动争议仲裁

劳动争议仲裁是指劳动争议仲裁委员会为解决劳动争议而做出裁决的劳动执法活动。劳动争议仲裁委员会由劳动行政部门代表、同级工会代表、用人单位方面的代表组成，并实行仲裁员、仲裁庭制度。劳动争议处理过程中实行以下制度。

（1）一次裁决制度。

仲裁委员会受理劳动争议案件，实行一次裁决。当事人一方或双方不服裁决的，可在法定的期限内向有管辖权的人民法院提起诉讼，在法定期限内不起诉的，裁决书即发生法律效力。

（2）自行和解制度。

在仲裁过程中，当事人双方可以自行和解。当事人双方自行和解后，申请仲裁的当事人应当向仲裁委员会提出撤诉申请。仲裁委员会收到撤诉申请后，应制发仲裁决定书准予撤诉。

（3）先调后裁制度。

仲裁庭处理劳动争议应当先行调解，在查明事实的基础上促使当事人双方自愿达成协议。协议内容不得违反法律法规。

（4）回避制度。

仲裁委员会组成人员或者仲裁员中有劳动争议的当事人或当事人的近亲属，与劳动争议有利害关系的人或与劳动争议有其他关系可能影响公正仲裁的人，应当回避。

（5）合议制度。

仲裁委员会和仲裁庭裁决劳动争议案件时，经协商后，按少数服从多数的原则以多数人的意见为依据，做出仲裁决定。

（6）时效制度。

提出仲裁要求的一方应当自劳动争议发生之日起 60 日内向劳动争议仲裁委员会提出书面申请。

（7）时限制度。

仲裁庭处理劳动争议，应自收到仲裁申请之日起 60 日内结案。案情复杂需要延期的，报仲裁委员会批准后可适当延期，但延长期限不得超过 30 日。

（8）中止制度。

中止是在仲裁过程中由于出现了法律规定的某种情况，仲裁不能进行或不宜进行，而仲裁程序暂时停止。

（四）劳动争议诉讼

劳动争议诉讼是指法院依据劳动法规审理劳动争议案件的活动，是要通过司法程序来解决劳动争议的。劳动争议当事人对仲裁裁决不服的，可以自收到仲裁裁决之日起 15 日内向人民法院提起诉讼。目前我国劳动争议进入诉讼阶段后尚无劳动诉讼法，主要适用民事诉讼法。一方当事人在法定期限内不起诉又不履行仲裁裁决的，另方当事人可以申请人民法院强制执行。

（五）集体合同争议及其处理程序

集体合同争议是集体合同签订和履行过程中发生的纠纷，它是因集体劳动法律关系而产生的争议。我国将集体合同争议分为因签订集体合同发生的争议和因履行集体合同发生的争议，对两者采取不同的程序进行处理。

因签订集体合同发生的争议，是工会组织或职工代表与用人单位在集体合同订立过程中发生的争议，这时没有一份现成的合同可以作为判别是非的依据。该争议属利益争议或经济争议。大部分国家认为该类争议不宜以仲裁的一般方式来解决。我国《劳动法》规定："因签订集体合同发生争议，当事人协商解决不成的，当地人民政府劳动行政部门可以组织有关各方协商处理。"

因履行集体合同发生的争议，是工会组织与用人单位在集体合同订立并发生法律效力以后发生的争议。已经生效的集体合同可以作为解决争议的基本依据。该争议属权利争议或法律争议。世界各国一般将这类争议列入仲裁和诉讼程序加以解决。我国《劳动法》规定："因履行集体合同发生争议，当事人协商解决不成的，可以向劳动争议仲裁委员会申请仲裁；对仲裁裁决不服的，可以自收到仲裁裁决书之日起 15 日内向人民法院提起诉讼。"

本章要点回顾

1. 大学毕业生在找工作时可能遇到的求职陷阱以及应对方法。大学生应避免在求职过程中上当受骗，造成自己的损失和伤害。

2. 大学生就业权益的法律保障，包括大学生就业有关的法律法规、签订劳动合同和劳动争议的解决办法。大学生要树立法律观念，积极寻求法律帮助。

思考与练习

1. 试用期内劳动者解除劳动合同是否需要赔偿用人单位的培训费用或者招录费用？

2. 案例分析：小赵是某高校经济管理学院会计学专业的一名毕业生，于 2019 年 7 月毕业。在 2019 年 3 月，小赵与一家公司签订了劳动合同，合同约定小赵到公司工作 3 年，试用期为2个月，在试用期内这家公司给小赵提供入职培训，为期1个月，但在试用期届满前，小赵又找到了更好的单位，于是提出解除劳动合同，双方协商不成，诉至劳动仲裁委员会，这家公司提出可以解除劳动合同，但小赵应该赔偿该公司提供的培训费用和招录费用，并出具相应票据。

请大家分析，该公司的请求是否会得到劳动仲裁委员会的支持？小赵应该赔偿相应的培训费用吗？原因是什么？

第五章 如何适当“包装”推销自己？

——信息搜集和成功求职文案制作

本章导读

求职是大学生人生道路上必经的一个关口。选择自己的未来，也是大学生人生道路上的一次重大选择，有一个好的职业是每一个大学生梦寐以求的事情。面临职业选择的大学毕业生，应该如何向用人单位推销自己，取得择业的成功呢？择业是一个动态的、科学的过程，在这个过程中，大学生要想取得成功，就业信息的搜集和处理是基础，求职文案的精心准备是照亮求职的明灯。本章从求职信息、求职文案写作等方面分析梳理大学生如何通过适当的“包装”，制作一份成功的文案推销自己。

学习目标

1. 学会搜集有效的就业信息，掌握招聘信息处理的方法
2. 了解如何写一封求职信
3. 了解如何制作一份好的求职简历

第一节　就业信息的获取和利用

就业信息对于每一位谋求工作的毕业生来说都至关重要。因为择业决策是一个动态过程，在这个过程中，就业信息的搜集和处理是基础。就业质量的高低取决于就业信息的可靠性、准确性和充分性。信息越全面准确，择业决策质量就会越高。择业决策过程实际上是一个与决策问题、目标有关的信息搜集、加工和转换的过程。就业信息搜集不全或错误必然导致择业决策质量低，甚至使择业决策失误。因此，就业信息是大学毕业生进行择业的重要依据，正确分析和筛选就业信息是大学生顺利就业的保障。

一、就业信息概念、类型、特征和内容

（一）就业信息概念

就业信息是指通过各种媒介传递的与就业有关的消息和情报。主要涉及用人单位的需求信息，包括招聘活动中各行业、企事业单位发布的具体的需求信息、岗位的薪资状况、工作内容和职业发展前景等。

（二）就业信息类型

就业信息包括宏观信息和微观信息。宏观信息是指国家的政治经济情况，国家或地区社会经济的方针政策规定，国家对毕业生的就业政策与劳动人事制度改革的信息，社会各部门、企业需求情况及未来产业、职业发展趋势所要求的信息。具体包括毕业生就业的总体形势、社会对人才的需求、就业政策、就业活动等。微观信息是指某些具体的用人信息，如用人单位的性质、需求情况、行业发展前景、需求专业、岗位描述、需求条件、工资待遇等。大学生如果不把握用人单位信息，在选择用人单位时，由于对用人单位情况不甚了解，在择业时就会带有随意性和盲目性。因此，要做到科学择业，避免假象，需要搜集掌握用人单位的全面信息，对用人单位进行比较客观的评价。

（三）就业信息的特征

就业信息与其他信息不一样。就业信息具有时效性、共享性和传递性。时效性，就是就业信息的效用具有一定的期限。因此大学生在搜集就业信息时要注意信息发布的时间和要求。共享性，就是就业信息一经公开发布即为人共享。传递性，就是就业信息总处于流动和传递状态。

（四）就业信息的内容

就业信息的内容非常广泛，通常包括以下几个方面的内容。

一是就业政策。大学毕业生要了解当下国家就业形势、方针、原则和政策；要了解相关的就业法律法规，以捍卫和保护自己的正当权利，减少不必要的损失；要了解地方用人政策，例如户口申请政策和程序、选调生参加考试的条件、服务西部志愿者的相关政策等；要了解学校就业政策的有关规定，如毕业生协议书使用和签订规定、毕业生派遣程序等。

二是就业市场供需情况。大学毕业生在就业前需要对就业市场有一个基本的认识，了解就业需求量和供应量，了解不同行业的需求量，了解不同专业的就业率。当然重点是要了解本校、本专业毕业生在社会上的需求状况、竞争者状况，以及时调整自己的择业期望值，做到有的放矢。

三是用人单位情况。了解相关的就业政策和就业形势之后，毕业生还需要对用人单位有一个完整的认识。例如，用人单位的性质，是国有企业还是民营企业，是行政机关还是事业单位；对于国营单位要了解隶属关系，民营单位要了解人事代理关系；用人单位的经

济状况、地理位置、运营状况、发展前景、企业文化、用人理念等；用人单位的岗位需求、职业、薪资福利待遇、培训机会、个人发展前景等方面的情况；用人单位的联系方式；等等。

二、就业信息搜集的主要渠道

就业信息的来源很广，目前大学毕业生获取就业信息的渠道主要有以下几种。

（一）政府及各级毕业生就业主管部门

国家政府就业网站、地方政府就业网站、地方政府举办的招聘会等，通过这些渠道可以搜集到就业政策、就业法律法规、政府公务员和事业编制的招考信息、公益性人才交流会信息等。与其他渠道相比，政府渠道提供的信息真实可靠。而毕业生就业主管部门作为毕业生的宏观调控部门，不仅肩负着制定当年毕业生的具体就业政策的重任，也掌握了大量的具体用人信息，包括全国或某一地区毕业生就业形势发展变化的有关情况，例如某地区或某专业的毕业生供需状况。所以，政府就业网站和毕业生就业主管部门，是毕业生就业信息的重要来源。

（二）高校毕业生就业指导部门

高校毕业生就业指导部门（各个高校名称不一）作为管理和服务于毕业生就业的专门职能机构，与中央有关部委和各省市区的毕业生就业主管部门以及有关用人单位保持着密切的关系，他们对国家、地方就业的相关政策规定都能及时掌握，如特岗教师计划、选调生、选聘生以及大学生应征入伍等。高校毕业生就业指导部门也是用人单位与毕业生之间的中介，是毕业生进入就业市场的桥梁。一般高校和用人单位都有着长期广泛的联系，每年通过发函、走访、参加就业信息交流会、网上联络、组织就业宣传小分队等多种形式，获得大量真实、准确的用人单位需求信息。每年年末或年初，高校都会举办毕业生和用人单位的双选会，以及各类专场招聘会。高校毕业生就业指导部门提供的就业信息一般比较及时、方便、真实，就业成功率较高，而且具有适合本校学生就业的针对性特点，是广大毕业生获取求职信息的主要渠道。

（三）媒体渠道

媒体渠道包括广播、电视、报纸、用人单位和专业求职网站等。他们都会以定期或不定期的形式提供人才供求信息，求职者可以通过媒体渠道掌握人才需求的动态，了解到用人单位的工作性质、所需人才的条件和工作待遇等。通过网络搜索可以获取专业求职网站、用人单位网站、门户网站的求职频道的就业信息。专业求职类网站以专业的人才服务为背景，求职者可以在线填写简历，而所写的简历将被存入网站的数据库里；用人单位越来越重视建设自己的网站主页，大多数公司除了介绍企业文化与产品之外，还随时提供公司的招聘信息；门户网站的求职频道如智联招聘、中华英才网、前程无忧等，这些网站不但提供企业求职信息，还会提供人才政策、就业方面的新闻、就业技巧、就业辅导等。当然，媒体渠道的最大特点是受众面广、传播速度快、形式活泼多样和信息传递量大，但有时候这种方法比较盲目，成功率较低。大学生在搜集就业信息时，应该选看正规的招聘类报纸、杂志、网站，避免求职陷阱。

（四）人才中介机构

人才中介机构是经过当地政府人事部门批准的、专门从事人才市场中介服务的机构，它们是在经济发展中应运而生的，并在人才市场中起到举足轻重的作用。其主要业务是搜集、整理、储存和发布人才供需信息，发展职业介绍。其特点是联系用人单位多、信息量大、见效快。它们面对的是社会各层次人员，这就要求毕业生在从这些机构中获取信息时，注意寻找与自身有关的、针对性强的信息。

（五）社会实践与毕业实习

大学生在校期间一般要到企事业单位实习，实习不仅仅是学生巩固理论知识的活动，也可以锻炼学生的实践能力，加深学生对社会的了解与认识。通过与社会和实习单位的广泛接触，可以发现社会对毕业生的具体要求与自身的不足，了解到很多具体的用人信息。许多学生就是在社会实践中，特别是在毕业实习中，赢得了实习单位的信任与赏识而被录用的。

（六）其他

除了以上渠道，毕业生还可以通过家人、朋友、老师、校友的推荐，获取就业信息。我们每个人都是生活在社会关系当中的，大学生的亲友、老师以及校友组成了一个庞大的关系网络，他们提供的信息一般比较准确、可靠，也是大学毕业生获取就业信息的重要渠道之一。老师以及校友所织成的信息网络不同于政府、学校和媒体渠道，他们比较了解学生个体情况，所提供的就业信息往往针对性较强，因此面试成功率较高。

常用的求职网站

智联招聘：http://www.zhaopin.com/

中华英才网：http://www.chinahr.com/

前程无忧：https://www.51job.com/

应届生求职网：https://www.yingjiesheng.com/

三、就业信息的分析整理

无论有多少就业信息或机会，对于一个大学生来说，一次只能选择一个职业岗位。很多时候，过多的信息往往让人优劣难分、无所适从，因此，毕业生应该结合自己的实际情况，对搜集来的信息加以分析筛选、去伪存真，有目的、有针对性地进行排列、整理和评估分析，只有这样才能使需求信息具有准确性、科学性和有效性，才能更好地为自己的就业服务。就业信息的分析整理就是对搜集到的信息进行加工，去粗取精，去伪存真，由表及里，通过对各种信息进行分析、综合、归类，筛选出对自己有用的信息，更好地为求职做准备。分析筛选过程可以按以下方式进行：

（1）准确、真伪鉴别。信息的价值首先在于真实性。因此，毕业生从不同的渠道搜集到大量的需求信息后，首先要对其进行分析，以确定它的真实可靠程度。信息既蕴藏着机会，又可能包含着陷阱。这就要求大学毕业生在求职过程中必须提高警惕，分析和鉴别所搜集就业信息的真伪，避免上当受骗。

（2）合理排序。筛选信息时，可以草拟一个职业选择提纲，确定择业标准，再按照标准进行初选排序，去粗取精，去伪存真。毕业生可以做个统计招聘信息的表格，一般包括以下六个要素：企业名称、企业基本情况（企业性质、隶属关系、企业规模、人数、产品服务、发展现状和发展趋势）、应聘岗位及招聘人数、应聘条件（如学历、专业、职业资格、技术等级）、工作环境和薪资福利、联系人及联系方式。然后根据自身的情况，如职业兴趣、专业、性格、能力特长等对信息进行排序，才可以判断信息是否适合自己。

四、就业信息的运用

就业信息的运用是指大学毕业生在对就业信息进行整理后，依据信息进行择业的过程。就业信息的运用主要有以下几种。

（一）根据自己的职业目标，灵活运用就业信息

大学生运用就业信息前必须确定自己的职业目标。职业目标是求职者的专长、兴趣、能力、性格、期望值、价值观与社会职业需求之间不断协调的过程。要根据自己的职业目标，按照专业对口或相近的原则，灵活运用就业信息。专业对口和相近的原则往往是用人单位与求职者尤其是应届毕业生双向选择中的共同标准，但这不是绝对的，有很多成功人士都是毕业后从事与自身专业不相符的某项职业的，专业与个人的职业潜质并不等价，因此，用人单位虽然对所需要的人员有一定的要求，但也并非是一成不变的。在就业信息面前，大学生需要冷静、认真地分析自己的优劣，不要因为某个次要条件达不到用人单位的要求就轻易放弃，应该相信自己的实力，去努力争取和尝试，也许会有意外的收获。

（二）发现不足，加强能力培养

毕业生应根据筛选出来的就业信息，对照个人的情况，发现自身存在的不足，并据此及时调整个人的知识结构，加强个人能力的培养。如果发现自己哪些方面的知识比较欠缺，基础不牢，应主动加强学习，发现自己哪个方面的能力较差，应马上有意识地加强训练与学习，尽量弥补原来的不足。同时，应根据筛选出来的就业信息，明确目标与现实之间的差距，并据此校正自己的就业目标。

（三）共享信息资源

在获取的就业信息中，有的对自己并无直接用处，但可能对他人有用。遇到这种情况，

大学毕业生应该主动地将这些信息分享给他人，避免信息浪费。同样，被帮助的人在获取对你有利的信息之后，也会反馈给你，从这种角度看，与人方便，就是与己方便。同时，还增加了自己与他人进行信息交流的机会，从这种交流中自己也许会获得对自己十分有用的就业信息。

资料链接

招聘信息筛选表

企业基本信息	何种行业	发展概况	发展前景	企业文化	企业用人理念
企业用工情况	用工需求	岗位设置	岗位用工标准	岗位职责	薪资、福利、培训等

第二节 求职文案的内容和包装要求

如果说面试是求职成功的必经之路的话，那么一份好的求职文案材料便是照亮这条道路的明灯。毕业生参加各种供需见面会、洽谈会、招聘会、人才交流会、双选会，访问用人单位，恳请老师推荐，拜托亲友帮忙，都需要一份介绍自己的书面文案材料。求职文案往往先于求职者本人与用人单位见面，因此，求职文案也可谓为求职的敲门砖。求职文案材料能否引起用人单位的兴趣，文案材料本身能否有效而全面地介绍求职者，关系着求职者是否能够获得展示自身能力的面试机会。

求职文案的制作并非只是将几方面内容堆砌进几张白纸那么简单，一份成功的求职文案是需要根据自身专业特点、能力、用人单位特征等方面情况精心设计的既能全面介绍求职者优点、特点，又符合行业审美、企业实力与文化的材料。

一、求职文案材料的内容构成

求职文案材料是多侧面、多角度、准确全面地反映毕业生专业水平、组织能力、领导能力和综合素质等多方面能力的材料。通过书面求职材料，用人单位可从中了解到毕业生的专业能力、综合素质等基本情况，以判断和评价毕业生的学习成绩、工作潜力，从而确定是否给毕业生提供面试的机会。从当前大学毕业生就业求职市场的情况看，求职文案材料应包括：封面、求职信（自荐信）、个人简历、就业推荐表和其他相关材料（包括成绩单、在校期间取得的各种证书、已发表的论文和取得的成果等）。

（一）封面

封面是很重要的信息，因为封面是最先被用人单位看到的，因此求职者要精心设计封面。封面做好了，即便用人单位不翻开求职材料，通过封面也能对求职者的基本情况有大致的了解。

（二）求职信

求职信也称自荐信，是毕业生在搜集需要的信息后有目的地向用人单位做的自我介绍。它是针对特定单位（岗位）写的，主要表述求职者的主观愿望和特长，以求吸引招聘者的注意力，取得面试机会。求职信在求职过程中作用重大，是学生自我推销、展示自己公关能力的重要一环。

（三）个人简历

简历，顾名思义是求职者个人的简要经历，是一个人生活学习、工作的经历与成绩的概括和总结。它提供给阅读者的信息量应该是全面而直接的。在通常情况下，用人单位主要通过简历来了解求职者的业绩、能力、性格、经验以及受教育程度、兴趣、特长等，从而决定求职者能否参加面试。

（四）就业推荐表

就业推荐表是学校就业指导部门发给每位毕业生填写并附有学校意见（鉴定、评价等）的书面推荐表格。该表一般由三部分组成：一是毕业生本人的情况介绍；二是毕业生所在院系的推荐意见；三是毕业生所在学校就业主管部门的推荐意见。一般来讲，这个表格是学校正式向用人单位推荐毕业生的书面材料，因此具有较大的权威性和可靠性。用人单位往往对该表比较重视，因此，毕业生要认真填写，妥善保管。

（五）其他相关材料

（1）学习成绩单。很多单位在招聘过程中比较看重应聘者在校期间学习成绩。因此，在求职材料中提供一份详细的成绩单是很有必要的。成绩单是大学毕业生学习成绩的证明，通常为表格形式，应由学校教务部门出具并加盖学校公章。

（2）证书复印件。证书是企业招聘、录用人才的重要依据。它会帮助毕业生获得更多的就业机会，是就业的敲门砖。证书有外语等级证书、计算机等级证书、各类奖学金及大赛获奖证书、各种技能证书、各种职业证书等。在附复印件的同时，最好同时准备好原件，以备查询。

（3）参加社会实践、实习的鉴定材料。从近几年就业情况看，用人单位比较看中毕业生的实践经验，尤其是工作实习实践经验。因此，在大学学习阶段，学生应尽可能利用寒暑假及学校实习安排，多到企事业单位参加调研、实习实践，积累相关经验，提高自身的实力。鉴定材料是社会实践单位和实习单位给予的评价，对大学生就业有很大的帮助。

（4）其他辅助材料。如院系教师的推荐信、公开发表的论文及其他成果复印件或证明等。毕业生应根据求职者所应聘的不同类型的单位分别组织。技术型企业比较看重应聘者动手能力，因此求职者可以附一些设计作品等材料复印件；新闻单位、高校比较看重应聘者的文笔，如果求职者有发表文章的经历，请一定要附上所发表文章的复印件。如果求职者有更好的做法，请一定不要吝啬，大胆地将其加入求职材料中。

不同的单位招聘和录用会有不同的侧重点，因此在制作求职材料的时候，应根据不同单位的需求灵活处理。

二、求职文案封面的制作

（一）求职文案封面制作内容

一份求职文案的封面主要包括：求职者的毕业院校、专业背景、学历层次、姓名、联系方式。用人单位在收到求职者简历时，通过封面内容就可以对求职者有一个初步的印象。

（二）求职文案封面制作注意事项

毕业生在制作求职文案的封面时要注意以下四个方面的问题：第一，封面应简单大方，忌花里胡哨；第二，封面应注意突出求职者的主要个人信息，包括学校、专业、姓名、联系方式；第三，封面应干净、整洁，便于留下良好印象；第四，封面字号应根据封面内容和图案大小合理安排，忌过大或过小。

资料链接

毕业生求职时一般需要将求职材料装订成册。需要装订的求职材料包括：封面、求职信、简历、推荐表以及其他证明材料。

——求职材料的装订顺序。

由于用人单位在选拔人才时不一定会对每份求职材料中的每一页都认真、仔细地阅读，所以在求职材料的装订中，考虑到用人单位对求职材料中各种信息的需求心理，毕业生需要按照求职材料所反映的信息的重要程度来排列装订顺序。在求职材料的装订中最为常见的装订顺序如下：

图 5-1 求职材料封面示例

封面、求职信、简历、推荐表、在校期间学习成绩、其他证明材料（包括各种证书的复印件、各种作品或研究成果的复印件）。

——求职材料的装订要求。

用透明文件夹将求职材料按照常见的装订顺序装订。

求职材料封面及所有材料切忌歪斜。

求职材料中所有纸张都应为 A4 大小纸张。

求职材料中字体应该一致，排版时行间距应该一致。

求职材料中所有纸张应该整洁、干净。

求职材料在装入透明文件夹时切忌损坏，影响求职材料美观。切忌用松动透明文件夹，以免求职材料脱落，造成散页、掉页。

讨论与分享：

1. 分小组讨论各种奖励证书与技能证书以及实践活动证明的异同。

2. 同一位求职者应聘不同企业或应聘不同岗位时，奖励证书、技能证书、实践活动证明等材料的装订顺序是否应该不同？

三、求职文案附件

求职文案附件是能证实求职者在求职材料中所列出的各方面情况的原始证明材料。它是证明求职者求职材料的真实性和求职者才能的有力佐证。为预防这些证明材料在投递过程中丢失，附件一般是各种荣誉证书、所发表文章、科研作品的复印件，原件可待用人单位确定录用求职者后审查原件时出示。

求职信附件主要包括以下内容：

（1）各种奖励证书的原件或复印件。

（2）各种实物性图片、影像资料等。

（3）学习成绩单。这是毕业生大学几年学习成绩的证明，应由学校教务处填写、盖章。

（4）各种等级证书。如外语、计算机、会计等级证书复印件。

（5）参加社会实践、毕业实习的鉴定材料。

（6）有关科研成果证明，在杂志或报刊上发表的文章（数量较多的可选有代表性的附上）。

附件内容可以根据自身需要及实际情况加以组合。总之，附件是为求职服务的。

第三节　求职信的撰写

求职信是应聘的基础，它是简历的附件，能够很好地补充简历本身缺乏描述性语言的不足，属于商业信函，可放在简历的前面，也可放在简历的后面。对于毕业生来讲，通过求职信，可以让用人单位认识自己，了解自己，选择自己，从而实现自身的职业愿望。求职信在很大程度上决定自己是否能获得进一步面试的机会，那么如何才能写好求职信呢？

一、求职信的概念、作用及其内容

（一）求职信的概念

求职信是求职者写给用人单位的信，是一种私人对公并有求于公的信函，目的是让对方了解自己、相信自己、录用自己，多数用人单位要求求职者先寄送求职材料，由他们通过求职材料对众多求职者有一个大致的了解后，再通知面试或面谈人选，因此，求职信撰写质量的高低将直接关系到求职者是否能进入下一轮的面试。

（二）求职信的作用

求职信是沟通求职者和用人单位之间的桥梁。通过一定的沟通，在相互认识、交流的基础上，实现相互的交往，是求职信的基本功能。实现了交往，求职者才可能展示才干、能力、资格，突出其实绩、专长、技能等优势，从而被录用，因此，求职信的自我表现力非常明显，带有相当的公关要素与公关特色。对于大学毕业生而言，要实现自己的求职目的，就必须充分扬长避短，突出自我优势，在众多的求职者中以自己的某些特长、优势、技能等吸引用人单位。

（三）求职信的内容

由于求职者的个人情况不同，加之所求职业或职务的性质有别，因此，求职信的内容也因人、因事而异。但一般说来，它应包括以下几个方面的内容：

（1）说明写信缘由、表达求职愿望。求职信一般都是针对招聘启事而写的，因此，信文开头可以告诉对方自己是在何时从何处获悉招聘信息的。如求职者曾经听说某单位需要员工，但并不知道该消息是否确实，信文开头便可以使用询问的语气自荐，并借此机会陈述自己对该单位的兴趣与向往。这一部分要能够引起招聘人员对你作为候选人的兴趣，吸引他的注意力，并激发招聘人员继续阅读的热情。

（2）推销你的价值。你能够满足用人单位需要和工作要求的技能、能力、资质是什么？

（3）展示你突出的成就、成果和教育背景。它们必须能够直接有力地支持你的价值评价。如果可能，量化这些成就、成果或举例说明。

（4）提供备询人或推荐人。为使用人单位对求职者的为人及表现有所了解，求职者应该在求职信中提供两至三个备询人或推荐人的姓名、工作单位、职务及联系电话，以便用人单位查询、了解。同时，也借此表明自己这封求职信所述内容的可信度。需要注意的是，求职者所提供的备询人或推荐人最好是自己的老师。另一方面，在提供这些人的名单之前，求职者一定要得到这些人的同意和乐于为你推荐的承诺才行。

（5）结尾必须写清将来的行动。要明确表示求职者希望获得面谈的机会，以及求职者希望获得某项工作或职务的强烈愿望，这实际上才是求职者写这封求职信的目的。如果求职者去面谈或面试的时间有所限制，应告诉对方何时最为方便，同时，需要在求职信中写清楚自己的详细通信地址、邮编以及电话号码，以便对方随时和你联系。

（6）结束这封信并表示感谢。

二、求职信的撰写格式

(1) 开头：称呼、问候语。
(2) 正文：介绍你自己应聘工作的条件，要注意表现你的成绩，突出你的优势。
(3) 结尾：强调你的愿望并致敬。
(4) 落款：署名和日期。
(5) 附件：适用的证明材料要盖章和签名。

【求职信的书写格式范例】

求职信（标题）

（称呼）

尊敬的×××：

您好！

（正文）

第一段：写明求职者要申请的职位和求职者是如何得知该职位的招聘信息的，并介绍自己。

例如：

A：获知贵公司××××年××月××日在××报上刊登的招聘信息后，我寄上简历，敬请斟酌。

B：我是××学校××专业××届的大学毕业生，我写此信应聘贵公司招聘的××职位。我很高兴在招聘网站得知你们的招聘广告，我学习××专业已经××学期了，并一直期望能有机会加入贵公司。

第二段：必须推销求职者的价值，简要阐述求职者如何满足公司的要求。陈述求职者所特有的优势，以及能为公司做出贡献的教育、技能、资质和成就（成果），如果可能的话，量化这些成就。

例如：

A：我作为一个××已有××年社会实践经历。

B：我在校期间担任××职位，曾几次因工作出色而受到嘉奖。

（结尾）

发动将来的行动，请求安排面试，并标明与自己联系的最佳方式。结束这封信并表示感谢。

例如：我希望我是该职位的有力竞争者，并希望能尽快收到面试通知。

（落款和署名）

自荐人：×××
××××年××月××日

三、求职信的撰写技巧

（一）开头

主要包括称呼、问候语。在格式上，称呼要在信笺第一行起首的位置书写，单独成行，以示尊重。如果对用人单位的性质及负责人比较清楚，可直接写出负责人的职称、职位，如“尊敬的杨经理”“尊敬的王部长”，如对用人单位的性质及负责人不清楚，可写成“尊敬的领导”等，称呼之后用冒号，然后另起行，写上问候语，如“您好”之类的话。

在求职信中，开头的称呼要恰当，如不恰当会显得俗气、幼稚。有一位毕业生在写给某职业介绍中心工作人员的信中的称呼是“叔叔、阿姨”。还有一些毕业生写给某单位人事处工作人员的求职信的称呼是“大哥、大姐”。这样的称呼是非常不恰当的。

（二）正文

正文是求职信的中心部分，其形式多样、风格各异。正文内容主要包括：自我介绍；说明求职信息来源和应聘职位；推销求职者的价值（应聘职位的理由及优势）；发动将来的行为；等等。

（1）自我介绍。主要是简单介绍自己的身份，一般用一句简明扼要、一目了然的话概括自己的学校、学历、专业等基本信息即可。例如，“本人是××大学会计学专业 2019 届应届本科毕业生”。

（2）说明求职信息来源和应聘职位。在求职信开头说明求职信息的来源，如此一来，就不会让用人单位在收到你的求职信时感到突兀。说明应聘职位，有利于求职者有的放矢地说明自己能胜任的某项工作职位的要求，从而避免被淘汰。求职信息的来源及应聘职位说明都要简单明了，一句话带过即可。例如：“据悉贵单位正在招贤纳才，昨日又在××招聘网上读到贵单位的招聘广告上招聘公关助理一职，故冒昧写信应聘该职位”或“本人在 2020 年××月××日的××报上得知贵单位正在招聘销售专员一职，因此写信应聘该职位”。

（3）推销求职者的价值（说明能胜任该职位的优势和原因）。这是求职信的核心部分。这部分需要求职者针对招聘单位及所应聘岗位的应聘要求，有的放矢地说明你所拥有的专业知识和工作经验，所取得的与该职位有关的成绩和掌握的相关技能；与该职位相符的性格、特长、兴趣、爱好；未来发展潜力。这部分的核心就是要让招聘方相信你就是该职位最好的人选，有培养价值，你是有发展潜力的。

这部分的写作要注意的问题：一是胜任优势和原因不应是经验和成绩的简单堆砌；二是介绍要有序，不要杂乱无章；三是能力的介绍要结合应聘职位要求，突出自己的个性和特长，不要过分渲染自我，夸大自我。例如，用人单位招聘的是“营销专员”，你却对

“文静、内向”特别强调，应聘自然会失败。要避免使用以下说法：“我能够适应各种工作。”“我听说贵公司近期效益不好，我相信我有能力改变这种状况。”“我是学艺术专业的，到贵单位之后，我一定能够使贵单位的文艺节目在各类比赛中夺魁。”这些都是过分吹嘘，反而可能让人觉得求职者华而不实，从而对其真实能力产生怀疑。四是在推荐自己价值时，尽量要具体明确，不要使用模糊、笼统的字眼，多使用实例、数字等进行具体的说明。如：“我设计的××管理系统为公司创收×万元”就比“我设计的××系统为公司创收颇丰”有说服力。

（三）结尾

结尾部分的内容包括：再次强调你对于此职位的兴趣；提醒用人单位回复或回电，表明你希望得到面试机会（如：“望得到您的回音为盼”“盼复”等）；向对方表示谢意和祝福；联系方式（电话、QQ、微信或者邮箱等）。

结尾部分要注意的事项：避免在求职信中以强迫的口气要求用人单位。最常见的问题：一是为对方限定时间，容易使用人单位产生反感，如“本人于某年某月要赴外地实习，敬请贵公司某月某日前复信为盼”；二是为对方规定义务，例如“本人谨以最诚挚的心情，应聘贵公司，盼望获得贵公司的尊重和考虑”，这样的文字似乎在说，如果你不聘用我就是对我的不尊重，很容易让对方感到难以接受；三是以上压下的口气，如“贵公司总经理××先生要我直接写信给你”或“××学长很关心我的求职问题，特让我写信找你”；四是卖关子以提高自己身价，例如“现有几家公司欲聘我，所以请您从速答复我”，这样的文字，往往容易激怒对方，不利于求职成功。

（四）落款

包括署名和日期。署名应写在结尾祝词的下一行的右后方，要注意字迹清晰，最好写正楷。日期应写在名字下方，一般用阿拉伯数字，并且要把年、月、日写上。若有附件，应在左下角注明，如“附1：个人简历”。

一封逻辑混乱的求职信

某某领导：

您好！工作辛苦了！

教师是人类灵魂的工程师，是培养祖国栋梁的辛勤园丁。孔子、孟子就是影响了中华儿女数千年的好老师。我特别欣赏这个职业。我是学企业管理的，跟教书挨不上什么关系，但将来何去何从，谁能说的准呢。子曰：“三人行，必有我师焉。”孔子都那么虚心，我们又有什么理由不向别人学习呢？这是一个知识文化更新很快的时代，不互相学习就会故步自封，就会为时代所抛弃。我们的专业课程就体现了丰富多元的特点，除了政治经济学、企业管理等技术课外，还包括数学、外语等基础课。教书要教得好，也不能不多学知识，开阔视野。有许多人觉得教师这个职业太没面子，那是传统封建思想的贻害。某些教师在教书育人的过程中可能存在这样那样的问题，那是他的个人原因，而不是教师整体的错。再说，人人都不做教师，都去做赚钱的行当，下一代由谁来教育？社会由谁来发展？尤其是在当今改革开放的大好形势下，我们更应当抓紧机遇，抓好教育。我的父亲是个党员，他小的时候很想读书，可是未能如愿，我想如果很多人都甘愿为教育事业奉献青春热血的话，这样的事情就会少一点。我有志于为祖国的教育大业奉献一切。也企盼着你们的回音。如果有意，请与××大学××系联系。有什么要求，需要什么任职资格，就请来信告诉我。另外，告诉你们一个好消息，明天校运会即将开幕，我将作为系主力参赛，我的体育成绩一向很好。其他各科成绩也还过得去。

最后，祝您

工作顺利！

评价：这篇文章层次混乱不堪，显然是信手拈来，随意挥就。语言的结构没有大毛病，但杂乱无章，透着一股对用人单位的轻蔑，这样的“才子”没有哪个单位敢要。

【小提示】

求职信撰写要注意的事项

1. 求职信的重点应该放在求职者能为单位做什么，而不是求职者能从单位得到什么。

2. 强调单位需要而求职者实际所具有的独特的才能。

3. 将行业新闻、单位动向写在信里，更能表现出求职者对行业、单位的关注和了解，当然请注意采用适当的语气。

4. 尽量使用行业术语，避免重复使用“我”这个词。

5. 不要忽视称呼的重要性，尽可能了解求职者写信对象的称呼、全名和头衔。

【求职信范例】

求职信

尊敬的领导：

您好！

我叫×××，今年22岁，是××学校机械工程系2020届毕业生。从贵公司网站获悉你们公司招聘机电设备维修人员，特来信应聘。

在校期间，我主修了机械制造与自动化专业，学习认真，成绩优良，连续三年获校奖学金，并获得大学英语四级、计算机三级证书；本人实践动手能力较强，在校期间积极参加职业技术技能培训。毕业实习期间参加××电器公司自动生产线的安装调试工作。曾担任班级学生干部，团结同学，协助辅导员老师，积极开展好班级工作，提高了自己的组织协调能力。本人性格开朗，爱好体育运动，曾多次在校田径运动会上夺得名次。

我确信自己能够胜任贵公司机电设备维修一职。如果能成为贵公司的一员，我愿意从基层一线工作做起，努力工作，为贵公司的发展贡献出自己的聪明才智。

随信寄上本人简历及相关证件的复印件，请审阅。

希望赐复。祝贵公司事业发展蒸蒸日上！

此致

敬礼

自荐人：×××

××××年××月××日

第四节　简历制作

一份完善出色的个人简历是毕业生求职和开启事业之门的钥匙，因为很多时候，简历的情况会决定求职者能否得到面试机会。所以，现在的毕业生非常重视简历的设计，在招聘会上，经常会看到一些厚如书册、包装精美华丽的简历。但是，大学生们精心制作的简历却未必能得到用人单位的认可。那么，什么样的求职简历才是合适正确的，才能得到用人单位的青睐呢？

一、简历概述

简历，英文叫 Resume，来源于两个词根，一个是“re”，一个是“sum”，如果把两个词根结合起来，简历的意思就是把自己的经验反复（re）地总结和提炼（summarize）。所以，简历就是概括介绍毕业生个人基本情况，并对个人的技能、成就、经验、教育程度、求职意向做出一个简单的总结，是求职材料中最为重要的部分，是求职者全面素质和能力的缩影。它的主要任务就是争取让招聘者和求职者联系，唯一的目的就是争取收到面试的机会。一份简历好比是产品的广告和说明书，既要在短短几页纸中把求职者的形象和其他竞争者区分开，又要切实把求职者的价值令人信服地展现出来。

二、简历的基本构成要素

大学生求职简历一般应由以下要素构成:

1. 个人基本情况

个人基本情况包括姓名、性别、民族、出生年月、籍贯、政治面貌、求职照片、联系地址(包括邮编)、联系电话、邮箱等,其中联系方式尤为重要。

2. 教育背景

教育背景包括求职者的毕业院校、所学专业、学历、学位、所学的主要课程等,其中专业和课程尤为重要,在罗列所学课程时,要考虑申请职位所需。

3. 求职意向

求职意向主要包括求职者所希望的工作岗位、薪资、地域等。

4. 工作实践或社团经历

工作实习和社会实践经历是简历的核心部分。大学生大多没有工作经历,但工作实习和社团经历比较丰富。

5. 知识和技能

知识和技能部分主要是体现求职者的知识结构和技能,如英语水平、计算机水平、普通话水平等。求职者需要具备相应的资格证书,不宜使用“初学”“一般”等含糊的词语来描述技能。

6. 奖励和荣誉

主要是求职者在大学期间以及工作中获得的荣誉,包括奖学金、三好学生、优秀干部、先进个人以及参加活动所获得的奖项、证书等。可以按照时间顺序排列,例如:2013年9月,被××大学评为优秀学生干部;2014年4月,参加××大学××学院××活动,荣获二等奖。

7. 爱好特长

主要展示求职者的品德、修养、社交能力、与人合作能力。只要与工作性质有关的才艺,都应在简历上写出来。这将有助于招聘单位评估求职者的所长与应聘工作的要求是否相符。

8. 证明文件

证明文件可以有效地成为客观评价的证据,求职者可以为简历中某一段经历提供证据,尤其可以把某种奖励或证明附在简历之后。

9. 推荐人

简历作者可以在简历最后列上一项推荐人,以表明自己在简历中介绍的情况是真实可信的,自己的品行和能力可以接受查询,某些人士可以对自己的情况予以介绍,提供证明，做出推荐。

在提供推荐人的姓名、头衔或职称时，有三点应注意：一是要获得他们的允许和承诺；二是要附上他们现在的而不是过去的通信地址、邮政编码、电话号码；三是要将该简历的复印件给他们各送一份，以便他们对简历所述有全面了解，能有的放矢地回答询问。

三、简历制作的基本技巧

编写简历的一个基本出发点，就是要使用人单位的人事主管在很短的时间内，能了解到求职者是否具备录用资格。因此，编写简历时必须有的放矢，充分展现个人优势，同时兼顾简洁扼要、得体适用等几个方面。

（1）充分调查研究所求职位的具体情况，做到有的放矢。简历的制作必须围绕求职岗位撰写。如申请市场专员岗位，可以在社会实践中做如下体现：

2009 年 11~12 月，为某知名企业做兼职促销员。

2010 年 4 月，为 Q 美发新产品的上市做前期市场调查。

2011 年 6 月，参与 B 食品企业 H 产品的市场推广策划。

（2）让用人单位能较为全面地了解求职者，保证简历真实、简洁。简历必须能让用人单位较为全面地了解毕业生的综合情况，目的是在 20 秒钟或更短的时间内，回答用人单位为什么要雇用你。但注意在全面介绍自己的同时应注意保持简历简洁，对一些与应聘岗位无关的信息要少写，空话、套话要避免。

（3）突出实习经历和特长，用数字体现亮点。用人单位一般不愿意录用没有社实习经验和特长的毕业生，因此，在描述你的实习经历时，要写明实习的单位、实习的岗位、从事具体的工作职责和任务及取得的业绩。在描述业绩时要尽量提供能够证明自己工作实习业绩的量化数据，如拓展了多少个新的市场客户，年销售业绩达到多少，每年完成了多少项目等。不管你负责什么工作，只有在你描述了做得怎样之后才会有意义。可以问问自己：需要我做的是什么？我是怎么做的？做得怎么样？我体现了什么价值？在描述社会实践时，要具体列出参加了什么社团或志愿者工作，任职状况及取得的各种荣誉与奖励。

（4）多次修改，确保不要出现任何拼写、语法、标点或者打印错误。如果基本的拼写或语法出现错误，那么用人单位会认为求职者连最基础的知识都不具备，因此这是完全不能容许的错误。简历做完以后请同学、友人或老师帮忙看一下是非常有效的办法：一是看有无拼写、语法、标点等方面错误；二是从构思的角度看有没有更合适、更恰当的表达方式。

（5）措辞达意，得体合适。简历与求职信一样，属于应用文体，措辞表意有习惯要求，行文时不应违背这些要求，而应该力求得体、合适。

（6）求职照片要清晰。求职前，拍摄一张合格的求职照片，把美好的形象充分地展现出来是非常重要的。但切记这张求职照片不能超出人们通常的审美标准，求职照片不能使用艺术照，而最好采用近期免冠证件照。

四、简历撰写注意事项

对于每一位求职者来说，一份好的简历便可能意味着成功的开始，它可以为自己争取到更多的机会，所以在创作简历时马虎不得。那么，应该准备一份怎样的简历才能令人过目难忘从而给招聘者留下良好印象呢？

其实，简历不一定非要追求与众不同，在创作简历时注意把握好以下几点，也可帮助求职者创作出一份精彩的个人简历。

（1）真实。简历最基本的要求就是真实。真实地记录和描述求职者在大学期间的成绩和经历，能够使阅读者对求职者产生信任感，而企业对于求职者最基本的要求就是诚实。企业阅历丰富的人事经理，对简历有敏锐的分析能力，遮遮掩掩或夸夸其谈终究会漏洞百出。

在创作简历时一些不甚明智的做法通常包括：故意遗漏某一段经历，造成履历不连贯；在工作业绩上弄虚作假；夸大所任职务的责权；隐瞒跳槽的真实原因，如将被迫辞职说成是领导无方，将公司倒闭描绘成怀才不遇等。其实任何一个有经验的招聘人员只要仔细阅读分析，便可轻松鉴别简历的真实性。所以，与其费尽心机，不如老老实实，只要有真才实学，总会有属于自己的机会。

（2）全面。简历的作用，在于使一个陌生人在很短的时间内了解求职者的基本情况，简历就像一个故事梗概，吸引读者继续看下去。因此要特别注意内容的完整性和全面性，以使对方对求职者有较全面的认识。

简历通常应当包括以下基本信息：姓名、年龄、性别、家庭住址及户口所在地、教育背景及学历、专业情况、外语水平、电脑水平、工作经历、培训经历、特长、业余爱好、简单的自我评价以及其他重要或特殊的须注明的经历、事项等，这些情况最好能有中外文对照说明。当然，千万不要忘记写明各种联系方式。

（3）简练。经常有求职者觉得简历越长越好，以为这样易于引起注意，结果却适得其反，淡化了招聘人员对主要内容的印象。招聘人员每天要面对大量的求职简历，工作非常忙，他们在粗略地进行第一次阅读和筛选时，花在每份简历上的时间不会超过1分钟。如果简历写得很长，难免导致阅读者缺乏耐心，这当然对求职者是很不利的。因为冗长啰嗦的简历不但让人觉得浪费时间，还会给人求职者做事不干练的印象。言简意赅、流畅简练、令人一目了然的简历，在哪里都是很受欢迎的，这也是对求职者工作能力最直接的反映。

（4）重点突出。不同的企业、不同的职位对求职者有不同的要求，求职者应当事先进行必要的分析，有针对性地设计准备简历。如果盲目地将一份标准版本简历用以应付每个单位的话，简历的效果会大打折扣。在前文所讲到的全面不是面面俱到，不分主次，而是要根据企业和职位的要求，巧妙突出自己的优势，给人留下鲜明深刻的印象。

（5）语言准确。不要使用拗口的语句和生僻的字词，更不要有病句、错别字。如有外文简历，那么使用外文时要特别注意避免出现拼写和语法错误。招聘人员考查应聘者的外语能力是从求职者的履历开始的。同时行文也要注意准确、规范，简历是实用型文体，句式以简明的短句为好，文风要朴实、沉稳、严肃，以叙述、说明为主，动辄引经据典、抒情议论是不可取的。

有的人写简历喜欢使用许多文学性的修饰语，例如，“大学毕业，我毅然走上工作岗位”“几年来勇挑重担，为了企业发展大计披星戴月，周末的深夜，常常还能看到办公室明亮的灯光。功夫不负有心人……”“虽然说：‘有则改之，无则加勉’，但领导无中生有的指责日甚一日，令我愤懑不已，心灰意冷，终挂印而去”，结尾还忘不了加上一句“我热切期待着一个大展宏图、共创辉煌未来的良机”之类的口号。这样的简历，只能让人一笑置之。

（6）评价客观。简历中通常都会涉及求职者对自己的评价，这类评价应当力求客观公正，包括行文中所表现出的语气，要做到八个字：诚恳、谦虚、自信、礼貌，这样会令招聘者对求职者的人品和素质留下良好的印象。同时，现在已经有越来越多的企业重视一个人的品行、开拓与合作精神等基本素质。倘若在众多高学历应聘者参与的激烈竞争中，这方面的因素则显得更为重要，也常常是因为这些非技能性的因素使最终的获胜者脱颖而出。总的来说，既不能妄自尊大，也不能妄自菲薄，这一点上，分寸的把握非常重要。

（7）版面美观。一份好的简历，除了以上内容方面的要求之外，版面设计也是一个非常重要的因素，是真正的“第一印象”。在排版时，要做到条理清楚，标识明显，段落不要过长，字体大小适中，排版端庄美观，疏密得当。排版时既不要为了节省纸张，显得拥挤而局促，令阅读者感到吃力；也不要出现某一页纸只有几行字，留下大片空白；还要注意版面不要太花哨，要有类似公函的风格，这也能体现出求职者的基本职业素养。

通常建议使用电脑打印文稿，如果求职者的字写得不错，不妨再附上一篇工整漂亮、简短的手写求职信，效果会更好。

（8）选用标准纸张。近年来，很多人士在打印书信与简历时，已普遍使用国际标准幅面 A4 型的纸张，颜色一般为白色，偶尔也用淡蓝或浅黄色，都不带横格、方格或底纹。

【个人简历范例】

个人简历（范例）

<table>
<tr><td>姓名</td><td>张三</td><td>性别</td><td>男</td><td>身高</td><td>160cm</td><td rowspan="4">照片</td></tr>
<tr><td>出生日期</td><td>1999 年 4 月 8 日</td><td>电话、邮箱、邮编</td><td colspan="3">0551-××××××××
123@ 126. com
541004</td></tr>
<tr><td>通信地址</td><td colspan="5">××市××路××大学 32 栋××室</td></tr>
<tr><td>毕业学校</td><td>××大学</td><td>毕业时间</td><td colspan="3">2020 年 7 月</td></tr>
<tr><td>求职意向</td><td colspan="6">在电子行业企事业单位从事通信技术开发工作、通信网络维护工作或英文翻译工作。</td></tr>
<tr><td>教育背景</td><td colspan="6">2016 年 9 月—2020 年 7 月就读于××学院电气工程系。
专业：通信工程。
主修课程：程控交换技术、光纤通信、移动通信、电磁场、通信电子电路、数字信号处理、数字电路、通信原理、电视原理、计算机网络工程、多媒体教程、C 语言、电子线路、电子测量等。</td></tr>
<tr><td>工作实习和社会实践经历</td><td colspan="6">1. 2016 年 7 月在桂林国际会展中心“2016 年国际电子展览会”上，为台湾世纪股份有限公司做软件产品展示员，介绍网络应用软件“沟通大师”和“沟通精灵”。
2. 2017 年 3—4 月，独立完成清华同方计算机有限公司技术培训教程。
3. Data Warehouse Introduction 的翻译工作。
4. 2017—2018 年担任学院校园网的维护员。
5. 2019 年在××公司实习，主要参与××工作。
6. 2018 年 7 月在合肥××汽车集团公司实习（参与生产自动化安装调试工作）</td></tr>
<tr><td>专业知识</td><td colspan="6">熟练掌握通信系统的基本原理、网络设计及有关技术，熟悉 GSM 系统、CDMA 无线通信系统、SDH，特别对移动通信 GPRS 技术进行了深入广泛的学习，能较好地运用相关知识，对移动数据通信新技术如 Bluetooth 等有一定的认识。</td></tr>
<tr><td>外语能力</td><td colspan="6">通过大学英语四级、六级考试。有较强的阅读、写作能力。
能阅读本专业技术资料，具备一定的听说读写能力。日语：曾接受 140 学时的学习和训练。</td></tr>
<tr><td>计算机操作能力</td><td colspan="6">全国计算机等级考试二级（C 语言）合格。
××地区计算机应用水平测试（C 语言）成绩优秀。
能熟练使用 Office 软件，如 Word、Excel、PowerPoint 等。熟练掌握动画软件 3ds Max。</td></tr>
<tr><td>特长爱好</td><td colspan="6">热爱体育运动，喜欢阅读，有一定的写作能力。</td></tr>
<tr><td>成绩和荣誉</td><td colspan="6">综合测评本专业第五名，学习成绩本专业第三名，平均分为 85. 4 分。
第一学年获校“优秀团员”称号和三等奖学金，第三学年被评为“三好学生”。</td></tr>
<tr><td>自我评价</td><td colspan="6">个性坚忍，能吃苦耐劳，工作认真，有突出的钻研开拓精神，为人热情乐观，兴趣广泛，适应性强，人际关系和睦。有较强的组织、协调能力，善于沟通，有良好的团队精神。</td></tr>
</table>

五、外文简历的写作

（一）部分国家对简历的要求

海外名企是许多求职者的首选。那么针对这些外企，我们的简历是否会有一些特别的禁忌呢？以下一些技巧及建议将帮助求职者尽量避免失误，增加成功机会。

英语国家：遵循严格的方式。

在英语国家（美国、英国、澳大利亚等），人们喜欢干脆利落，开门见山，因此求职者应在履历开头明确写出求职目标。同时他们喜欢求职者的语言富有生气且言之有理，因此，求职者应写上一些精确的信息、具体的时间以及体现求职者特定方面能力的具体数字等。当然写完所有这些，求职者的求职信内容仍然被期望在一页纸以内。

中国学生特别喜欢附上各种各样的证书以证明自己的能力，这一点在美国是可以被接受的，但所附证书一定要与求职者所申请的工作有关。在求职美国公司时，不要忘记在履历上尽可能详细地写明求职者的工作经验，所有可显示出你能力及社会实践经验的信息都将在美国公司的招聘中为你增加筹码。

最后，求职者最好在简历末尾写上：本人将在某一时间打电话给招聘者以确定是否可能得到面试机会。同时，在面试过后，千万不要忘记写信给面试人，对其接待了你表示感谢。他们对应聘人的做事方式及其求职的方式非常看重，对他们来讲，这些都能显示出求职者的工作能力。

欧洲国家：慎谈年龄。

在欧洲国家，人们非常看重年龄，认为某些职业是有年龄限制的。例如：求职者 60 岁时仍去申请销售一职，在欧洲几乎被认为是不可能的。因此，在参加欧洲国家的面试时，求职者在介绍年龄和经验时应当谨慎行事。另外，在有些欧洲国家会有一些特别的习惯，例如许多法国、意大利及德国企业内部流行笔迹测试，若求职者的求职信不是手写的，有些公司甚至拒绝阅读。

日本：切记“循规蹈矩”。

在日本，求职时最好在简历开头写上求职者的处世能力、性格特征、社会活动及体育运动特长。对于日本企业招聘人员来讲，他们喜欢那些从事过团体活动的人。同时，日本公司对求职者的教育背景是非常看重的。在应聘日本公司时，求职者最好在简历上最大限度地突出自己所接受的大学教育的细节。另一方面，如应聘日本公司，那么简历必须用日文书写，而千万不要选用英文。而且，日本公司喜欢按时间顺序书写的履历，甚至可以从小学写起。他们认为经验对于求职者而言是无关紧要的，因为这些可以在以后的工作中学到；他们强调的是求职者的合作精神而不是领导才能。在应聘日本公司时，口吻须尽量礼貌。

（二）英文简历写作注意事项

英文简历是进入外企的敲门砖，在与求职者见面前，外企招聘人员全凭简历上寥寥数语来判断你的能力。所以，在写英文简历时不能马虎，但是也不能啰啰唆唆。“简历”的英文为 resume，它源于法语，含有摘要、大概的意思。所以，在写作英文简历时应做到语言简练。对于求职者来讲，目的明确、语言简练是其简历行之有效的基础。如在教育背景中写相关课程时，不要为了拼凑篇幅，把所有的课程一股脑儿地都写上，而是应将你即将应聘的职位相关的课程罗列出来。

在写作英文简历时千万不能将简历应包含的各项内容的顺序弄颠倒。简历第一部分应包括求职者的姓名、性别、出生年月等，与中文简历大体一致。第二部分为教育背景，必须注意的是在英文简历中，求职者所受教育的时间排列顺序应从你的最高教育层次（学历）写起，至于低至何时，则无定论，这可根据个人实际情况安排。第三部分是工作经验，在时间排列顺序上也遵循由最近至过去这一规则，即从当前的工作情况写起，直至求职者的第一个工作岗位为止。在这一部分，求职者需要将所服务单位的名称、自身的职位、技能及工作效果明确体现出来。另外，欧美人很重视求职者的实际工作经验，所以，提及自己“工作时的培训”不失为一个聪明的做法。第四部分为所获奖励和作品，将自己所获奖项及发表过的作品列举一二，可以从另一方面证实自己的工作能力和取得的成绩。第五部分为自己感兴趣的领域。在这部分应将自己的工作意愿展示给潜在雇主，对于大多数求职者，尤其是从事技术工作的求职者，这一点是必不可少的。同时，随着分工越来越细，将工作能力与工作兴趣相结合，不仅是求职者的意愿，对雇主来讲，也同样具有积极的意义。

另外，大多数外企对英语（或其他语种）及计算机水平都有一定的要求，个人的语言水平、程度可在此单列说明。

六、电子简历

现在是一个计算机与网络技术高度发达的世界，所以求职者除了准备传统的纸质简历外，还应该准备一份电子简历。电子简历一共包括三种类型：一为可扫描的书面简历，它可以通过扫描仪器准确无误地生成一个计算机文件；二为电子邮件简历，它虽是一个普通的计算机文件，但其内容可以通过网络传送到世界各地而无须打印在纸上；三为多媒体简历，它采用多媒体格式把求职者的经历、成绩变得生动活泼。

如果求职者制作了一份精美的简历并将它邮递到可能接收求职者的单位，然而这家公司却使用一个计算机系统来扫描和处理他们所收到的这些简历，在那里有专人将这些简历扫描并转化为电子文档，并存储在电子简历数据库中，随之求职者的书面简历便被归档或被弃置一旁了。

如果求职者将简历传真到用人单位，很可能也会遭遇同样的情况。现在他们不再需要传真件，而是将它放到计算机预处理的文件队列中去，再由专人对这些简历进行确认并提炼出关键的信息资料或关键字存储进计算机数据库中。《财富》杂志公布的全球 500 强企业大多数每周要接收 1000 多份新简历。在过去，这些公司因为无法用人力跟踪如此众多的应聘者，因而匆匆看过一遍后有80%的简历被淘汰了。而今天有相当数量的中等规模的公司和几乎所有的国际大公司都在使用计算机扫描与跟踪系统。其他规模较小的公司也已开始使用简历服务公司来处理大量的简历。

为了满足用人单位用计算机处理简历的要求，现在很多毕业生在设计简历的时候也开始设计可扫描的简历来增加成功的机会。设计一份可以扫描的简历还须注意以下几点：

（1）避免使用一些不易为扫描仪辨识的字体。

（2）注意字体大小，尽量保持字迹清晰可辨。

（3）字与字之间不要粘连，以免改变单个字体的形态，影响辨识效果。

（4）避免使用反色框（黑底白字），这是扫描仪无法读出的。

（5）不要使用古怪的字符和图片，因为它们很多时候不为光学字符识别系统所辨识。

（6）用“百分比”等文字替代“%”等符号。

（7）利用空格、空行等来分开不同的部分，从而使识别顺畅，文件格式清晰。

在不影响字形的情况下，可以使用长的横线来分割不同的部分，有些光学字符识别系统可以识别它们。

七、电子邮件简历

当毕业生利用文字编辑软件将文字录入计算机，就是在制作一个“文件”或“文档”。当他存储了这个文件，这个文件就包含了特殊的排版编码信息，如：字体、页边距、行间距等。即使他没有特别地编辑求职者的文本，这些编辑器也会存储一些排版的信息，并且使用的也是编辑器本身的编码规则。这使得一些文件只能使用相应的编辑器程序或文本的格式转换程序才能阅读。

反之，他应该将文本存储为基本的文本文档。一个文本文档不含图片、特殊字符、图像页码或者粗体、斜体等信息，它只是一般的文字。如果打印出来，它看起来很单调，但是它与那些制作精美的简历一样，可以将工作经历描述得清清楚楚并得到一些公司的赏识。

在这种情况下，如果毕业生需要及时通过电子邮件的方式将简历发给用人单位，就不会因为一部扫描仪读错了简历信息而白白丧失应聘的机遇。当使用电子邮件发送简历时，应该将文件直接拷贝到邮件管理器的消息框中，而不要将文件以附件的形式附在电子邮件之后进行发送。这会使收简历者很快看到正文而不必再下载附加的文本和打开相应的编辑软件来读。

八、多媒体简历

如果一位计算机专业或艺术专业的毕业生懂得程序设计、网页制作或图形设计，那么一些图片、图形、动画或声音资料可能会对他求职有很大的帮助。所以，毕业生在求职时有必要根据自身优势制作一份多媒体简历以备求职所需。

当然，在这个计算机网络技术飞速发展的时代，求职者也应同时制作给人看的纸质简历和给计算机“看”的电子简历。但是，无论什么样的简历最终都是由人来查看。因此，简历的写作水平始终还是至关重要的因素。

【讨论与分享】

课堂讨论：制作电子求职材料应注意哪些细节？封面、求职信、个人简历、证明材料等应分别放在不同的文档里，还是应按顺序复制进同一个 WORD 文档中，或制作为 PDF 格式的求职材料？

本章要点回顾

本章主要介绍了求职招聘信息的搜集方法；成功求职文案的制作方法，包括求职信、求职简历等制作技巧。

思考与练习

1. 请尝试书写求职信、个人简历，并制作一份适合自身的求职材料。
2. 毕业生就业前需要搜集和分析的就业信息有哪些？
3. 案例分析

广撒网不如懂撒网

为了能在网上找到自己满意的工作，小桃用搜索引擎找到许多求职网站，上面有很多用人信息，按地区按工种都可查询，相当方便。小桃发简历时秉承“多多益善”的原则，对自己心仪的所有职位“全面发送”，觉得这样就可以增加保险系数，如果遇到特别中意的单位，在第一次发出简历没有面试消息后，她总会将简历重复发送几遍。一转眼，小桃上网求职已有一个多月，她每天都上网查看自己的电子邮件，但很长时间还是杳无音讯。

问题：为什么小桃花了一个多月，求职信息都杳无音信？

第六章

如何跨过求职考查之门

——大学生求职礼仪、面试和笔试技巧

本章导读

面试是走上工作岗位的必经关卡。面试时，很多人都非常在意自身的能力、素质，却忽略了一些细节，比如礼仪、着装技巧，但是往往这些小细节会直接影响到你的面试结果。据哈佛大学有关专家研究表明，人们在与陌生人交往时，一般在7~30秒就会将穿着、谈吐、举止不合格的人淘汰掉。俗话说“三分长相，七分打扮”，对于大学生求职者，做好面试的形象设计，掌握面试的技巧，向用人单位展示自己优雅的举止、良好的仪态，对跨过求职考查之门、取得求职成功具有重要的影响。本章主要从求职礼仪、面试技巧等方面进行分析，助力大学生跨过求职考查之门。

学习目标

1. 了解求职礼仪以及服饰礼仪
2. 掌握面试的沟通技巧
3. 掌握自我介绍的撰写
4. 了解笔试的概念、类型和技巧

第一节　求职礼仪

一、求职礼仪概述

（一）礼仪概念

礼仪的概念有广义和狭义之分。广义上的礼仪是人们在社会活动中的言行规范和待人接物的标志。狭义上的礼仪指的是政府机构中采取的行为、语言等规范。礼仪的核心是“尊敬”。礼仪是在社会生活中建立起来的行为准则，也是一种社会文化现象，是社会文明

的标志，是衡量一个国家或地区道德水准高低的尺度，也能反映社会的精神面貌和文化发展的程度。在大学生活中，礼仪也无处不在，它成为我们的生活习惯，展现了大学生的精神风貌。

礼仪的上述定义主要表达了以下三层意思：第一，礼仪是一种行为准则或规范，一个人要进入某一地域，就要对那里的风俗和行为规范有所了解，并按照这样的风俗和规范约束自己的言行；第二，礼仪准则或规范是人们约定俗成、共同认可的，在社会实践中，礼仪首先表现为一些不成文的规矩、习惯，然后才逐渐上升为大家认可的，可以用语言、文字、动作进行准确描述和规定的行为准则，并成为人们自觉学习和遵守的行为规范；第三，礼仪可以有效地发展施礼者和受礼者的修养、风度和魅力，它体现着一个人对他人和社会的认知水平、尊重程度，是一个人的学识、修养和价值的外在表现。一个人只有在尊重他人的前提下，才会被他人所尊重。人与人之间的和谐关系，也只有在这种相互尊重的过程中，才能逐步建立起来。

（二）礼仪的基本原则

文明社会给人们造就一种安定、和谐的气氛，使人们心情舒畅，这是因为在文明社会中，人们都注意遵守交往的基本礼仪准则。在不同的时间和场合，针对不同的对象，人们所采用的礼仪都有所不同。但其中所隐含的基本精神是一致的，即遵守公德、尊重他人、真诚、适度、守信。

（1）遵守公德。礼仪如果不同崇高的道德准则相联系，便不能实现其自身的主要目的——促使人们互相尊重。讲究礼仪是人们交往中互相尊重、联络感情、增进友谊的行为，也是一个人公共道德修养的外在表现。

（2）尊重他人。在交往中讲究礼仪，是为了表达对他人的尊重。人们都有满足物质生活的需要，但更有获得尊重的期望，而且人们一般对尊重自己的人有一种天然的亲和力和认同感。

（3）真诚。真诚是人与人相处的基本态度。真诚是一个人外在行为与内在道德的有机统一。在交往中必须做到诚心待人、心口如一，而不能虚情假意、心口不一。待人真诚的人会很快得到别人的信任，而与人交往表里不一、口是心非、缺乏真诚的人，即使在礼仪方面做得无可指责，最后还是不会得到别人的信任。在社交场合，并非每个人都能有优美的姿态、潇洒的风度、得体的谈吐。但是，只要能处处体现真诚，使你交往的每个人都能感到你所做的一切都是发自内心的，你的语言是真诚的，你就能赢得社交方面的成功。

（4）适度。适度是指在施行礼仪的过程中，必须熟悉礼仪准则和规范，保持人与人之间的距离，把握与特定环境相适应的人们彼此的感情尺度、行为尺度，建立和保持健康、良好、持久的人际关系。

遵循适度原则亦有多方面的要求。首先是感情适度。在与人交往时，既要彬彬有礼，又不能低三下四；既要热情大方，又不能轻浮。其次是谈吐适度。在与人交谈时，既要诚挚友好，又不能虚伪客套；既要坦率真诚，又不能言过其实。再就是举止适度。在与人相处时，既要优雅得体，又不能夸张造作；既要尊重风俗，又不能粗俗无礼。

(5) 守信。守信是指在交往中要讲真话，并遵守诺言。在交往中，一个讲信用的人能够前后一致、表里如一，言必信、行必果，不失信于人。

(三) 求职礼仪概念和内容

求职礼仪是礼仪的一种，是在求职过程中表现出来的礼节和仪式，是求职者申请岗位、面试、试用至试用结束期间涉及的商务礼仪。在求职时，得体的求职礼仪能体现大学生良好的素质和教养，对面试成功会起到至关重要的作用。

从现有大学生的求职情况分析，大学生求职过程中的求职礼仪主要包括服饰礼仪、行为举止礼仪、仪容礼仪、告别礼仪、电话礼仪等。

二、求职时的服饰礼仪

据国外求职专家调查，大约15%的招聘者把求职者的外表当成决定录用与否的重要因素。尽管人们清楚以貌取人之肤浅，但他们仍会固执地把这种录用标准放在一个并非次要的地位。因此，大学生在求职时应当有意识地打扮自己，修饰自己。一个人的相貌、身材等是很难改变的，但一个人的穿衣打扮经过努力却可以大为改观。

服饰是人的形体的外延，包括衣、裤、裙、帽、袜、手套等各种服饰。它们一同起着遮体御寒、美化人体的作用。服饰也是一种文化，它可以反映一个民族的文化素养、精神面貌和物质文明发展的程度；服饰又是一种“语言”，它能反映一个人的社会地位、文化修养，也能表现一个人对自己、对他人、对生活的态度。求职时，求职者的服饰会给应聘单位面试官留下非常重要的第一印象，俗话说“良好的开端等于成功的一半”，这句话用在求职上也很适合。所以我们要从服饰开始重视个人形象的塑造。

如何形成良好的第一印象

第一印象是人与人第一次接触后形成的印象，人与人之间的相互交往、人际关系的建立，往往是从第一印象开始的。第一印象是一种直觉。你的服饰、你的视线、你的态度，以及你的相貌、嗓音、说话频率和速度等，凡是能够用眼睛看到、用耳朵听到的信息，往往要比你所说的内容更为深刻。

心理学家研究认为，先出现的信息对总印象的形成具有较大的决定力。初次见面时对方的仪表、风度所给我们的最初印象，往往会成为日后交往时的依据。

影响第一印象的因素包括：

(1) 外貌与着装（占50%）：虽然美丽和魅力都很吸引人，但二者的内涵差异很大。

(2) 语气与声音（占40%）：音调、语气、语速、节奏都将影响第一印象的形成。

(3) 言谈与举止（占10%）：言谈举止是一个人精神面貌的体现。一个人的站、坐、走等姿势都应贯彻横平竖直的原则，这样看上去才有自信，才会给人以良好的第一印象。

（一）服饰礼仪概念及原则

服饰礼仪主要指着装要规范，要符合所处场合的要求。求职服饰礼仪的基本原则如下：

1. 整体性原则

服饰美的构成因素是多方面的，包括人的形体和内在气质，服饰的款式、色彩、质地、工艺及着装环境等。服饰美就是从多种因素的和谐统一中显现出来的。正确的着装，能起到修饰形体、容貌等的作用，形成一种和谐的整体美。所以面试的搭配要讲究服饰的款式、色彩、质地、工艺及着装环境、人的内在和外在气质等的和谐统一。

2. 个性化原则

着装的个性化原则，主要依人的性格、年龄、身材、气质、爱好、职业等要素，力求在外表上反映一个人的个性特征。而现代人的穿着风格主要讲求美观、实用、突出个性。因此，服饰也就呈现出越来越强的表现个性的趋势。例如：服装体现年龄的特征，也是着装是否得体的重要标志。一套深色的中山装，穿在中老年人身上，会显得成熟和稳重，而穿在年轻人身上，会显得老气横秋。

个性化服饰搭配小技巧

人瘦不能穿深色衣服，人胖不能穿浅色衣服；肤色较深的人穿浅色服装，会获得相对好的色彩效果；肤色较白的人穿深色服装，更能显出皮肤的细洁柔嫩；肩胛窄小的人，宜选有衬肩的衣服，以产生肩宽腰细的效果；腿较短的人，应选择上衣较短、裤筒长的服装；腿较粗的人，宜穿上下同宽的深色直筒裤、过膝的直筒裙，不宜穿太紧的裤子、太短的裙子；脖子修长的人，适合穿领较高的服装，腿短的人可选择无领或低领的款式。

3. TPO 原则

Time，代表时间、季节要求；Place，代表地点、场合要求；Object，代表目的、对象要求。TPO 原则是目前国际上公认的衣着标准。因此，求职者的着装要与时间、季节吻合，尤其要与所处的场合、所应聘的职位相符合。大学生在求职时会应聘不同的工种，不同的职位。那么衣着打扮也应随应聘职位的不同而变化。只有当我们遵循了这个原则的时候，服饰才是合乎礼仪的，才能给对方以尊敬、可信、可亲的感觉。例如：应聘教师岗位的求职者宜穿着简单、颜色素雅，这可以给人以稳重感，如果穿着花色艳丽、款式新奇的服装，容易分散学生的注意力；从事秘书或办公室工作的求职者，一般要求服装庄重、大方；从事公共关系、业务推销、导游工作的人员服装穿着要求醒目，给人留下深刻印象。

资料链接

根据工作性质来选择服装

目前社会行业的特性约可分为以下几种：传统保守的，如银行、证券金融业、保险业、律师、会计师、政府单位等；冲劲与耐力兼具的业务、营销类，如汽车经销商、房屋中介业等；劳力与脑力并重的重工业制造业、运输业等；另外是以创意为导向的流行类，如装潢设计、广告设计、服装设计等。

应聘者应该根据工作性质来选择不同的服装，如：应聘银行、政府部门，穿着应偏向传统正规；应聘广告和出版这些比较有创意性的企业，招聘者则希望求职者穿得不那么正规，最好是款式新颖并能反映求职者个性的服装；应聘公关、时尚杂志等企业，则可以适当地在服装上加些流行元素；除了应聘娱乐、影视、广告这类行业外，最好不要选择太突兀的穿着。

4. 整洁原则

任何情况下，服饰都应该是整洁的，不能沾有污渍。衣领和袖口尤其要注意，扣子等配件应齐全，衣服不能有绽线的地方，更不能有破洞。

5. 三色原则

正式场合所使用的服饰，配色的原则是：包括西服套装、衬衫、领带、腰带、鞋袜等在内的一切服饰不应超过三种颜色，否则在视觉上会有杂乱无章之感。

资料链接

假如面试时面试官质疑着装怎么办？

也许你准备了数十个回答来应对面试官的提问，可万万没有想到，面试官的第一个问题却是对你的着装提出了异议。是道歉还是解释？或是质疑对方的审美？不要觉得面试官太磨叽，面试官对你的第一印象就是企业对你的第一印象，如果你真的想加入这个团队，那请三思而后言。

对策：适当表示歉意，让面试官知道你很愿意接受他们的建议，甚至应试者也可以询问是否有必要重新安排面试，以表示自己虚心改进。如果你认为因为不适宜的着装影响了第一印象，得到该份工作的希望渺茫，应向面试官表示在未来的面试中都会注意着装，同时可以大胆请他们推荐相关领域的其他公司。面试官可能对你的表现大感意外，决定继续与你进行深入的交流与面试。

（二）男士求职服饰的搭配技巧

男士面试穿戴不必追求时尚或流行，只要简洁大方、颜色沉稳即可。一般男士面试着装有休闲服装、西装等。休闲服装一定要与休闲类的服饰来搭配，讲究上下统一，不要混着来组合。但比较正式、通用的男士着装一般以西服为主，所以下面主要分析男士求职面试西服的搭配技巧。

1. 男士西服搭配的“三三”原则

男士西服要穿着合体优雅、符合规范，要注意“三三”原则。

“三色”原理：要求男士的着装，从衬衣、领带、腰带到鞋袜，一般不应超过三种色彩。一般来说，服装的色彩在三种以内视觉效果比较和谐，色彩超过三种就显得杂乱无章，不够庄重。面试首选是蓝色，次选灰色，尽量避免穿纯黑色。如果一定要穿黑色，就选有暗色条纹或偏灰、偏蓝色的。即使是穿灰色或蓝色，也不是穿纯灰、纯蓝的，而是偏黑色的。

“三一”定律：指的是穿西装时，袜子、腰带和公文包应统一颜色。

“三不”原则：一是西服袖口不得有商标。指的是男士在正规场合穿西服套装要注意把西服衣袖口上的商标拆下。二是不能穿尼龙袜和白袜子。深色服装不得配白色的袜子，实际上，在商务礼仪中，白色袜子和尼龙丝袜都不可以和西装搭配，要穿深色的袜子，最好是黑色袜子。三是公文包不要有 Logo（商标），必须打领带。

2. 西服颜色选择和系扣技巧

西服的色彩一定要庄重，不能过于亮丽，正式场合西服的颜色以深色为主，如藏蓝色是求职面试和初入职场的男士首选的西服颜色。正式场合，以纯色西服为主，不适合有花纹和图案的西服。但是，不同身材、不同气质和肤色的人，在选择西装时，要注意和身材、比例和肤色的搭配。例如，身体比较矮小的男士不宜穿过肥和浅色的西装。

根据自己的体型、形象特点，找出适合自己的风格

体瘦的人，如果着深蓝色或中粗竖条的西装，会露出其纤细、瘦弱的缺憾，而穿米色、鼠灰色等暖色调，图案选用格子或人字斜纹的西装，就会显得较为丰满、强壮。

瘦高的人，宜穿双排扣或三件套西装，面料选用有质感和温暖感觉的，不要选用廓形细窄而锐利的套装。

体胖的人可穿深蓝、深灰、深咖啡色的西装，忌米色、银灰等颜色。如果是带图案的西装，宜用 0.5~2cm 的竖条。西装的款型可选用直线型的美国式，这会显得廓形锐利且苗条。双排四粒扣西装，可掩饰微挺的肚子。矮胖的人也可穿三件套，这样显不出身体的分割线，并且口袋里尽量不要装物品。高而胖的人，宜穿三粒扣的西装和单件西装，可以显得身材修长又不失潇洒。穿单件西装上衣时，宜穿深色上衣，配同色系的浅色长裤，这样既能掩饰缺点，又显得帅气十足。

选择好西服后，穿西服时，西服扣子的系法不容忽视，穿双排扣西服上衣时，所有衣扣均应系上；穿单排两粒扣西服上衣时，应系上面一粒衣扣；穿单排三粒或更多纽扣的西服上衣时，其最下面一粒衣扣可不系。也就是说，单排扣西服上衣最下面的一粒衣扣，一般都是不必系上的。穿单排扣西服上衣时，起身站立后应系扣，就座之后则可解开衣扣。

知识链接

正式场合男士服饰搭配小技巧

如何选择西装？

西装要保持同色配套，人们潜意识中往往对穿浅色上装的人投以更深的信任。

应聘传统的企业要选择比较传统的西装，而应聘比较有新鲜感的企业可以选择修身的西装。更正式的是三件套：上衣、西裤和马甲。两件套也可以，但衣裤要成套。

西装上衣：西服上衣袖子不能过长，应比衬衫袖短 1 厘米。西装口袋不要折开放东西。

西装裤子：长裤熨烫笔挺为好，长度以直立状态下裤脚遮盖住鞋跟的四分之三为佳。一般去参加重要公司的面试最好是穿七八成新的服装较自然妥帖，不宜穿新西装。西装胸袋放条装饰手帕看起来颇为别致。

身材粗壮的男子最适合单排扣上装，但尺寸要合身，可以稍小些，这样能突出胸部的厚实，但要注意掩饰腹部，注意随时扣上纽扣。应选用深色衣料，避免用浅色衣料。使用背带代替皮带可以使裤子保持自然，腰部不显突出，且不会使裤腰滑落。尖长领的直条纹衬衫是最合适的，但要系领带，这样别人不会注意你的腰围。

3. 衬衫的选择和搭配

与西装搭配的衬衫，要选择长袖的，以白色为最佳，也可以选择其他单色、浅色的衬衫；衬衫的袖子一般要比西服袖子长，衬衣袖口应露出 1 厘米左右，以放下手臂时刚好看不见为准，衣领应高出西装领 0.5 厘米，以保护西装衣领，增加美感。衬衫衣领和袖扣必须扣上；衬衫应该是硬领的，领子要干净、挺括；穿西服时不宜穿短袖衬衫、圆领衫、汗衫、羊毛衫，尤其别穿多件羊毛衫；买回衬衫后，第一次穿要熨烫平整；穿上衬衫后，要把衬衫放在裤子里，并且要有一定余量；一般衬衫内不再穿其他衣物。也不宜用 T 恤与西服搭配。

4. 领带的选择和搭配

领带与西装色彩的搭配：与西装搭配的领带，以低调的色调为主，讲究风格庄重，图案简洁大方，如果有图形以几何图形为主。在社交场合，蓝色、棕色、灰色等单色领带都可以选择，不要让自己的领带多于三种颜色，尽量不打浅色领带和颜色鲜艳的领带。一般来讲，黑色西服白色衬衫，多以搭配灰、蓝、绿色领带为佳；搭配蓝色西服白色衬衫，以蓝、胭脂红、橙黄色领带为佳。

领带尺寸要求：领带的宽度应大致和西装上衣延及胸前的翻领的宽度相似，如果领带比此标准宽，会给人比较老旧的感觉；领带的长度要在皮带扣上端，不要过长搭到裤子上，也不要过短，像条领巾；扎领带时领带都要放在衬衫领子里，系上衬衫上面第一粒扣后再系领带。

领带材质选择：领带的材质有真丝、亚麻、毛料、人造纤维等。面试时，最好选择佩戴一条容易打好领结，且能给人带来优雅感觉的纯真丝领带。如果佩戴亚麻领带，会令人感觉太随便，且容易起皱，一般比较适合夏天；毛料领带外观随便，打结困难；人造纤维领带有发光的特点，太亮了会显得不专业。

5. 其他

鞋子的搭配：求职时，可以选择与西装同色的皮鞋。一般情况下，包括在日常工作中，旅游鞋、凉鞋和休闲皮鞋都不能搭配西装。皮鞋每天都要打理，擦去灰尘，保持光洁。

除手表外，不宜佩戴其他首饰，如项链、耳环等，不要戴墨镜。随身可以带公文包，对求职的男性来说，黑色公文包为首选。

在面试场合，不要把西服上衣的袖子挽上去，也不要把西服裤子的裤腿挽起来。

总之，男士穿着西服的时候，一定要注意颜色、衣扣、袖口、鞋子、袜子等的协调。

资料链接

男士西服穿着十大禁忌

男士穿着西服，在社交、商务等场合是非常必要的，表示了对对方的重视，而且还显得自己非常讲礼貌。男士在穿着西服的时候，有十大禁忌一定要了解，否则很可能会出现败笔。

男士西服穿着十大禁忌：

(1) 忌西裤短，标准的西裤长度为裤管盖住皮鞋；

(2) 忌衬衫放在西裤外；

(3) 忌衬衫领子太大，领脖间存在空隙；

(4) 忌领带颜色刺目；

(5) 忌领带太短，一般领带长度应是领带尖盖住皮带扣；

(6) 忌不扣衬衫扣就佩戴领带；

(7) 忌西服上衣袖子过长，它应比衬衫袖短 1 厘米；

(8) 忌西服的上衣、裤子袋内鼓囊囊；

(9) 忌西服配运动鞋；

(10) 忌皮鞋和鞋带颜色不协调。

案例分析

有这样一位大学生，他在面试时穿了一身刚买的深色西装、一双黑色的皮鞋和一双白色的袜子，希望自己形象不俗，能给主试者留下良好的第一印象。但他不知自己违背了西装着装的基本规则。他虽然穿上了深色的西装和黑色的皮鞋，却不合时宜地以一双与前者反差过大的白色袜子同其搭配，而且在他所穿的西装上衣的左侧衣袖上，本当先行拆掉的商标，依旧赫然在目。本想给考官留下良好印象的这位大学生得到了相反的结果。

分析：大学生参加面试时，一定要注意一些细节问题。比如皮肤要洁净，指甲要及时修剪，头发要整洁，口腔要卫生，要有正确的站、坐、走相，服装要合时宜，鞋要擦干净，袜子与皮鞋的颜色最好一致，穿着皮鞋，不可以穿白袜等。这些细节都是体现大学生素质修养的，掌握了这些礼节，将有助于大学生求职的成功。

（三）女士求职服饰的搭配技巧

对于马上要进入职场的女士，求职时，在服装样式、颜色、鞋子、首饰等各方面都有一定的讲究。下面从几个方面进行分析。

1. 样式选择

大学校园里对服饰没有特殊要求，女生们常常习惯穿着卫衣、牛仔裤、T 恤、拖鞋、球鞋等。这些服饰在求职中是不宜出现的。作为马上要进入职场的女性，女大学生在求职时应着女士正装，以面料挺括、设计简洁的职业套装为主，以套裙为首选，要稳重大方，典雅协调。

2. 色彩要求

上衣和裙子要选择同一质地、同一面料的素色面料，比如白色、米色等，也可以选择深色，比如深蓝色、黑色或者选择其他相对协调的单色系服装。禁忌的颜色：粉色、花色等。全身要在三种颜色以内。不同的岗位面试对女性着装的要求不一样，需要应聘者根据应聘岗位特点来选择搭配服饰的颜色。例如，黑色比较传统稳重，适合金融、会计等岗位的面试着装；面试公关、秘书职位的女性可以穿稍微鲜艳的服饰，尤其以黄色服装较好，因为黄色通常表现出丰富的想象力和追求自我满足的心理，容易被主试人接受；应聘教师、工程师、干部等岗位，打扮就不能过分华丽、时髦，而应该选择庄重、素雅、大方的着装，以显示出稳重、文雅、严谨的职业形象；如果应聘导游、公关等岗位，就可以选择华美、时髦的着装，以表现活泼、热情的职业特点。

3. 衬衫的搭配

衬衫的搭配，面料以轻薄、柔软为主，可以选择样式简单、颜色单一的衬衫。白色翻领衬衫也是职场比较流行的选择。只要衬衫颜色不过于鲜艳，与套装、套裙色彩协调即可。

4. 鞋子搭配

与服饰配套的鞋子款式要以简单大方、包住脚趾的基本款为主，不可穿露趾鞋，如鱼嘴鞋、凉鞋等休闲鞋子；最好是有跟的皮鞋，皮鞋颜色以黑、白、棕色为宜，也可以穿与裤子或裙子颜色一致的浅色皮鞋，鞋跟不宜过高过细，4~6 厘米为宜（根据个人身高和穿着习惯来确定，个高不宜鞋跟太高），防止走路的时候出现意外。裤子的长度要盖住鞋面。

冬天穿靴子和套裙时，裙摆要长于靴端。

5. 袜子要求

穿裙装的女士，要穿连裤袜或长筒袜，丝袜无破损，颜色以肉色、黑色为主，要与套装、皮鞋颜色协调。行走、落座、站立时都不应让袜口露出来。

6. 首饰佩戴和公文包

女士求职时候戴首饰要符合身份，尽量保持“同质同色”，即首饰要使用同类材质、同一色系。应当注意不要过度奢华、复杂，数量尽可能少，也可以不戴首饰。一般不宜佩戴脚链、长吊坠耳环等饰物。戒指戴在不同手指上有不同的含义，因此佩戴戒指应注意传统和习惯，一般来说，戒指戴在食指上表示未婚；戴在中指上，表示正在热恋中；戴在无名指上，表示已经结婚或订婚；戴在小指上，表示自己独身；大拇指通常不戴戒指。公文包的样式要简洁，跟服装相搭配，可带一个有拉链的文件夹简历。不要有商标，更不要戴有广告字样的饰品。公文包或手提包带一个即可。

7. 丝巾搭配

选择丝巾时一定要注意与衣服的协调搭配。如花色丝巾可配素色衣服，而素色丝巾则适合艳丽的服装。丝巾有画龙点睛的妙用。蓝灰色服装往往会使面部发暗，如果配上一条色彩浓郁、风格热烈的尼龙丝巾，就能达到生气勃勃的效果。藏青色的西服应围一条纯白色丝巾，既能显托红唇黑眸，又能保持清爽如水的气质。

女士求职着装几大禁忌

忌过于时髦：现代女性对流行和时尚的追逐是可以理解的，毕竟爱美是人类的天性。但是求职时着装不宜过于时装化或不要盲目地去追求时髦，亮片、蕾丝、花边点缀要少。

忌过分随意：面试时一般不宜穿过分休闲的服饰，如T恤，再加上泛白的“破”牛仔裤，这样的着装就显得过分随意。不能短裤配短丝袜，也不能光着腿不穿袜子。

忌过分保守：虽然职场着装最好以黑、白、灰、蓝、咖啡色为主，但需要提醒大家，黑色虽然容易搭配其他颜色，但是如果运用得不够好，会给人一种沉闷、难以接近的感觉。所以，搭配服饰也不能太过保守。例如，穿一身黑裙，没有任何丝巾的搭配，会显得单调、保守。

忌过分生活化：很多服装虽然平时看起来非常出色，但是并不一定适合在上班时穿着。比如，冬天在羽绒服下穿慵懒厚重的毛衣固然舒适温馨，但并不适合在求职时穿着。因为这样的装扮看起来居家的味道太浓，显得人不精神。

忌配饰乱用：配饰在整个服装的搭配中能起到画龙点睛的作用，但是如果这个“睛”点得不好，反而会起到反作用。一般来讲，职场配饰有一个原则，那就是尽量简单。例如太长、太大的耳环就不适合在求职时佩戴；眼镜可以体现人的知性，但容易降低求职者的亲和力；手提包大小一定要合适，切勿将手提包塞得满满的；永远不要把旅游鞋穿进求职现场，那样会使你显得很不专业。

面试穿错了风格怎么办

俗话说，人算不如天算。当你费尽心机把自己打扮得相当职业化，满怀信心地走到应聘公司门口，却发现，公司进出的员工每个人都是一身“乔布斯”打扮，牛仔裤、T恤衫、板鞋，你的正装在此时显得格格不入，仿佛生来就不属于这个公司一般。那还有补救的措施吗？当然有！

对策：男性，解下领带，解开领口第一粒纽扣，脱去正装外套，放松自己的身板；女性，解下显得太过优雅的首饰——包括耳环、项链等，如果有时间，可以去洗手间迅速修改一下妆容，卸去正式的化妆，头发也可以稍微自然一些。

专家提醒，参加面试，宁可着装偏正式，也不要过于休闲。如果无法通过上述途径将正式着装迅速变为休闲着装，友好和平易近人的态度也能以不变应万变。

面试着装中一些可能的问题及补救

1. 舌钉、眉钉等人体穿孔艺术

风险系数：★★★★★

拯救方法：拯救无能，最好不要冒此风险。

2. 大面积染发

风险系数：★★★★

拯救方法：女生可以盘发或是束发，从视觉上缩小出染的颜色。此外戴帽子也是遮盖的方法。

3. 头皮屑超多

风险系数：★★★

拯救方法：提前一天清洗头发；不选深色衣服；面试前去洗手间检查，弄干净；女生可以用浅色围巾围一下，既是修饰又可以使头皮屑不显眼。

4. 头发天生凌乱似草

风险系数：★★

拯救方法：男生最好出门前用不带香味的定型剂略定型（过量会显油头粉面），或者在面试前进洗手间用略蘸水的梳子梳一下；女生最好用发绳发夹对头发进行约束，以干净为主。

5. 闪亮亮的美甲

风险系数：★★

拯救方法：面试时两手的动作不能过多，两手可以放在膝盖上不引起注意。

6. 文身

风险系数：★★~★★★（视文身面积及位置定）

拯救方法：用另外一件大众型配饰掩盖一下，或者尽量穿可以掩盖文身的服装。

俗话说“人靠衣装马靠鞍”，服装在我们日常生活中扮演着十分重要的角色。不同的场合着装的要求也有所不同，着装一定要合乎场景规范，这样才能穿出品位，穿出个性。

在各种正式场合，注重个人着装的人能体现仪表美，增加交际魅力，给人留下良好的印象。从某种意义上讲，一个人的服饰品位与格调是其道德情操、审美情趣、受教育程度以及自觉自律能力的标志。对于去面试的大学毕业生，得体的着装也是非常重要的。

活动设计

面试着装礼仪知多少

1. 分小组讨论在不同面试场合面试的着装要求。
2. 每一个小组选择一位着装最正式的同学上台进行展示。
3. 上台的同学分析自己的着装正式在哪里？自己的着装适合在什么场合进行面试？

三、求职时的行为举止礼仪

大学生在求职期间，会在各种场合与招聘单位人员接触，除注意服饰礼仪外，还应注意行为举止礼仪。行为举止礼仪体现着一个人的修养和风度，粗俗习气的行为举止，会使一个人失去亲和力，而稳重大方则会受到人们的普遍欢迎。在陌生的主考人面前，站、坐、立、行等动作姿势正确雅观、成熟庄重，不仅可以反映出大学生特有的气质，而且能给人以有教养、有知识、有礼貌的印象，从而获得别人的喜爱。因此，面试时，大学生求职者要时刻保持诚恳的态度，注意身体语言传递的信息。

（一）站姿

俗话说“站有站相”。站姿又称为立姿，即站立的姿势。在人际交往中，站姿是一个人全部仪态的根本。人们常言“站如松”，是指人的站姿要像松树一样端直挺拔。这是一种静态美。正确、优雅的站姿会给面试官以挺拔笔直、舒展大方、精力充沛、积极向上的印象。

站姿的基本要领：站立时应当抬头，颈挺直，下颌微收，嘴唇微闭，双眼平视前方，表情自然，面带微笑；两肩放松，手臂自然下垂，双手交叉置于体前；身体挺拔，身体与地面垂直，重心放在两个前脚掌上，挺胸、收腹、立腰。双腿贴紧立直，脚尖分开，脚跟并拢，身体重心放在两脚中间；男士可以两脚分开与肩同宽，女士可以站成丁字步，这样的站姿会给人留下一种端庄稳重的印象。与人交谈时，可以采用轻松的站姿，双脚可以前后交叉，或左右开立背部挺直。

站立时不要低头、歪脖、含胸、扭腰，不要耸肩驼背，也不要把脚伸出很远；站立时不要左摇右晃，不要倚靠门或墙，两脚间距离不要大过肩宽；不要将手插在裤袋里或交叉在胸前，更不要下意识地做些小动作，那样容易给人留下轻浮、不重视的印象。站立与人交谈时要保持一定距离，不要太远也不要太近。

（二）走姿

行走也是求职场合比较重要的举止之一。男士走路矫健、挺拔，女士走路优雅、稳重都能给人以美的享受，留下良好的印象。规范的走姿要注意：一是头正，两眼目视前方，嘴唇微闭，表情自然，面带微笑。二是肩平，双臂前后自然摆动，幅度适中，两脚落地距离大约为一个脚长；收腹、挺胸，提臀，重心稍向前倾，脚跟先着地，步速平稳。女士穿套裙走路时，脚印应成一条线；男士走路，脚印可以是两条平行线。

走路时没有特别的紧急情况发生，不要过快，步伐不要过大，更不要跑。走路时要防止“外八字”和“内八字”，不要低头驼背，不要左摇右晃，不要扭腰摆臀，不要擦着地面走。上下楼梯和在走廊里行走时，要靠右侧通行；多人行走时，不要排横排，以免影响他人走路。

趣味百科

横平竖直

一个人的站、坐、走等姿势都应贯彻横平竖直的原则，这样看上去才有自信和有荣誉感。所谓横平竖直的原则就是：

长轴越长越好（让自己的身体尽可能伸直挺拔）；

横轴越宽越好（让自己的胸部平展得越宽越好）；

前后轴越短越好（让自己的尾部和腹部收进去）。

（三）坐姿

“坐有坐相”。坐在主考人员指定的座位上，不要挪动已经安排好的椅子的位置。入坐时动作要轻，不要发出响声；端坐在椅子上，身体略向前倾，上半身挺直，双肩放平，两手放在两腿上，头平正，目光平视（这样既可发声响亮、中气足，令人觉得你有朝气，又可表现出你对主考人感兴趣、尊敬）。男士两腿平放，小腿垂直于地面；女士要双膝并拢，小腿垂直于地面，两脚保持小丁字步，也可以双脚并拢侧向一面斜放。女士如果穿裙装，落座时要用双手从后边把裙子从上往下拢一下。落座后，有靠背的椅子一般坐椅子的三分之二位置，不要紧靠椅背，不要瘫坐在椅子上，这样会显得很懒散，更不要跷二郎腿。不要抖脚尖，更不可用脚尖挑鞋晃动。在基本坐姿的基础上，男士还可以采用前交叉式、前伸式、重叠式等坐姿；女士还可以采用前交叉式、后点式、侧挂式等坐姿。

知识链接

良好坐姿十四禁忌

坐时不可前倾后仰，或歪歪扭扭。

双腿不可过于叉开，或长长地伸出。

坐下后不可随意挪动椅子。

不可将大腿并拢，小腿分开，或双手放于臀部下面。

不要高架“二郎腿”或“十字型腿”。

腿、脚不要不停抖动。

不要猛坐猛起。

与人谈话时不要用手支着下巴。

坐沙发时不应太靠里面，不能呈后仰状态。

双手不要放在两腿中间。

脚尖不要指向他人。

不要脚跟落地，脚尖离地。

不要双手撑椅。

不要把脚架在椅子或沙发扶手上，或架在茶几上。

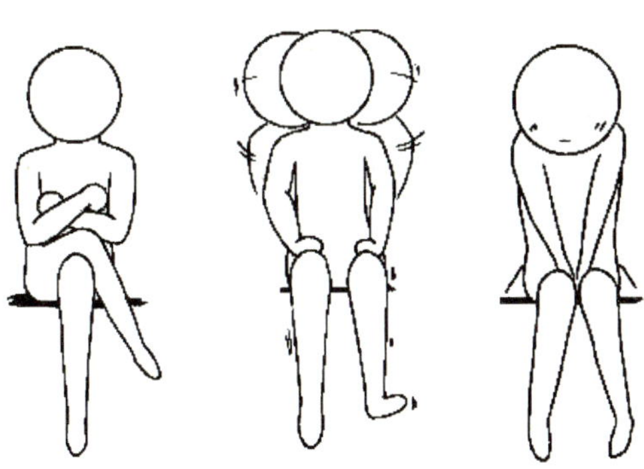

图 6-1　错误坐姿示意

课堂讨论：说说图 6-1 中的坐姿有什么问题？

【课题练习】

你的姿势正确吗？

1. 请几位同学上台示范面试时的站姿和坐姿。
2. 讨论示范同学的坐姿和站姿是否正确。

（四）蹲姿

规范的蹲姿是左脚在前右脚在后向下蹲，左小腿垂直于地面，全脚掌着地，右脚跟抬起来，前脚掌着地，左膝高于右膝，以左脚支撑全身。女士下蹲时要靠紧大腿。侧向一边，膝盖不要分开，那样影响美观，女士穿裙子时也容易走光。

（五）手势

手势是人们常用的肢体语言，恰当的手势能增加语言的力度，丰富表达内容。在面试中，可以加入一些手势，但手势宜少不宜多，更不要伸出食指对他人指指点点，否则会给人留下装腔作势、缺乏涵养的感觉。规范的手势是手掌自然伸直，手指并拢，拇指稍微分开，掌心向上，根据表达的需要进行摆动。面试时，不能反复摆弄自己的手，这样往往会给人一种无聊的感觉，让人难以接受。在交际活动中，有些手势会让人反感，严重影响形象。比如当众搔头皮、掏耳朵、抠鼻子、咬指甲、手在桌上乱写乱画等。

（六）握手

两人相向，握手为礼，是当今世界最为流行的礼节。与人相识、相见、祝贺、感谢、告别都可使用握手礼。在求职活动的面试中或现场招聘会上，与招聘人员见面时最常用的礼节也是握手礼。握手不仅能沟通情感，也有助于树立自身良好的形象。握手的标准姿势是：行礼时行至距握手对象约一步处，双腿立正，上身略向前倾，伸出右手，四指并拢，拇指张开，并且神态专注、热情、友好、自然，面带笑意、目视对方双眼，与对方握手。与人握手时，应当说问候语，如说“您好”“欢迎您”“见到您很荣幸”“见到您很高兴”之类热情致意的话。

一般握手的顺序是主人、长辈、上司、女士主动伸出手，客人、晚辈、下属、男士再相迎握手。长辈与晚辈之间，长辈伸手后，晚辈才能伸手相握；上下级之间，上级伸手后，下级才能接握；主人与客人之间，主人宜主动伸手；男女之间，女方伸出手后，男方才能伸手。如果遇到对方已经伸手要握手的情况，无论双方是什么身份，都要回握，以显示礼貌。

知识链接

握手时的注意事项

1. 无论男女只有在对方要求握手时，才可把手伸出。而且在握手的同时，男女都要轻轻点头、鞠躬致意。

2. 主人、上级或女士，先伸手与人相握。

3. 女士面对男面试官，如果在 1 米之内对方没有握手的意思，不要主动伸手。

4. 握手时保持适当的目光接触，时间控制在 3 秒以内。

5. 不要坐着和对方握手，不要戴手套与人握手。不要在握手时另一只手依然拿着简历，或插在口袋里。

6. 不要在握手后有意无意地擦自己的手掌。

7. 一般情况下，女性和别人握手时，不要紧握对方手掌，只需轻握即可。

握手时的几大禁忌

在日常交往中，握手虽然司空见惯，但是由于它可被用来传递多种信息，因此在行握手礼时应努力做到合乎规范，并且避免下述失礼的禁忌：

不要用左手与他人握手；

不要在握手时争先恐后，而应当遵守顺序，依次而行；

不要在握手时戴手套；

不要在握手时将另一只手插在衣袋里或另一只手依旧拿着东西不肯放下；

不要在握手时面无表情，不置一词，好像无视对方的存在，只为应付；

不要在握手时长篇大论或点头哈腰，滥用热情，显得过分客套；

不要在握手时紧紧握住对方的手指头，好像刻意与对方保持距离；

不要用肮脏不洁的手与他人相握；

不要在与别人握手后，立即揩拭自己的手掌，好像与对方握一下手就会受到“污染”似的；

不要拒绝与他人握手，在任何情况下都不能这么做。

（七）称呼

在求职过程中，免不了要使用一定的称呼。在面试时，选择正确、适当的称呼，可以反映出自身的教养及对对方的尊敬程度，甚至还体现着双方关系发展所达到的程度和社会风尚。在实际求职中，主要有以下几种称呼。

（1）一般称呼。如先生、小姐、女士、同志等。年长的女性可以通称女士。

（2）职务称呼。对有官衔或职务的面试官以此称呼显得特别尊敬，如李局长、吴经理等。按照我国的礼仪惯例，称呼副职时一般不说“副”字。

称呼禁忌。如错误称呼、不通行的称呼、不当的称呼、庸俗的称呼等。常见的错误称呼主要包括误读和误会。误读是指错误地称呼了对方的姓名。为了避免这种情况的发生，对于不认识的字，事先要有所准备，如果是临时遇到，就要谦虚请教，不要想当然地误读，造成不必要的误会。误会是指对对方的年纪、辈分、婚否以及与其他人的关系做出了错误判断。例如，将未婚的妇女称为夫人，就属于误会。有些称呼在求职等正式场合不适合使用。例如，兄弟、哥们儿等称呼，虽然听起来亲切，但显得档次不高。

（八）微笑和目光

“笑眯眯”的人总是有其魅力，面带微笑是通用的求职沟通情感的手段。在与招聘单位接触时，尽可能保持微笑，脸上露出愉快的表情，目光柔和地落在对方脸上来表达友好、赞同或赞美等；与人说话时不要左顾右盼，不要低头。对方说话时要有所反应，可以用点头来表示对对方谈话内容的认可。应试者在面试过程中，应轻松自然、镇定自若，给人以和悦、清爽的感觉。需要注意：

（1）进门时要表现得自然，不要紧张或慌张；

（2）面试时要始终面带笑容，谦恭和气；

（3）不要无缘无故皱眉头或毫无表情；

（4）不要直盯对方，也不要以眼瞟人、漫不经心，眼光宜落在主考人的鼻子上为佳，这样既保持了接触又避免了不礼貌的直盯；

（5）对方提问时，不要左顾右盼，否则主考人会误认为你缺乏诚心和兴趣，切忌面带疲倦，哈欠连天，面试前一天一定要保持睡眠充足；

（6）不要窥视主考人员的桌子、稿纸和笔记；

（7）面试顺利时，不要喜出望外，拍手叫好；

（8）作为应试者，不仅要时时注意主考人员在说什么，而且也要注意主考人员的表情有哪些变化，以便能准确地把握住说话者的思想感情；

（9）为了吸引听者的注意力，使言谈显有声有色和增强感染力，在说话中可以适当加一些手势，但动作不要过大，更不要手舞足蹈和用手指指认；

（10）在说话时切不可面露低声下气的表情，企图以鄙薄自己来取悦于对方。这样做只能降低自己的人格，只有抱不卑不亢的态度才能获得对方的信任。

友善得体的眼神交流

交流中你的目光要不时注视着对方。国外的礼仪书上往往精确到要看到对方鼻梁上某个位置或眼镜下多少毫米，这有点过于精准，笼统地说“看着对方的眼部”就行了。但是，万万不可目光呆滞地死盯着别人看，这样会让他以为你对他“满怀深情”或是和他有什么“深仇大恨”，让他感到很不舒服。如果有不只一个人在场，你说话的时候要经常用目光扫视一下其他人，以示尊重和平等。

四、求职时的仪容礼仪

仪容礼仪就是通过修饰仪容仪表来表达对别人的尊重的礼节。仪容礼仪是个人形象设计的重要组成部分，通常是指人的外观、外貌，如头发、面部、手等人体不着装的部位。具体仪表细节包括鼻孔、鼻头、耳背、齿缝、口气、嘴唇、脸部、皮肤、头发、指甲和体味等。根据首轮效应原则，仪容是第一印象的重要部分，所以掌握准确的仪容礼仪对求职成功具有非常重要的影响。

（一）男士求职仪容礼仪

男士要通过仪容仪表传递专业和值得信赖的印象，因此不要打扮得过于花哨，男士形象最重要的一点就是清洁度。

男士求职头发。发型要与所聘职业相协调，头发要保持干净，不要有头皮屑，不要有油，不要太长，也不宜太短，不烫发，不染发。一般情况下，我们在学校里常提的“前不覆额，后不蔽领，侧不过耳”，也适用于求职期间的发型。

脸部修饰。男士在正式场合要把胡子刮干净；眉毛不要修饰，保持自然形状；要定期检查自己的鼻毛是否过长，如过长应用小剪刀剪短，保持清洁卫生。

手。有人说“手是人的第二张脸”。要随时清洗自己的手，要经常清理指甲，但修剪指甲不要在公众场合。另外，不要有纹身；不宜用香味浓郁的香水；面试时要保持口无异味，牙齿清洁，无食物残留。

（二）女士求职仪容礼仪

面试发型。求职时发型要得体，美观大方，长度适中，不染发，忌散发。面试前一个星期修理发型，发型不要过于前卫或复杂。发型要适合自己，可根据自己的脸型来确定。

夏天天气炎热，可留凉爽、舒畅的短发，如果是长发，则可以梳辫子或将头发盘起。由于多数人夏天面部油脂分泌都很旺盛，而额前的头发过多往往容易使热量不便于散发，反过来更加使得面部泛油光。因此，夏季的发型一定要考虑前额、两颊的头发不能留得过多，应尽量把头发向后向内梳理。同时，搭配一个浅色的上衣领，能够把脸部衬托得光亮鲜活。

冬天人们的衣着较厚，衣领高，留长发既美观又保暖。在冬季刮风较多的地方，参加面试前最好用帽子、头巾或者发带把头发束缚起来，等到达面试地点前，利用上卫生间的机会放松、顺滑一下头发，以免被风吹乱秀发。

化妆。重要场合化妆是表达对他人的尊重。对于女性求职者，化妆一定要坚持素、淡的原则，要自然、起到美化作用，点到为止，切忌浓妆艳抹。注意不要当众补妆，可以利用洗手间、楼梯间等地方，女士化妆一般要避开男士。

香水。不宜过浓，以清新的花香和水果香味最好。

手指甲。指甲不宜过长，不宜涂颜色鲜艳的指甲油，肉色、透明色为最佳。

让自己的仪容仪表符合职场要求，除了进行修饰外，还要通过参加适度的体育锻炼、保证充足睡眠和保持良好的心态来实现。

图解面试着装和仪容礼仪

图 6-2　合格的面试着装

不及格的面试着装：男士领口、袖口肮脏；衣服纽扣没扣好或掉了；裤子拉链忘记拉；领带歪斜、有皱褶；穿着随便。女性的内衣外露出来；丝袜或袜子破掉；衣服或裙边有脱线；衣服不洁，有污渍或破洞。蓬头垢面；睡眠不足、面色蜡黄发青；男生胡子没刮干净或留胡须，耍艺术家派头；抹过多的发油，令人有不洁感；鼻毛过长，露出鼻孔；指甲留太长或藏污纳垢；擦太浓的香水或古龙水；一身烟味；眼角有眼屎；嘴角、牙齿或脸上有食物残渣。

预防潜在囧事

吃过重口味食物吗？面试前可吃一粒薄荷糖，但务必在进入面试场所前吃完它。

手汗厉害吗？为了避免面试官和你握手时感到不适，请去洗手间清洁双手。如果女生有用护手霜的习惯的话，请尽量不要用过于油腻的护手霜，以免对方以为你刚吃好一个葱油饼。

头发凌乱吗？请借助镜子、玻璃、手机屏幕等工具，确认你的头发还保持着良好的发型。当然，在确认的同时，请不要动作过于夸大，生怕全世界都不知道你正在打理头发。

笑容还 OK 吗？如果你笑起来不难看，请用灿烂的微笑展示你的自信，如果你对自己的笑并不看好，请轻抿双唇，嘴角微扬就可以了。

五、面试时的告别礼仪

当双方的意愿都表达得差不多时，毕业生听到主考官说“今天就谈到这里”“你的情况我们已经了解了。你知道，在做出最后决定之前，我们还要面试几位申请人”“我很感谢你对我们公司这项工作的关注”“谢谢你对我们招聘工作的关心。我们一旦做出决定，就会立即通知你”等话语时，就可以主动告辞了，告辞时要注意礼貌。还要注意以下几点：

（1）如果被录用也不用过分惊喜，应向主考官表示感谢，希望今后合作愉快。

（2）若结果未知，则应再次强调你对应聘工作的热情，并感谢对方抽时间与你交谈。

（3）表示与主考官们的交谈获益匪浅，并希望今后能有机会再次得到对方进步的指导，有可能的话，可约定下次见面的时间。

（4）切忌言词过分。不要使用“拜托你啦”“请多关照”这些词句，以免使对方感到你实力不足。

（5）失聘不失态。即使在求职无望的情况下，也应及时结束谈话，而不应申辩理由，强行“推销”自己。最后，都应面带微笑，感谢考官花时间与你面谈，光荣撤退，这样才真正不失体面。

面试结束后的两三天内，最好给主考官打个电话或写封信表示感谢。

（6）打电话。打电话表示感谢可以在面试后的一两天之内，不妨给主考官打个电话表示感谢。电话感谢要简短，最好不要超过 3 分钟，电话里不要询问面试结果。因为这个电话仅仅是为了表现你的礼貌和让对方加深对你的印象而已。要考虑在合适的时间内打电话。

（7）写面试感谢信。主考官对面试人的记忆是短暂的。感谢信是你最后的机会，它能使你显得与其他求职者有所不同。面试感谢信包括电子邮件和书面感谢信。如果平时是通过电子邮件的途径和公司联系的话，那么在面试结束后，发一封电子感谢信，是既方便又得体的方式。

但大多的情况下还是写书面感谢信，特别是在面试的公司非常传统的情况下，更应如此。书面感谢信最好用白色的 A4 纸，字的颜色要求是黑色。内容要简洁，最好不要超过一页纸。在书写方式上有手写和打字两种。打印出来的感谢信较为标准化，表示你熟悉商业环境和运作模式，但有时难免给人留下千篇一律的印象。如果想与众不同，或是想对某位给予你特别帮助的主考官表示感谢，手写是最好的方式，这个前提是你的字要写得比较正规且好辨认。感谢信必须是写给某个具体负责人的，你应该知道他的姓名，不可以写“负责人、部门负责人”等之类的模糊收件人。

感谢信的开头应提及你的姓名及简单情况，以及面试的时间，并对主考官表示感谢。中间部分要重申你对该公司、该职位的兴趣，或增加一些对求职成功有用的新内容。结尾可以表示你对能得到这份工作的迫切心情，以及为公司的发展壮大做贡献的决心。

六、求职时的电话礼仪

电话是现代人进行沟通的重要方式之一。在求职过程中，求职者经常需要通过电话来与招聘单位的相关人员进行沟通和联系，通过电话，求职者可以将自己的良好形象展示出去。通过电话与用人单位进行沟通、交流，求职者可以为自己争取到更多的就业机会，这也使得电话在求职活动中的作用越来越大。因此，求职者非常有必要掌握一些电话的接听技巧，以提高自己在招聘人员心目中的印象分。

(1) 接电话的礼仪。在接听来电的过程中，应掌握以下几点礼仪和技巧：左手持听筒，右手拿笔，主动报出自己的姓名，确认来电者身份及姓名，注意语言和语气，复诵来电要点，最后道谢，让对方先挂断。

(2) 打电话礼仪。确定如何称呼对方、对方电话号码是否有误等。确定对方尊称和电话号码之后，求职人员应该主动报上自己的姓名，以便让对方大致了解打这通电话的是什么人、具体是为了什么事情，复诵重要事项和电话号码，是避免出错的必不可少的一个步骤。在通话过程中，要始终专心应答，千万不要说得词不达意。

(3) 电话礼仪要注意的方面。一是打和接听电话的语气要柔和可亲，声音要悦耳动听。语音语调的柔和悦耳，首先取决于说话人的态度和心情，要有尊重别人、注重形象和竭诚服务的意识观念，有这样的积极态度，语气自然会亲切柔和。其次，取决于对声音的有意识训练，吐字清楚，声音洪亮，音调稍高，反应机敏。避免语气低沉，懒散带拖腔和生硬。二是要主动、有序、耐心。所谓主动，即不要让电话铃声响得太久，应在响一两次之后迅速拿起，如确有不便而晚接，应说："对不起，让您久等了。"所谓有序，即目的明确，事由排列有序，必要的寒暄，事情概要，具体细节简洁明了。所谓耐心，表现在谁先挂电话上，一般是面试单位先挂。

进行电话求职时应当注意，早上刚上班和下午准备要下班这两个时间段，通常都是单位中最忙碌的时候，打电话时要注意避开这两个时段，通话后要礼貌地向对方打招呼，比如"我有几个问题想要请教，请问您现在方便吗"，以免干扰对方工作，留下不佳的印象。另外，打电话时应在安静的场所，如果是使用公共电话，要特别注意周围环境。因为在嘈杂的环境中，除了听不清楚对方所说的话之外，也会让人焦躁，所以，打电话时定要慎选场所，以免失礼。此外，要注意控制通话时间，尤其是要控制自我介绍的时间，力争在2分钟内将自己的情况向用人单位介绍清楚。

总之，在面试时，适当包装自己，注意求职面试礼仪，在求职过程中可能会起到令人意想不到的效果，这点尤其应该引起大学生们的注意。大学生在求职时，应该特别留意有关人际交往的基本礼仪规范，只有这样，才能充分传递出当代大学生良好的精神风貌，增加应聘成功的可能性。当然，良好的礼仪规范不可能轻而易举地养成，往往需要经过长期的积累和平时在生活、学习中加以约束和规范，日积月累，才能养成良好的人际交往礼仪，从而成为表里如一、内外皆秀的有用人才。

第二节　面试沟通技巧

面试是众多用人单位考核求职者综合素质的重要手段之一，大学生毕业求职时，多数用人单位都会提出面试的要求。在大学毕业生求职的几个环节中，面试也是难度最大的，尤其是对那些初入职场的应届本科毕业生来说。有很多毕业生顺利通过了简历、笔试关，最后却在面试环节铩羽而归。面试其实是求职者与面试官之间的一场围绕着求职者是否能够胜任某个岗位而展开的沟通，求职者只要能在这场沟通中有效介绍自己，沉着应对面试官的提问，能根据岗位需求和应聘单位情况提出高质量的问题，面试很可能会由最初想象的被动问答变为主动展示自我的机会。

一、面试概述

（一）面试概念

面试是供需双方相互了解的过程，是经过精心设计，以交谈与观察为主要手段，以了解求职者有关信息为目的的一种测评方式。面试要求求职者在规定的时间、地点接受用人单位面对面的测试，是择业过程中的重要环节。通过面对面的沟通、交流，用人单位可以了解大学生的表达能力，思维能力，处事能力，仪容仪表，以及对一些问题的看法和其他一些不能通过笔试反映出来的综合素质。由于面试与笔试相比具有更大的灵活性和综合性，所以许多用人单位更愿意用这种方式来深入了解求职者。

（二）面试形式

为提高面试的效果，目前不少用人单位采取以下几种面试类型。

1. 结构化面试

也称标准化面试，是根据特定职位的胜任特征要求，运用制定的评价指标，特定的问题、评价方法和评价标准，严格遵循特定程序，通过考官小组与应考者面对面的言语交流等方式，评价应考者是否符合招聘岗位要求的标准化人才测评方法。

结构化面试的特点：一是向所有的求职者提出同一类型的问题，问题的内容及其顺序都是事先确定的；二是根据工作分析的结构设计面试问题，结构化面试测评的要素涉及知识、能力、品质、动机、气质等，结构化面试的题型包括背景性题目、知识性题目、情境性题目、智能性题目、行为性题目、意愿性题目等，尤其是有关职责和技能方面的具体问题，更能够保证筛选的成功率；三是采用系统化的评分程序，每个问题都有确定的评分标准；四是结构化面试一般有时间限制，多个面试官（一般 7~9 个）面对 1 个求职者进行面试。其优点是针对每个问题的评分标准，建立系统化的评分程序，能够保证评分的一致性，提高结构化面试的公平性和有效性。公务员和事业单位面试一般都采用结构化面试。

2. 非结构化面试

非结构化面试亦称随机面试，这种面试所提出的问题没有遵循事先安排好的规则和框架，问题是五花八门的。面试官可以与求职者讨论各种话题。其优点是过程自然，面试官可以由此全面了解求职者的情况，求职者也感觉更随意和放松，更容易敞开心扉，缺点是由于结构化和标准化程度低，求职者心中无数。不同求职者之间可比性不强，容易在求职者心中产生公平性和可信度的质疑。

3. 半结构化面试

半结构化面试是指面试构成要素中有的内容做统一的要求，有的内容则不做统一的规定，也就是在预先设计好的试题（结构化面试）的基础上，主考官向应试者又提出一些随机性的试题，半结构化面试是介于非结构化面试和结构化面试之间的一种形式。

4. 无领导小组讨论

由一组应试者组成临时工作小组，讨论给定的问题，以小组讨论的方式，分出不同的角色，如领导者、时间掌控者、建议者、记录员、总结陈词者等，经过各种观点和思想的碰撞、提炼，共同找出一个最合适的答案或结果，并做出决策。由于这个小组是临时拼凑的，并不指定谁是负责人，目的就在于考查应试者的沟通能力、分析能力、应变能力、团队合作能力、人际影响力、信心等，看谁会从中脱颖而出。无领导小组讨论的题型主要有案例分析类、问题解决类和技能考查类。

5. 交谈式面试

这是比较简单常见的面试方式，一般会要求求职者进行自我介绍，然后根据简历信息或其他企业需要了解的问题进行提问，求职者作答、互动比较多。这种面试方式比较传统，时间相对自由，提问随机性比较强，是一般中小型企业较多采用的面试形式，一些企业把这种传统面试方式与其他面试方式结合使用。

6. 情景模拟面试

在情景模拟面试中，面试题目主要是一些情景性的问题，即给定一个情景，看应聘者在特定的情景中是如何反应的。在经验型面试中，主要是问些与应聘者过去的工作经验有关的问题。情景模拟面试的理论依据是动机理论中的目标设置理论。

7. 评价中心面试

评价中心面试又叫 AC（Assessment Center）面试，这是大多数外企常用的人才测评方式。评价中心测评技术与传统的纸笔测验面试不同，它主要通过小组讨论、角色扮演等情景模拟方法，再加上一批传统的测试方法对应聘者的知识、能力、个性动机进行测评，从而可以为招聘方提供多方面有价值的关于应聘者的评价资料和信息，一般用时较长。

8. 电话面试

招聘单位直接通过电话沟通，了解应聘者的基本情况。一般会在电话中让应聘者进行自我介绍，然后针对简历中的信息或企业感兴趣的问题进行提问，例如你的求职动机是什么？你对自己的简历有什么要补充说明的？以及其他类似的话题。电话面试有时候是在没有任何通知也没有任何安排下出现的，这就需要求职者有较快的反应速度和足够的应变能力。因此，大学生平时就需要训练应对突发情形时的心理素质。

9. 视频面试

视频面试是指招聘单位与求职者不用面对面，而是利用互联网连接手机或计算机，通过视频形式进行沟通的面试形式。为应对这类面试，建议同学们提早做好准备，多练习一下对着镜头说话，让自己逐渐习惯这种方式。此外，视频面试时一定要穿正装，后面的背景一定要干净整洁，这样容易给面试官留下比较好的印象。视频面试的优点是方便，尤其是给异地面试节省了大量的时间和人力成本。

10. 压力性面试和非压力性面试

压力性面试，即将求职者置于一种人为的紧张气氛中，面试官用穷追不舍的方式连续就某事向求职者发问，刨根问底，有些问题甚至是刁钻棘手的，逼得求职者穷于应付。考官以此种“压力发问”方式逼迫求职者充分表现，以考查其应变能力、压力承受能力、情绪稳定性，以及求职者的思考判断能力、气质性格和修养等。压力性面试的目的不仅是看求职者问题回答得是否完美，更多的是考查求职者面对压力表现出来的沉着、冷静和信心。例如，一位顾客关系经理职位的求职者有礼貌地提到她在过去两年内从事了四项工作时，面试考官可能告诉她，频繁的工作变换反映了不负责任和不成熟的行为。如果求职者对工作变换为什么是必要的做出合理的解释，就可以开始其他的话题。因此，在面试官提出这些问题时，求职者切记不要慌张、害怕，要充满信心。因为大多数压力性面试中的问题都会涉及求职者的不足，在回答时一定要把这些缺点或不足和自己的优势联系起来。总之，面对主考官的咄咄逼人，应战绝招就是无论如何都不要被“激怒”，要充满信心。

非压力性面试，即在没有压力的情境下考查求职者相关方面的素质。求职者要紧紧围绕应聘岗位必备的专业技能、基本素质等，全面展示个人综合实力，思路要清晰，注意力要集中，回答问题时要简明扼要，态度要诚恳，忌东拉西扯，谈太多与招聘无关的话题。

11. 综合测试

综合测试是指面试考官需要参与进来的测试。根据测试的具体内容可以分为语言表达能力测试、组织能力测试、事务能力测试等。语言表达能力测试：侧重于考查语言表达能力，包括演讲能力测试、介绍能力测试、规劝能力测试、沟通能力测试等。组织能力测试：侧重于考查组织协调能力，如主持会议能力测试、部门利益协调能力测试、团队组建能力测试等。事务能力测试：侧重于考查事务能力，如公文处理能力测试、协调冲突能力测试、工作处理能力测试等。

拓展阅读

企业招聘中几种新的面试方法

1. 行为描述面试法

这是一种基于行为的连贯性原理发展起来的面试新方法。面试考官主要通过应试者对自己行为的描述来了解两方面的信息：一是应试者过去的工作经历，判断他选择本组织发展的原因，预测他未来在本机构或企业中发展的行为模式；二是了解他对特定行为所采取的行为模式，并将其行为模式与空缺职位所期望的行为模式进行比较分析。面试过程中，面试考官往往要求求职应试者对其某一行为的过程进行描述，如面试考官会提问“你能否谈谈你过去的工作经历与离职的原因”“请你谈谈你昨天向你们公司总经理辞职的经过”等。

通常情况下，在提问过程中，行为描述面试所提的问题多是与应试者过去的工作内容和绩效有关的，而且提问的方式更具有诱导性。例如，对于与同事的冲突或摩擦，“你与你同事有过摩擦吗？举例说明”的提问显然不如“告诉我，与你工作中接触最少的同事的情况，包括问题是如何出现的，以及你们之间关系最紧张的情况”，更能激起应试者真实的回答。

行为描述面试可以从以下几个方面来进行：

(1) 搜集过去行为的事例，判断行为答复。

如果想要了解应试者是否真的能像其所描述的那样去做，最好的方法就是搜集其过去行为的一些事例。应试者曾经做过的一些事例要比他们告诉你“经常做、总是做、能够做、将会做、可能做或应该做”的事情更为重要。通常应试者给出的非行为性（理论性）的回答频率偏高，他们给出的观点，往往并不一定是他们真正曾经做过的事例。面试考官应综合应试者实际描述的和曾经做过的事例来做出正确的判断。

(2) 提出行为性的问题。

通常，行为性问题的提出带有这样的语气，如：“请谈谈你在……时遇到的情况，你是怎样处理的”“你是否遇到过……的情形？请谈谈其中一例”。

以下我们用类比的形式来举例区分在面试实际过程中行为性提问、理论性提问、引导性提问的不同之处（其顺序为：能力行为性问题举例、理论性问题举例、引导性问题举例）。

①解决问题的能力。

请讲一个你在学习中遇到的问题，你是怎样解决的？

你怎样解决学习过程中出现的问题？

你能解决学习过程中出现的问题吗？

②适应能力。

请讲一个你必须按照不断变化的要求进行调整的事例。当时的情况怎样？结果又怎样？

如果你必须按照不断变化的要求调整计划，你会感觉怎样？

③销售能力。

请描述一个在过去一年中你做的最大一笔订单的情况，你是怎样完成的？

为什么你认为你可以做销售这一行？

你能接受我们给你定的销售目标和挑战吗？

④团队协调能力。

作为一名主管，你如何处理棘手的员工事例？

你如何对付难以管理的职员？

你擅长解决矛盾或冲突吗？

(3) 利用标准化的评定尺度。

在采用行为描述面试法时，各个面试考官可能会用不同的行为标准对应试者进行评定，为了保证评定结果的准确度，进行面试前必须制定一个标准的评定尺度。比如，我们可以用5分制，以适应能力评定等级标准为例加以说明。

1分：对工作变动几乎无适应能力。(不可以接受)

2分：不喜欢工作变动；尽量适应工作变动；工作表现差。(尚可接受)

3分：可以接受工作变动；及时补充新知识；工作表现不差。(可以接受)

4分：可以接受工作变动；能迅速适应新环境；工作表现进步。(完全可以接受)

5分：非常喜欢挑战性工作；工作表现积极主动；能举例说明自己过去成功适应工作的历史。(很欣赏)

2. 能力面试

与传统的面试方法注重应试者以往所取得的成就不同，这种新方法更多关注的是应试者如何去实现所追求的目标。在能力面试中，面试考官要试图找到应试者过去成就中所反映出来的特定优点。

专家建议在采用能力面试时，要特别注意把握四个关键的要素：情景，即描述应试者经历过的特定工作情景或任务；目标，即描述应试者在特定情景当中所要实现的目标；行动，即描述应试者在特定情景当中所做出的行动；结果，即描述行动的结果，包括积极的和消极的结果、生产性和非生产性的结果。

具体来讲，能力面试可以从以下几个方面展开。

(1) 全面地进行能力分析。

为了准确地了解和判定工作是否出色，必须进行全面的能力分析。能力分析的结果将作为确定工作是否出色的标准的基础。它有助于企业录用到称职的员工。

工作出色的标准通常适用于组织内部相同级别的多个职位。对于一个企业里所有的高层领导来说，他们虽任务和职责不同，但须具备的主要能力和基本素质却是相同的，因此，对其工作能力的衡量标准本质上应该是一致的。对组织内部不同级别的职位，所要求的能力有所不同，则工作出色的标准也应有所差异。

进行能力分析的第一步应是编写详细的工作任务说明，即进行“任务分析”。为了进行全面的任务分析，还要从不同渠道搜集各种信息。

①工作观察：观察那些在职人员所进行的工作，请他们详细描述，并做记录。

②约见在职人员：对每一位在职人员提出相同的问题，这些问题应着重了解他们的主要职责，需要处理的任务类型，与其他同事之间的工作关系，工作过程中最感吃力的部分以及他们出色完成工作所需的技能和能力。

③主要事件分析：针对有代表性的工作案例，举行由该职位优秀员工和管理人员参加

的座谈会或交流会，请他们提供一些从事该项工作的效率最高的方法及对从事人员的能力要求，并对这些方法和要求作详细记录。

④能力远景会议：参加与组织中“具有预见的人”举行的会议。其目的就是搜集各类任务的信息，以及完成任务所需要的知识、技能、能力、动机和其他方面的要求。

进行能力分析的第二步是制定职务能力要求，就是对所得到的信息进行分析，按照不同的内容和能力对相似的知识、技能、能力和动机进行分类。在列出一系列能力时，应尽量合乎情理。通常列出的能力要容易衡量，才能将工作能力描述准确。不同级别的职务能力要求一般如下：基层职位需要5~8种能力；中层职位需要8~11种能力；高层职位如中高级管理人员、董事、高级专业人员需要十几种能力。

（2）确定面试过程中将要考核的能力。

因为不可能在短短的时间内对每一种职务都进行考核，所以只能围绕那些对于完成此项工作最重要的而在其他选择体系中没有体现的能力展开。当然如果在录用的过程中不只面试一次，就有可能对各项能力进行考核。

（3）制定面试程序，并对需要考核的能力进行评估。

面试程序的制定至关重要。如果面试程序欠佳，则整个面试很容易功亏一篑。为了防止这点，必须制定一个框架充分的面试程序。预先拟定问题，制定必要的面试程序，有助于获得与职务能力相关的信息。面试程序的制定可以参考一些指导性材料（如书面材料、视频材料等）。同时对需要考核的能力进行评估，必须制定一个标准的等级评定体系，用以科学地评估面试中获得的信息。

可以说，能力面试如今已被实践证明是一种最实际、最有效的面试方法。它可以在最短的时间内，搜集到涉及工作范围最广、最准确的信息。严密的结构使其更具有科学性：可以具体地研究面试的各个部分，找出最有效的因素，尝试面试的新方法，并提供详细指南，所得结果最具有可靠性。

（三）面试测评的主要内容

从理论上讲，面试可以测评应试者任何素质，但在人员甄选实践中，并不是以面试去测评一个人的所有素质，而是有选择地通过面试去测评最容易取得效果的内容。面试测评的主要内容如下：

1. 仪表仪态

仪表仪态指求职者的体型、外貌，气色、衣着举止、精神状态等的综合表现。通过面试观察，主要是看求职者的仪表仪态，以此来推断求职者的品位、形象和气质等。国家公务员、教师，公关人员、企业经理等职位比较注重对仪表仪态的考察。研究表明，外表端庄、衣着整洁、举止文明的人，一般做事比较有规律，注意自我约束，责任心强，一个不注重细节、穿着邋遢的人，他在今后的工作中，在自我约束力、责任心等方面也有可能会出现问题。所以大学生求职者在面试时一定要注意着装得体、举止大方、表情文雅，回答问题时要语言得体、态度认真。

2. 专业知识

作为对专业知识笔试的补充，面试对专业知识的考查更具灵活性和深入性，所提问题更接近空缺岗位对专业知识的需求。面试官通过与求职者面对面地交流，了解求职者对专业掌握的深度、广度，判断其专业知识与所应聘岗位的符合度。

3. 工作实践经验

工作实践经验是用人单位非常看重的。面试官一般会根据大学生求职者的个人简历或求职登记表，就实践能力问题做一些提问，查询求职者有关背景及过去实习、实践、兼职工作等情况，以补充、证实其所具有的实践经验。通过对实践经验的了解，还可以考查求职者的责任感、主动性、思维力、执行能力及处理问题的能力。但是，刚毕业的求职者一定要诚实，不要弄虚作假，如果写上一些不真实的工作经历，面试时一旦暴露出来，就会彻底丧失机会。

4. 表达能力

通过面对面的交流，可以考查大学生求职者在面试过程中是否能够将自己的思想、观点、意见或建议顺畅地用语言表达出来，表达的内容是否有条理、完整，引例、用语是否确切。口头表达能力主要指求职者的语言表达的逻辑性、准确性、感染力、节奏、音量等。大学生求职者在面试时要注意：谈话一定要前后连贯、主题突出、思路清晰、有说服力。

5. 人际交往能力

由于现代社会人与人之间的沟通非常缺乏，用人单位在招聘员工时，非常注重求职者的团队意识，以及与他人的交往能力。面试官通过面对面的交流，了解求职者对相关问题的看法，来考查、判断其沟通能力，以及其在今后的工作中能否胜任工作，能否能与同事很好地相处。

6. 应变能力

应变能力即应对变化的能力，是指面对意外事件等压力，能迅速做出反应，并寻求合适的方法妥善解决问题的能力。主要是考查求职者对面试官所提问题的理解是否准确，以及回答问题的速度等，特别是对突发问题的反应是否敏捷，能否保持情绪稳定，不手忙脚乱，处理的方法是否妥当。

7. 业余兴趣与爱好

通过与求职者交谈，可以了解其业余时间都喜欢做些什么事，有没有一些不良的嗜好。例如，喜欢做什么运动，读什么样的书籍，看什么样的电视，是否喜欢上网、聊天等，从平时的兴趣、爱好来更加全面地考查求职者。

8. 求职动机

主要是了解诸如求职者为什么来本单位工作，为什么对某类工作岗位最感兴趣，在工作中追求的是什么，应聘单位所能提供的职位、工作条件、薪水等能否满足其工作要求和期望等。有的同学抱有“一步到位”的心理，对工作百般挑剔，有一点不合意就不愿意接受。

案例分析

案例：有的同学在面试时，为表示自己的上进心，提出求职的动机之一是“能学点东西就好”。曾经有一个非常有成就的学生在面试的时候告诉用人单位，他没有选择另一家单位的原因是因为那里可学习的东西太少，期望在这里能学到更多的东西。结果这家单位并没有录用他。原因是这家单位认为他虽然很有能力，但这样的人才如果在学到东西后再跳槽，会给用人单位带来很大的损失。

案例分析：对于“学东西”，很多人都有一种片面的理解，认为学习就是指学习专业知识、业务知识，如学习英语、计算机等。很多大学生求职者在面试的时候都会询问用人单位将来能给自己提供怎样的培训机会，出国还是在国内，包括一些深造的机会，却从不问用人单位在工作中采用什么样的方式激励一个人工作得更好，对个人工作的标准有多高，对个人培养的方向是什么。表面上看，本案例表现了大学生好学的特点，显示出大学生强烈的求知欲和主动性，有利于获得用人单位的好感，但是对用人单位来说也存在着两个很大的风险：一是他强调的是获得而不是给予，会让用人单位对其工作的稳定性产生怀疑；二是他强调的是学习某些专业知识而不是培养综合素质，自己过于看重大单位表面的学习和培训机会，而忽视了自己长期的素质训练机会。其实，在工作中更加重要的是训练素质，包括思考问题的方式、解决问题的能力、完成任务的执行力、心理承受力、职业道德和职业修养等，这些才是一个人发展中更为核心的东西。

9. 自我控制能力

自我控制能力对于国家公务员及许多其他类型的工作人员（如企业的管理人员）显得尤为重要。一方面，在遇到上级批评指责、工作有压力或是个人利益受到损害时，能够克制、容忍、理智地对待，不致因情绪波动而影响工作；另一方面，要对平凡且重复性高的工作有耐心和韧劲。

10. 综合分析能力

面试中，对于面试官提出的综合性问题，求职者需要通过分析抓住本质，回答时说理透彻、分析全面、条理清晰，展示出自己宽广的知识面和多角度综合分析问题的能力。

二、面试准备

大学生在毕业时参加面试，经验有限，应该在面试前尽可能模拟面试可能出现的情况，做好充足准备，以赢得面试成功。

（1）了解应聘单位。面试前，求职者一定要广泛搜集用人单位各个方面的资料，包括用人单位的性质、地址、业务范围、经营业绩、发展前景、企业文化、应聘岗位职务及所需的专业知识和技能等，对这些方面要有一个全面的了解。

（2）制作一份合适的简历。求职简历不要千篇一律，要根据每个不同的单位、不同的岗位和要求制作专门的简历。熟记自己的个人履历，包括时间顺序和具体内容。

（3）模拟面试。根据用人单位可能会在面试时问的一些问题，假想当时的环境，模拟练习。这些问题可能包括自我介绍，工作和学习的成就，兴趣爱好，家庭情况，对学校生活的感觉，与朋友、家人的关系等。建议求职者做一个书面答案，答案要切题、简短，并将答案熟记于心。这样做，会使求职者在语言表达能力、应变能力方面比一般的求职者思路更加清晰，应答更加自如。求职者也可以先闭上眼睛，在自己脑海中将面试过程预演一遍，包括如何走入面试场所、应保持何种表情、面试官如何提问、自己如何回答、对方反应如何等，像“过电影”一样，这种心理训练和引导的实际效果会非常好。

（4）根据应聘岗位需求，列出自己在大学期间主要的成就或做得比较成功的几件事，总结出这些事件能够体现出来的适合这个岗位的个人能力。

（5）准备与应聘岗位相关的专业知识、业务技能，在面试的过程中面试官可能会提问相关内容，在自己专业方面不要出现问题。

（6）准备好面试的服饰、相关证件和证明材料。

三、面试过程中的沟通技巧

（一）面试中的自我介绍技巧

在求职过程中，假如对方没有收到毕业生的求职资料，往往在面试的第一阶段就是求职者的自我介绍。这也是一般面试中最常用的。有时候，自我介绍比证件、名片之类的东西更重要，它可以“先声夺人”，很快给主考官留下良好的印象。有位生涯规划专家把自我介绍比喻为律师开庭时为当事人作的陈述，因为你可以畅所欲言，掌握控制整个气氛。说得好，则令人喝彩；即便你学业再好、工作经验再丰富、特长再多、动手能力再强，但在自我介绍时“茶壶里煮饺子，有货倒不出”，也必将使用人单位对你的印象大打折扣，继而怀疑你的实际能力，从而失去竞争优势。因此，求职者必须掌握面试中的自我介绍技巧。

1. 自我介绍的内容

在求职面试中，通常自我介绍可以分三个方面：

（1）背景介绍：主要包括：学历背景、专业、获奖情况等。

（2）经历介绍：主要是通过具体经历或事例向面试官证明自己具备匹配该职位的能力。如曾经参加过某单位的实习或参加某项国家级（或省级）大学生技能比赛等。经历介绍常用的方法是 STAR 法。

S，代表情景（Situation）：简单介绍曾经参加实习、实践等活动时的情况，如去哪里实习？如何获得此机会？

T，代表任务（Task）：介绍你当时承担的任务是什么？你的角色是什么？

A，代表行动（Action）：主要介绍你当时做了些什么？具体是怎么做的？

R，代表结果（Result）：主要介绍当时任务完成后的结果或效果如何？是否获奖？获得了什么表彰？这一经历让你学到了什么？收获是什么？有什么心得体会？

例 1：去年暑假期间，我在北京×××互联网公司实习（Situation）。实习期间我负责××任务（Task），在参加编写××软件市场推广方案中，我通过分析目标客户群，提出了行动方案（Action），该方案最终获得通过并执行，当年就获得 2 万新用户（Result）。

例 2：我曾经在××公司实习半年做销售，实习期间，共销售出××件商品，总计收入××元，为单位创造利润××元。在 10 位同期实习生中的业绩排名第二。

例 3：我的实习是在一家自学考试培训机构做培训教师，半年实习期间，我所培训这个班的学生模拟试卷平均成绩由最初的 45 分，上升到 75 分，在 8 个培训班中由排名第五上升到第二。

（3）突出个人亮点的介绍。个人介绍有两点要求，一是要在自己的经历中挖掘出比较突出的亮点事例，让面试官眼前一亮，印象深刻，而且这些介绍最好要数字化，不能用“勤奋肯干、学习能力强、分析能力强”等空洞无物的词来形容自己，一定要言之确凿。例如参加“互联网+”大学生创业大赛获得国赛一等奖；参加××策划比赛获得一等奖；获得××设计大奖等。又例如，你可以说“在××公司实习期间，在完成自己工作后，我又主动帮助他人分担了一些××工作，虽然感到比较累，但通过多做事，我又意外地学会……”“在工作中，我发现做××事有更好的解决方法并向领导提出了建议，最终被采纳”等等，这样的表述更能反映出你做事的态度和能力，更容易使面试官认为你是一个有一定经验、见识较广、能力较突出的人，把你这样的人录用到用人单位一定会带来新能量。二是尽量围绕岗位需求进行自我介绍。这就要求你在面试之前，要在充分了解自己适合做什么和岗位具体需求的基础上，进行匹配度分析。比如，如果你应聘销售岗位，个人亮点可以突出性格外向，善于结交朋友；应聘银行工作岗位可突出你的交际能力和具备的资源（包括家庭提供的资源）；应聘网络公司可以突出你的软件开发经验、认真踏实的特点；应聘程序员岗位，可以强调自身身体素质。

2. 自我介绍要注意的事项

（1）准备充分。求职前应把自我介绍的演讲稿写好，背得滚瓜烂熟，转化为自己的语言。在求职面试前如果感到紧张，可事先在镜子前做一些练习，或请同学、家人或朋友指正，通过彩排来提高自我介绍的技巧。

（2）积极主动。不等对方提问，主动向对方介绍。这样往往给人一种“态度积极、求职心切、胸有成竹”的感觉。

（3）内容要有针对性。毕业生自我介绍的目的是让主考官对自己有充分的了解和认识，从而判别是否能胜任应聘岗位。因此，毕业生必须针对应聘岗位有针对性地重点介绍相关的学历、经历、能力及个性特征，而且要言之有物，切忌用鉴定式的语言、大而空的套话来勾画自己，切记不要有自我炫耀之嫌。比如应聘文秘人员，应重点介绍自己文、史、哲知识及写作才能；应聘科研人员，应该介绍学习成绩和科研成果；应聘管理人员，应介绍做学生干部和工作期间当领导的经验及组织管理才能。强调针对性的同时也不能抹杀相关知识才能的作用。专业特长加上广泛的知识面和兴趣爱好会更受用人单位的青睐。

（4）真实全面。在介绍自己各方面情况时一定要实事求是，优点不谦虚，缺点不掩饰；客观全面，不能虚假或夸大。尤其是在介绍自己以往学习、工作上所取得的成果时，一定要恰如其分，否则，将适得其反。同时，自我介绍材料要全面、完善，切勿丢三落四，个人基本情况、社会关系、工作简历、学习成绩、业务特长及爱好，不能缺少其中任何一项，否则会有不全面的感觉。

（5）谦虚谨慎。向用人单位推荐自己时，切忌过分抬高自己，自视清高，处处炫耀自己，对用人单位评头论足，那样也会导致招聘者的反感。一个善于尊重别人的人，才会受到用人单位的尊重。一个对别人有好感的人，才会得到别人的好感。即使自己有过人之处，也应以谦恭的态度向对方展示。即使自己有好的建议，也应以委婉的言辞提出。前来招聘的人不是单位领导就是专业骨干或人事干部，他们多年从事本职工作，一般来说对相关专业比较了解，初出茅庐的求职者倘若在他们面前妄自尊大，班门弄斧，显然不会赢得对方的好感。

（6）自信大方。极端的羞涩、懦弱，过于自卑的做法亦不足取，谦虚不等于虚伪。试想一个用人单位会用一个自己都感到信心不足的求职者吗？具体来说，自荐时洪亮的声音，洒脱的态度，从容的举止，都能表达自己的自信心。

（7）举止庄重。举止要庄重，姿势要端正。自我介绍时可将右手放在自己的左胸上，不要用手指指着自己。表情应亲切自然，眼睛应看着对方，不要显得不知所措、慌慌张张、面红耳赤，更不能表现出一副随随便便、满不在乎的样子。

（8）注意把握时间。在一些面试中，面试官会要求你在一定时间之内简要介绍一下自己的情况，建议大学生求职者尽量控制在规定的时间内完成介绍。因为在介绍自己的同时，面试官常常也会利用这个机会阅读一下你的简历。如果你介绍用时太短，面试官可能还没有来得及看完你的简历材料，这会让他感觉你缺乏经历和阅历。如果你用时太长，特别是当你还没有说到重点时，面试官可能已经由于超时打断你，让你无法全面阐述自己简历中的重点和亮点，这也可能会影响你在后续面试中的自信心。所以，建议毕业生求职者在面试前，按照前面介绍的要求，提前训练自己在 1 分钟、2 分钟、3 分钟这个时间段内做自我介绍的能力以应对面试时不同的时间要求。

【自我介绍范文（1 分钟）】

尊敬的各位领导：

早上好！

我叫×××，来自×市，现在就读于××大学，专业是工商管理，我从小养成了勤劳务实、不怕吃苦的习惯。在大学的几年中，我掌握了扎实的工商管理理论知识，并培养了较强的实践能力，我的大部分学习时间都是在图书馆中度过的。

我在学校期间养成了自学的好习惯，先后获得了三等奖学金和计算机等级证书。在大一时，我加入了环保协会、青年志愿者协会，在几次活动中得到了锻炼。我还利用周末时间做家教和电脑促销员，使自己得到工作经验的同时也补给了生活费。这次来到这里面试，希望大家给我一个机会，让我能与大家一起共创辉煌！我的介绍完毕，谢谢！

【自我介绍范文（2 分钟）】

尊敬的各位考官：

下午好！

我叫梁涛，梁是栋梁的梁，涛是波涛汹涌的涛，我是××大学计算机信息管理专业的应届毕业生。本人从 2017 年 6 月至 2018 年 10 月在××人才培训中心兼职任计算机培训老师，在此期间负责网络维护及指导学生学习日常办公软件。由于我的授课生动有趣，每一期的招生都超过原计划的 20%。2018 年 11 月至今，我在××人才市场兼职担任培训讲师，主讲办公软件、社交礼仪等课程。语言生动、条理清晰、突出主题是本人讲课的三大特点。

本人的优点是自信，因为我深知自信是做好一切事情的前提，最大的缺点是有点粗心，以后我会努力克服这一缺点。本人最喜欢从事培训方面的工作，以我之所学为人所用，帮助别人在最短的时间内取得最大的提升是我的人生目标。我的自我介绍完毕，请多多指教，谢谢！

（二）面试过程中的说话技巧

面试是一个求职者和面试官的双向沟通交流过程，求职者要给面试官留下好的印象，必须掌握与面试官沟通的说话技巧。

（1）适当地补充面试官的话。面试中有一个“二八原则”，即在面试中，求职者说的话应该占 80%，面试官说的话占 20%。在与面试官交谈时，你可以适当地补充面试官的话，比如面试官说完你可以接着说：“我觉得您的想法很好，我基本上同意您的看法，但是有一个小地方，我跟您的观点不一致，那就是……”

（2）在说话的时候，语速不要太快，也不要太慢。

（3）可以使用“真的吗”“是吗”等简短的话表明自己在专注地听。

（4）即使你不同意面试官的某个观点，也不要打断面试官的话，一定要等面试官说完以后再说出自己的意见。

（5）如果你讲完话以后，面试官保持沉默，千万不要表现得不知所措，你可以把刚才所说的话总结一下，也可以直接问面试官：“这只是我的看法，您觉得呢？”

（三）面试回答问题的技巧和常见问题分析

面试阶段的核心是回答面试官的问题，这是整个面试中的实质性阶段。在此阶段，面试官将根据工作要求和职责规定，搜集有关应聘者技术能力、知识水平、行为能力和人际交往能力的信息。该阶段占整个面试时间的 85%。因此，求职者必须掌握面试问题的回答技巧，对一些常见问题必须懂得分析和回答。

1. 面试回答问题的技巧

（1）抓住重点，简单明了，条理清楚，有理有据。应试者在回答问题时，要用尽可能短的时间组织好说话的顺序。一般情况下，回答问题要结论在先，谈论在后，先将自己的中心意思表达清晰，然后再做叙述和论述。否则会让人不得要领、容易离题，反倒会将主题冲淡或漏掉。

（2）讲清原委，避免抽象。主考官提问总是想了解一些应试者的具体情况，切不可简单地以“是”“否”作答。针对所提问题的不同作细节回答，有的需要解释原因，有的需要说明程度。不讲原委、过于抽象的回答，往往不会给主考官留下具体的印象。

（3）确认提问内容，切忌答非所问。面试中，如果对主考官提出的问题摸不到边际，以至于不知从何答起或难以理解对方问题的含义时，可将问题复述一遍，并先就自己对问题的理解请教对方以确认内容。对不太明确的问题一定要搞清楚，这样才会有的放矢，不至于答非所问。

（4）有个人见解，有个人特色。主考官接待应试者若干名，相同的问题问若干遍，类似的回答也要听若干遍。因此，主考官会有乏味、枯燥之感。只有具体独到的个人见解和有个人特色的回答，才会引起对方的兴趣和注意。

（5）扬长避短，显示潜力。每个人都有优势和缺点，如何在有限的时间内使你的优势充分体现，扬长避短，显示潜力也是一种艺术。遇到自己不知、不懂、不会的问题时，回避闪烁、默不作声、牵强附会、不懂装懂的做法皆不可取。诚恳坦率地承认自己的不足之处，反倒会赢得主考官的信任和好感。

2. 常见面试问题分析及回答技巧

（1）你对公司的了解有多少？

这时要回答公司的产品是哪些，提供哪些服务等。这就要求求职者面试前对应聘企业进行充分的了解。

小丽的成功面试

小丽在全球排名第一的制药公司面试的时候，和面试官有过这样一段对话。

面试官：“你对我们公司有什么了解吗？”

小丽：“其实我的了解多数来自网络上的一些数据和资讯，比如说公司的年产值是××,企业文化是什么，等等，这些信息我就不再重复了。我来谈谈我对公司的一些个人体会吧，虽然都是一些细节。我发现咱们的办公面积是我所到过的全球十大药企当中最小的，尽管咱们的销售额是世界最大的。还有，这里的前台是我去过的公司中年龄最大的，是一位中年女士，但她给我的感觉却是最亲切的。我不能根据这些细节就得出什么结论，但是却很明显地感受到了一种务实的企业文化。我希望我的理解是正确的。”

最终，由于小丽的细心准备和细致观察，加上能力上的胜任，小丽最终获得了宝贵的工作机会。

（2）为什么想进本公司？

此时面试官就开始评断录用与否了，建议大家先判断自己去应征的工作性质，是专业能力导向还是需要沟通能力。现在市场多以服务为方向，所以良好的口头表达能力被视为基本能力之一，在此时就要好好表现自己的口头表达能力，而口头表达能力相对较差者就务必表现出自己的专业能力，以弥补口才不足。回答这个问题时，一定要积极正面，如：想要使自己能有更好的发展空间，希望能在相关领域中有所发展，希望能在公司多多学习，等等。此时可以诚恳地表达自己对面试公司的正面印象，对于没有工作经验的新人的建议则是，坦诚地说出自己的求职动机，但需注意表达方式和技巧。

（3）为何选择这份工作？

这是面试官用来测试应聘者对工作理解度的问题，借以了解求职者只是基于对工作的憧憬或是确实有兴趣来应征这份工作，此时之前所强调的事先研究又再度派上用场，建议回答以个人的兴趣配合工作内容特质，表现出高度的诚意，如交通方便、工作性质及内容颇符合自己的兴趣，这样才可以为自己铺下迈向成功之路。

（4）对工作的期望与目标何在？

这是面试官用来评判求职者是否对未来有一定程度的期望和目标的问题。工作有明确目标的人通常学习较快，对于新工作自然较容易进入状态。建议你最好针对工作的性质找出一个明确的答案，如业务员的工作可以这样回答："我的目标是能成为一个超级业务员，将公司的产品广泛地推销出去，达到最好的业绩成效。为了达到这个目标，我一定会努力学习，而我相信以我认真负责的态度，一定可以达到这个目标。"其他类型的工作也可以比照这个方式来回答，只要在目标方面稍微修改一下就可以。

（5）你认为公司所在行业的发展前景为何？

这也是事前准备的功夫，多阅读一些相关的报纸杂志，做一些思考，表现出自己对行业的认识，如果是同业转职者，可强调以自己的经验为基础所做的个人见解，但若是初次接触此行业，建议采取较为保守的方式，以目前资讯所提供的资料为主作答，表现出高度兴趣及诚意为最高指导原则。

（6）你认为一个成功的团队需要哪些条件？

这个问题是考查求职者的处事行为和与人交往能力。建议这样回答，一个团队如果想取得成功，必须具备以下几个条件：技能互补的成员，明确的团队目标，优秀的团队领导人，良好的团队氛围。当然，求职者如果可以结合自己的体会比较深入地谈会更理想。

（7）谈谈你运用专业技能解决问题的实例。

回答这个问题，你需要举出一个实例，在实例中，遇到了什么问题？你采取了什么行动？你用了哪些技能？得出什么结果？你的作用体现在哪里？

（8）谈谈你的优缺点有哪些？

有许多面试官都喜欢问这个问题，目的是检视人才是否适当，求职者的诚恳度等。在这之前应该好好分析自己，将自己的优点与缺点列张单子。在回答问题时，强调可以为公司带来利益的优点，如积极、肯学习是最普遍的回答，而缺点部分则建议提到一两个不会影响到工作的普遍性缺点，并表示自己正在通过一些具体的努力改善缺点。

拓展阅读

面试时如何回答“你最大的缺点是什么？”

“你最大的缺点是什么”这个问题几乎每逢面试必提问。这是一个很常见的行为问题。面试官提问此类问题的目的主要是看候选人的性格是否适合公司文化。

拿金融行业来举例，面试基本由该岗位同事和上司进行。这种面试技术性强，行为问题主要考察：你是否真心想做这个工作（而不是当跳板或者听说高薪、体面而来）和你的性格与公司文化是否相符。所以，所有回答都应围绕以上两点进行，也就是说，你谈到的每个经历都应回归到：你通过这个经历学到什么该职位所需的关键技巧，这些经历为何促使你想做这份工作，该经历体现出你什么样的个人风格。

对于这个问题，能回答好不是那么容易，关键是要避免给面试官留下坏印象。

（1）避免避重就轻，谈一个算不得缺点的缺点。比如熬夜会困、（待人接物）太客气、（投资思路）太保守等。

（2）避免谈非职业缺点。比如有感情洁癖、挑食、不擅长陪女友逛街、做饭经常做煳等。

（3）避免谈到无法改善的弱点。比如算数必须用计算器、脑子不好用、看书不理解等。

（4）避免谈到致命弱点。比如脾气怪异、不喜欢合作、迟到早退等。

那谈什么样的缺点才好呢？

（1）谈正在改正的缺点，或有明确计划要改正的缺点，尤其是你能够充分论证在近期就可以克服的缺点。

（2）谈一个利用你的优点改正的缺点，顺便带出一个优点。

（3）很关键的是，谈一个真实的缺点，如果这不是你的缺点，没有给你带来过麻烦，那你当成缺点讲自然不真实。如果你申请的是投行、资管、咨询等工作，要知道你的面试官就是靠跟人打交道为生的，他们很容易看穿谎言，所以别扯一些虚无的缺点。

比较合理的缺点包括：

（1）喜欢追求细节而导致项目或作业未能按期完成。

改正方法：通过时间管理能力改变工作方式，先完成框架再改善细节。

（2）不懂如何拒绝，同事求助一概揽下，影响自身工作进度。

改正方法：通过多任务处理能力设定优先顺序，以该优先顺序表向求助同事展示自己手上的工作，并给其一个自己在何时可以给予帮助的时间估计，让求助人自行决定是否求助，问题解决。

(9) 你希望的薪资待遇为多少?

这是一个非常敏感的问题，其实在目前，一般大型企业在招聘时就会事先说明基本底薪等，而一般中小型企业有许多仍以个人能力、面试评价作为议薪的标准。所以建议求职者利用现在网络科技查询薪资定位的相关资料，配合个人的价值观、经验、能力等条件，说出最基本的薪资底线。

资料链接

谈薪资时要注意的一些问题

在宝贵的面试机会中主动谈薪资，从某种意义上讲，是给对方一个拒绝自己的理由。但是在有些面试中，即使你尽力避免谈薪资，有些面试官还是会要求你正面回答问题，这时候你就只能正面回答问题了，否则会给面试官留下不好的印象。在回答薪资问题的时候，应该注意以下几点:

了解市场行情。在求职过程中，你可以了解市场上同类岗位的薪资水平，这样就可以针对不同的企业为自己争取到满意的薪资。

采用迂回战术。如果你对面试官提出的薪资标准不太满意，可以尝试采用探讨式、协商式的口气争取满意的薪资。比如，你可以对面试官说:“我认为工作最重要的是开心，薪酬是其次的，不过我原来的月薪是××元，跳槽的目的就是希望自己能有所进步，如果不是让您太为难的话，您看薪资能不能提高一点?”如果对方表示不能提高薪资，你可以采用迂回战术，争取缩短试用期。

善于提问。求职者谈薪资是需要一定的技巧的。第一步是了解对方可以提供的薪资水平。这里的关键是善于提问，便于自己了解足够的信息。面试快结束时，面试官可能会问你:“你还有什么问题想要了解的?”你可以这样问面试官:“像贵公司这样的大企业一般都有自己的薪酬体系，您可以简单介绍一下吗?”这时面试官一般都会简单介绍一下薪酬体系。第二步是根据以上信息，提出自己的期望薪资。

赢得面试官的心。谈薪资的关键在于充分展示自己的实力，如果面试官很认同你的实力，只要你提出的期望薪资不是高得太离谱，一般情况下都是可以成功的。

额外“工资”要多争取。很多企业除了基本工资以外，还会有一些奖金、福利等额外“工资”，在这一方面，你要大胆争取。要注意察言观色，掌握分寸，不要过度要求，否则，你进公司以后，对方会以更高的标准来考核你，也有可能答应了你，最后不兑现。

期望薪资不要太高，也不要太低，当面试官问你期望薪资是多少时，你可以根据自己提前了解的行业薪资情况，取平均薪资作为自己的期望薪资，最后可以加上一句，“这只是我个人的期望，我相信公司有合理的薪酬体系，我愿意遵守公司的薪酬制度”。

不要拘泥于薪资，可以从工作的角度考虑。你可以告诉面试官薪资是重要的，但是你更在乎的是工作本身，将话题从薪资引到工作上来，体现出自己诚恳的态度和希望在该公司工作的愿望。

（10）你是否可以加班？

一般情况下，不要否定，但是可以告诉面试官你加班的限度。

（11）何时可以正式上班？

根据自己的具体情况来回答，不要回答“我明天就可以来上班”，也不要回答“只要公司需要，我随时可以来上班”。面试官这样问，很可能是想测试你是不是只应聘了一家单位。你可以反问面试官：“请问贵公司希望我什么时候来上班呢？”然后根据自己的具体情况来回答。

（12）除了本单位外，你是否还应聘了其他单位？

回答时应考虑该面试官可能知道你还应聘了其他单位，可能认为你志向不稳定。这时你不妨说：“我对××方向感兴趣，只要是合适的单位，我都会去看看。”

（四）面试提问技巧

面试官的问题终于结束了，你紧绷的神经终于得以放松，面试官紧接着问：“你有什么问题要问吗？”

在完成一个面试的时候，应聘者需要用一些积极的话题作为结束语。对许多应聘者来说，面试过程充满了紧张和挫折，如果希望从众多应聘者中脱颖而出，就需要表现出更多的工作热情和工作兴趣。因此，当面试官询问“你有什么问题要问”的时候，你最好的回答是“是的”。然后应主动向面试官提出问题。这样做至少可以达到三个目的：第一，现在你掌握了主动权；第二，表明你对应聘公司的关心程度，有技巧的提问还可以展现你的知识面；第三，你可以利用这个机会展示你独特的技能和工作经历。但提问题要注意方法。

面试提问要视主试者的身份而定。面试前你最好弄清楚主试者的职务，要知道主试者是一般工作人员，还是负责人，是哪一级的负责人。例如：如果你想了解求职单位共有多少人，职称结构、主要业务方面的问题，就不要向一般工作人员提问，而要向单位负责人提问。

一般情况下，求职者会向面试官提以下几个方面的问题。一是单位性质、上级部门、组织结构、人员结构、成立时间、产品、经营情况、企业文化等。例如你希望从面试官那里得到更多关于该公司企业文化方面的信息，你可以向面试官提问：“请您告诉我一些关于将在工作中与我合作的同事的情况。”这个问题的答案可以为你提供很多有价值的信息。例如：你将与之合作的同事的工作如何？你能从他们那里学到什么？员工们注重工作吗？二是单位在同行业中的地位、发展前景。例如，对于公开自己业绩信息的公司，你还可以提出这样的问题：“在过去的三年中，我了解到公司的市场占有率排名已经从第五位上升到第三位，不知道使公司取得如此成就的原因有哪些？”这样的问题，一方面表示了你对公司的关注，同时也适时地恭维了公司，也恭维了你的面试官一下。三是单位的用工方式、内部分配制度、管理状况、经济效益和社会效益等。四是应聘职位的文化层次和素质要求的相关信息。例如，当你需要对你所应聘的职位做出进一步了解时，你可以向面试官提问：“您能给我一份有关我应聘职位的工作描述方面的材料吗？我想进一步了解该职位的主要工作职责及绩效说明。”即使面试官回答没有书面材料，你也可以请求面试官尽可能完整地讲述一下你所应聘的职位的描述。如果你希望从面试官那里得到关于该职位所需技能的详细信息，你可以向面试官提问：“请问您能否告诉我一些你认为做好这份工作所需要的技能或个人特质？”根据面试官的答案，你就可以知道你的哪些特点对申请这份工作有利，然后利用这些信息，你就可以在面试结束时强调你所拥有的这些个人特点，从而给你的面试画上一个圆满的句号。

要把不同的问题安排在谈话进程的不同阶段提出。不要毫无目标地乱提，更不可反复提那么几个问题。在面试之前，要把所要提的问题一一列出，按照谈话的进程编出序号，反复看几遍，以便在谈话时头脑清醒，知道提问的顺序。

要注意提问的方式和语气。有些问题可以直截了当地提出来，有些问题要婉转、含蓄一点。另外在询问时，一定要注意语气，给人以诚挚、谦逊的感觉，千万不可以用质问的语气向对方提问，这样会引起反感。

不提模棱两可、似是而非的问题。特别是在提与职业、专业有关的问题时，一定要确切，不要不懂装懂，提出幼稚可笑的问题。因为从提问中可以看出提问者的知识水平、思维方式、个人价值观等。

在面试过程中，恰当的提问可以使你的面试锦上添花。但是如果提问不太恰当或者不合时宜，那么你的提问无疑是画蛇添足。

因此，在面试提问阶段，应注意以下几点：

不要询问以下方面的问题：薪酬、保险、补贴、福利、合同和假日安排。只有当你真正得到了这份工作的时候，你和你的雇主才会坐下来讨论上述问题。

不要问一些在面试开始时已经问过的问题。

不要说“我没有问题”。这样会被认为是消极和缺乏激情的。

（五）面试中的语言表达技巧

准确、灵活、恰当的口语表达，是面试的关键环节。如果你的各方面条件都不错，但由于你的表达能力差，不能将所要表达的内容充分表达出来，主试者会因难以了解而不录用你。在同等条件下，谁的表达能力强，善于宣传自己，谁就能在竞争中获胜。

语言表达技巧有两个方面的要求。一是要做到表达清楚准确、通俗易懂、语言流利，交谈时要注意发音准确、吐字清晰，控制说话的速度；二是要做到声音富有美感和吸引力，为了增添语言的魅力，应注意修辞美妙，忌用口头禅，更不能有不文明语言。

说话时除了表达清晰以外，适当的时候可以使用幽默的语言，使谈话增加轻松愉快的气氛，也能展示自己的优雅气质和从容风度。尤其当遇到难以回答的问题时，机智幽默的语言会展现自己的聪明智慧，有助于化险为夷，并给人以良好的印象。

拓展阅读

应试者在谈话中应着重掌握的语言表达技巧

简明扼要。面试中的交谈受时间和内容的限制，因此说话应简明扼要，用最少的话语传递尽可能多的信息。通常要注意三个问题：一是紧扣提问回答；二是要克服啰唆重复的语病；三是要戒掉口头禅。

通俗朴实。即指应试者的语言要通俗易懂，朴实无华。

要善于用生动形象和幽默风趣的语言。在应试中尽量使自己的语言生动、形象、富有情趣，给主试者以感染力，增加对你的好感和信任。

注意谈话的语速。面试时谈话的节奏快慢，会影响语言表达的质量和效果，这就是应试者不可忽视的语速问题。在面试中，语速最好是不快不慢，口齿要清楚，说话时注意句与句之间的间隔，使人感到你思路清晰，沉着冷静。

语气要平和、语调要恰当、音量要适中。面试时要注意语言、语调、语气的正确运用。语气是指说话的口气，语调则是指语音的高低轻重配置。打招呼问候时宜用上语调，加重语气并带拖音，以引起对方的注意。自我介绍时，最好多用平缓的陈述语气，不宜使用感叹语气或祈使句。声音过大令人厌烦，声音过小难以听清楚，应以每个主试人都能听清你的讲话为原则。

（六）面试中的突发情况及其应对技巧

面试中会遇到许多意想不到的事情，面试官会提出你没有准备，没有事先考虑到的问题，甚至回答起来很棘手的问题。因此在面试中要反应灵活，随机应变，下面介绍几种情景下随机应变的技巧。

1. 口误或不小心说错话

由于紧张，面试中的口误在所难免，甚至直接说错话也是有可能的，其实初次参加面试的人经常会遇到这种情况。发生这种情况后一些应试者会表现出懊恼、心慌意乱、紧张的情绪。这些都是不成熟、不庄重的表现。明智的做法是，如果出现的只是很简单或者无关紧要的口误，不必耿耿于怀，提心吊胆，继续专心应对接下来的提问，不能因一个小错误而丧失机会。用人单位也不会因为一次小错而错过合适的人才，也会理解你因紧张而犯错。若说错的话很重要或因此会容易得罪人，求职者应该及时道歉，并表达出你心中本来要讲的意思。

2. 遇到不懂或没有听清楚的问题

如果在面试中，问你问题时讲得太简单，语速太快，你没听明白。此时，千万不要不懂装懂，硬着头皮乱讲一通。正确的做法是及时地反问面试官，这不仅不会造成不良影响，反而可以显得你比较负责任。你可以说：“对不起！我刚才没有听清楚，麻烦您再重复一下您的问题，好吗?”若真是一点也不清楚所问的问题怎么去回答，就应实事求是地告诉面试官，这个方面的知识未接触过。面试官可以理解你的回答，因为世界上没有人什么都懂。

3. 多个面试官同时提问

遇到多个面试官同时提问，一些经验不足的应试者会胡乱地选择其中一部分问题加以回答，结果自然不能让所有面试官满意。正确的做法是记住提问者的姓名、职务、称呼，然后逐一回答，又要显得有礼貌。你可以说“对不起，请让我先回答甲领导的提问，然后再谈乙领导和丙领导的问题，可以吗?”

4. 面试官突然出现“攻击性”姿态

面试时，有时一些面试官会用“攻击性”的态度或带有“攻击性”的语言提问求职者，而且提出的问题特别尖锐、刁难，甚至是让你气愤，以检查应试者的情绪控制能力，应付困难能力，胸襟是否开阔，立场是否坚定等。应付办法是：控制住情绪，勿发怒，保持风度和礼貌；抓住问题的实质作答，以能力征服对方。

5. 面试官之间对问题出现不一致

有时为了考查求职者的应变和镇静心理，不同的面试官常会出现“有人唱红脸，有人唱白脸”，故意表现彼此意见不一致，刻意制造面试混乱场面。此时求职者正确的处理方法是：切记不要自以为是地加入争论中的哪一方去，或充当调和人，应保持平静心态，镇静沉着，以不变应万变。

控制紧张情绪的方法

(1) 转化控制。不要把一次应试得失看得太重，要洒脱些。同时暗示自己，其他的应试者也同样会紧张。最后要想到，此处不留人，自有留人处。

(2) 冷化控制。挺直腰，身体微微前倾，四平八稳地坐在椅子上，做深呼吸。

(3) 缓解控制。面试前，可进行自我鼓励，心里默念“我能行，我能行……”同时可以在手掌上写下“我不紧张”的字样，这样会使你紧张的情绪得到缓解。

(4) 环境控制。在面试前可预先到达应试场所，熟悉环境可增强信心，或找亲朋好友搞几次模拟面试。做好充足准备，可消除临场的紧张感。

(5) 节奏控制。一是不要急着回答问题，主考官问完后，不妨稍等两秒钟再徐徐开口；二是掌握说话节奏，不能太快，太快容易出错，造成心理紧张，也不能太慢，太慢会引起主考官听得不耐烦，进而又引起你的慌乱。

(6) 泄露控制。经过以上努力，仍不能缓解紧张，最明智的办法是坦白告诉主考官，例如说：“对不起，我确实有些紧张，可不可以让我先冷静一下，再回答你的问题?”通常主考官都会同情你，并因你的真诚留下良好的印象。而你也因为讲了出来，觉得舒服多了，紧张情绪也大大缓解。

【讨论与分享】

模拟面试

要求：

1. 面试岗位在面试前公布，面试官和求职者根据面试岗位要求考核面试人员。

2. 每小组安排一名同学担任求职者，提前2周做好准备，面试当天需穿着正装、带上求职材料参加面试。

3. 面试官由班级中曾经担任过学生干部的学生、专业成绩拔尖的学生、社会实践经验丰富的学生组成。

4. 每小组安排一人担任观察记录员，面试结束后观察记录员分享面试过程中求职者表现出的优缺点。

5. 求职者根据签到顺序参加面试，面试过程包括：3分钟以内的求职自我介绍、回答面试官提出的问题、适当提出自己的疑问。面试结束后求职者分享面试过程中遇到的困难和发现的优缺点。

6. 面试官根据面试评分表打分并做好详细记录，面试结束后由面试官在求职者中选出愿意聘用的人才，并说明理由。

面试评分表

姓名　应征岗位　性别　学历　年龄					
评分内容					
注：评分标准：单项满分10分。优—10分，良—8分，一般—6分，稍差—4分，差—2分。					
评定项目		得分	评定项目		得分
举止表现	穿着打扮得体；言行举止符合一般的礼节；无多余的动作。		综合分析力	对事物能从宏观方面总体考虑；对事物能从微观方面考虑其各个组成部分；能注意整体和部分间的关系及各部分间的有机结合。	
自信心	对于从事过和未从事过的工作有信心使其良性发展，具备较强的独立思考和行动能力，敢作敢为，当机立断。		稳定性	工作目标清晰，善于化解工作和生活的压力，保持良好的心态；情绪稳定而成熟，能面对现实；长时间从事一种工作，仍能保持较强的进取心。	
应变能力	有压力状况下思维反应敏捷；情绪稳定，考虑问题周到。		工作热情和事业心	兴趣与岗位情况匹配；成就动机（认知需要、自我提高、自我实现、服务他人的需要、得到锻炼等）与岗位情况匹配；认同组织文化。	

（续表）

评定项目		得分	评定项目		得分
表达能力	理解他人意思，口齿清晰、流畅；内容有条理、富逻辑性；能理解并具有一定说服力；用词准确、恰当、有分寸。		计划组织协调	依据部门目标，预见未来的要求、机会和不利因素，并做出计划；看清冲突各方面关系；根据现实需要和长远效果做适当选择；及时做决策；调配与安置人、财、物等有关资源。	
稳重度	在较强的刺激情境中，表情和言语自然；受到有意挑战甚至有意羞辱的场合，能保持冷静；为长远或更高目标，抑制自己当前的欲望。		团队协作	人际合作主动；理解组织中权属关系（包括权限、服从、纪律等意识）；人际间适应；有效沟通（传递信息）；处理人际关系原则性和灵活性结合。	
面试得分合计　　　分					

（七）面试中容易出现的问题

1. 不善于打破沉默

面试中，有些求职者不善于打破沉默，使面试出现冷场。实际上，无论是在面试前还是在面试过程中，求职者对面试官过于热情，与面试官套近乎，面试官都会非常反感。

2. 被自己的主见或偏见左右

有时候，求职者会被自己之前听到的一些关于面试官、应聘单位或应聘职位的评价左右，从而影响自己的思维。

3. 滔滔不绝，把自己说得很完美，却举不出例子

有些求职者非常想给面试官留下一个好的印象，在谈自己的特长、技能时慷慨陈词，但是当面试官要其举例子时，却举不出例子。这样会给面试官留下很不好的印象。实际上，面试官心里很清楚，人无完人，所以不妨在面试中谈一些自己的不会影响工作的缺点。

4. 缺乏主动积极的态度

在面试的时候，求职者可以表现得积极主动一些，争取给面试官留下一个好的印象。

5. 不善于提问

沟通是双向的，在面试中，求职者不要只回答面试官的问题，可以适当地问一些让面试官眼前一亮的问题，给面试官留下好的印象。

6. 对自己的职业生涯规划不清楚

不少求职者对自己的职业生涯规划是很不清楚的，不知道未来职业该往哪里发展，这是非常忌讳的，作为大学应届毕业生至少应该知道自己未来几年的职业发展方向。

7. 主动打探薪酬、福利

有些求职者会在面试快结束的时候向面试官打探薪酬、福利，实际上，如果面试官对你有意的话，会主动告诉你的。面试官非常忌讳求职者主动打探薪酬、福利。

8. 面试即将结束时，不知道如何收场

在面试即将结束的时候，有些求职者不知道如何收场。实际上，当面试官说“行，就到这里吧”时，求职者不妨站起来，向面试官表示感谢，然后离开。

9. 不注意倾听，随意打断面试官的提问

注意倾听是一种重要的交流信息的手段和技巧。面试的实质就是求职者与面试官进行信息交流而获得全面评价的过程，形式上充分体现在“说”和“听”上。但一些求职者在面试官介绍情况时，不认真聆听，随意打断面试官的提问，这是对面试官的不尊重，回答问题难以做到有的放矢。因此，在面试中，求职者在面对面试官介绍情况时应该要做到：一是目光要专注，要有礼貌地注视面试官，并且要不时地与面试官进行眼神交流；二是要微笑；三是用点头来对面试官的谈话做出反应，并适时说些简短而肯定对方的话；四是身体要稍稍向前倾斜。

10. 不注意面试官的反应

求职面试不同于演讲，而是更接近于一般的交谈，应随时注意面试官的反应。比如：面试官心不在焉，可能表示他对自己的谈话没有兴趣，你还在滔滔不绝是不行的，要设法转移话题；当面试官侧身倾听，可能说明由于自己音量过小使对方难以听清；当面试官皱眉、摆头可能表示自己的语言有不当之处，根据对方的这些反应，就要相应地调整自己的语言、语调、语气、音量、修辞和陈述内容。这样才能取得良好的面试效果。

（八）面试结束技巧

当面试官回答完你的提问之后，往往是结束面试的最佳时期了。此时，你应该抓住面试的最后一分钟，为自己的面试画上一个圆满的句号。

你可以站起身来，礼貌地向面试官索要名片，因为通过一张小小的名片也可以了解到很多信息，比如，面试官的联系电话、职位等。有些名片上还有公司的简介等。不要怕，大胆去要，即使对方不给，你也没有什么损失。

无论面试官是否愿意把名片给你，你都要向面试官礼貌地表示感谢，然后要强调自己对这份工作的渴望及能够胜任的信心。例如，你可以说“非常感谢您给我的指点，希望有机会多多向您学习，也希望有机会为贵公司效力。如能被聘用我定会出色表现，请多考虑我的情况，希望得到好消息，再见”。在你的礼貌和热情之中，面试缓缓落下了帷幕。

第三节 笔试

笔试是用于考核应聘者特定的知识、专业技术水平和文字运用能力的一种书面考试形式。通过笔试可以比较有效地考查应聘者的专业知识、基本知识、综合分析及文字表达能力等，全面地了解应聘者的综合素质。因此很多企业的大规模招考、公务员考试等都有笔试环节。应聘者不仅要注重提升面试技巧，也要重视对笔试的锻炼。本节就从笔试的概念、类型、技巧等方面进行分析介绍，帮助大学毕业生轻松应对笔试。

一、笔试概念

笔试是用于考核应聘者特定的知识、专业技术水平、文字运用能力等全面素质的一种书面考试形式。它是用人单位对求职者所掌握的基本知识、专业知识、文化素养和心理健康等综合素质进行的考查和评估。

笔试的优点：一是经济性。笔试可对大批应试人员在不同空间、不同时间内实施，测评效率高。二是广博性。一份笔试的内容可以测试出应聘者的基本知识、技能和能力的深度及广度，测试的信度和效度都比较高。三是客观性。笔试考卷可以密封，主考人与被测者不必直接接触，评卷又有可记录的客观的尺度，考试材料可以保存备查，较好地体现了客观、公平、公正的原则。总之，采用笔试的方法，机会均等而且相对客观，这是其他方法难以替代的。但是，笔试偏重于机械记忆，不易发现个人的创造性和推理能力，不能全面地考查应聘者的工作态度、品德修养以及组织管理能力、口头表达能力和操作技能等。因此，笔试虽然有效，但还必须采用其他测评方法来弥补。

二、笔试类型

笔试的分类有很多标准，不同的标准可以分为不同的笔试类型，按考试的侧重点来分，当前求职过程中的笔试形式一般有以下几种。

1. 专业考试

专业考试主要是检验应聘者是否达到用人单位所要求的专业知识水平和相关的实际能力。专业考试有不同的题型，例如一些外资企业、外贸企业对应试者要考外语，科研机构招聘人员要考科研写作及动手能力等。目前，这种考试方式已被普遍应用于选拔人才。

2. 文化素质考试

文化素质考试是为了检验毕业生的实际文化素质，由用人单位给出范围或特定要求，通过作文来考查应聘者的知识、思维、文字表达能力的笔试方式，考试的题型通常比较灵活，如要求文科学生运用某一原理，或某历史知识，分析某一问题；要求理工科学生运用某一专业知识，解决某一实际问题等。

3. 心理和智商测试

心理和智商测试是用事先制定好的用于测试被试者心理素质、智商的标准化量表或问卷，要求被试者在一定时间内完成，根据完成的数量和质量来判断其心理水平与个性差异，求职者的态度、兴趣、动机、智力、个性等心理特质，应聘者的记忆、观察和思维反应能力等。

4. 文字能力测试

文字能力测试要求应聘者在限定时间内写一份会议通知、工作报告等公文，也可以给出一个观点让应聘者论证和批驳，以考查应聘者的文字能力和应用表达能力。

5. 综合能力测试

综合能力测试兼有智商测试，但测试内容涵盖面更加广泛，这种考试的目的是考查应聘者的文字、口头表达能力以及分析问题、解决问题和逻辑思维的能力。现在国家公务员考试和事业单位招聘考试主要采用综合能力测试，考试的内容综合性较强，有数学、语文、心理测试等，题目数量大。

三、笔试技巧

（一）认真准备

笔试从某种角度来说，能更好地检验毕业生的综合素质。毕业生平时的知识积累程度，对知识是否真正理解和掌握等，通过笔试都能得到较好的体现。用人单位的出题方式远比学校灵活多样，更侧重于能力，而不是单纯的知识，因此，在参加笔试之前，毕业生应对它进行深入的了解，做到知己知彼，不打“无准备之仗”。

1. 做好全面复习准备，做到有的放矢

复习是笔试准备的重要方式。不同的笔试类型，有不同的考试内容，毕业生在考前应进行详细的了解，针对不同情况做出相应的复习准备。例如，公务员考试就有明确的考试范围，并有指定的参考书，考生复习相对有针对性，而有些用人单位的笔试则相对灵活，范围也比较大，没有明确相关的参考书，毕业生可围绕用人单位划定的大致范围翻阅有关的图书资料。从用人单位的角度看，笔试的主要目的是考核求职者对所学知识的运用能力。因此，在复习过程中一定要善于将知识运用到实际问题的解决中，做到学以致用、理论联系实际。

2. 保持良好的身心状态

求职过程中的笔试毕竟不同于学校平时的考试，临考前要注意以下几点：适当减轻思想负担，不可给自己施加过大的压力，否则会适得其反；笔试的前一天要注意休息，保证充足的睡眠，避免考试时精神不振，影响正常思维；适当参加一些文体活动，从而使高度紧张的大脑得到放松休息，确保以充沛的精力参加考试。

3. 做好临场准备

提前熟悉考场环境，有利于消除应试时的紧张心理。还应仔细看看考场注意事项，尽量按要求做好。除携带必备的证件外，一些考试必备的文具（钢笔、橡皮等）也要准备齐全。

（二）笔试中要注意的细节问题

1. 听从监考人员的安排

服从监考人员的安排，按考试安排就座，查看座位有无问题，如有问题，一定要有礼貌地向监考人员请求解决。

2. 遵守考场规则

在落笔之前，一定要听清楚监考人员对试卷的说明，不要仓促作答，避免出错，遵守考场纪律，未经允许勿带手机等通信工具。

3. 写好姓名

做题前一定要将自己的姓名及相关信息写清楚。

4. 保持卷面整洁

答要时应注意卷面整洁、字迹清晰、答题有序等，切勿涂涂改改。

（三）认真仔细答题

1. 选择题

对选择题可以采取淘汰法、去同存异法、比较法、印象确定法。

淘汰法。这种方法最适合单选题。当确定一个选项不符合题意时，便将自己的注意力迅速转移到下一个选项，依次加以否定。假如第一个选项是正确答案，那么后面几个选项就可以忽略不看。

去同求异法。考生在阅读完试题内容和所有选项后，根据题意确定一个选项为参照项，该选项同其他选项存在明显的特征和差异。然后将其他选项与其进行对比，把内容或特征大致相同的项去掉，而保留差别较大的选项，再将剩下的选项进行比较，最后确定符合题意的答案。

比较法。在解单选题时，考生可以将各选项同题目要求进行纵向比较，根据各选项同题意要求差异的大小来确定最符合题目要求的答案。在解答多选题时，考生可以将选项同题目要求做纵向比较，再将保留下来的选项进行横向对比，最后确定符合要求的正确答案。

印象确定法。它是指考生根据自己对知识的印象深刻程度来选择答案。考生读完题后那些熟悉的内容必然会出现在头脑中，这时做出判断，命中率比较高。

2. 论述题

对于论述题，解答时首要的策略是拓宽视野，从多角度看问题，抓住问题本质，要在理论的指导下自己去发挥。

3. 判断题

要求对所给的问题做出明确的是或非的回答，一般只有一个错误点，最多两个，较多出现在基础知识中容易混淆、易误解的常识性知识部分。

4. 作文题

要求在规定时间或空间内完成。需要审题，果断、正确、迅速地扣住作文题目的关键词，确定写作中心。写作提纲应简略，不要太浪费时间，只要能反映文章的基本思路、段落层次即可。

本章要点回顾

1. 大学生在求职过程中，要想把握住更多的机会，就必须具备较高的综合素质。要想提高个人的修养，就必须掌握一些必备的礼仪知识。

2. 在面试中，得体的穿着可以给你的面试加分不少，因此，作为即将毕业的大学生，掌握基本的面试着装礼仪是非常必要的。

3. 在面试过程中，大方得体的举止、温和的谈吐能给面试官留下良好的第一印象。掌握基本的礼仪知识，大学生应该从日常生活做起。

4. 当我们获得了面试的机会时，要镇定自如地进行自我介绍，自我介绍应包括“我是谁”“我做过些什么”“我取得了哪些成绩或成果”“我想做什么”几个方面。

5. 面试前，充分了解要去应聘的企业的文化、发展历程、主要的业务项目、近期重大发展型事件、行业的发展前景等方面知识，以便做到在面试时沉着应对。

思考与练习

一、在面试之前，请你的朋友或家人和你一起演练一次面试，然后对照下面的面试练习检查清单，看看你的表现如何，重点找出自己哪些地方做得不好。然后根据朋友和家人给你提出的建议，有针对性地进行强化训练。

你的表现	糟糕	一般	非常好	建　议
你的坐姿怎样				
你微笑了吗				
你的表达自信吗				
面对压力时，你的表现冷静吗				
每个问题的回答时间掌握如何				
你的回答清晰吗				
在你的回答中，恰当地使用事例了吗				
你的声音洪亮吗				
你能与面试官保持目光接触吗				
你对面试官的情况了解程度如何				

二、完成以下练习

1. 什么是礼仪？礼仪有哪些原则？

2. 面试时男女着装的要求有哪些？请为自己搭配一套面试的着装。

3. 正确的站姿、坐姿的具体要求有哪些？在寝室或家里训练自己正确的站姿、坐姿。

4. 请尝试回答以下面试问题。

你为什么对这个岗位感兴趣？

假如录用你到这个公司，你个人希望取得什么样的成就？

你为什么应聘我们公司？

你自己有哪些特点符合我们公司的要求？

你如何选择自己的职业？

请你用 2 分钟的时间做自我介绍。

请问你在校期间参加过什么样的团队活动，你在里面所扮演的角色是什么？

怎样调解同事之间的矛盾？

三、案例分析题

案例 1：

即将大学毕业的小 A 正处在找工作的阶段，一天他买下了几份报纸仔细研读，在招聘栏中用铅笔勾出了六家适合自己的公司。他打电话给第一家公司，对方说本公司招聘名额已满，报名的人数已大大地超过了我们所需要的人数，近期内不会再招了，请不要再打电话或来信了。他打通了第二家公司的电话，对方说：你先寄一份简历来。其他四家公司的电话他再也没有打了。他花了两天时间写了一份个人简历寄去，耐着性子等了一个星期，终于等到了去面试的电话。跑去面试，进门一看应聘的人很多，该回答的问题都回答了，他们说："你回去吧，我们公司会同你联系的。"一个星期又一个星期过去了，他还没有接到录用的通知书。

请问小 A 的问题出在哪里，他应该做些什么？

案例 2：

五道面试题

用"你为什么……"的句式，考官可以一连造出 100 个句子来询问应聘者。但实际上，万变不离其宗，考官可能问到的问题，大多能提炼成 5 个。

(1) 你为什么到我们公司来？

两名外语专业的大四学生，同校同班，一同应聘总裁助理职位。A 说："我毕业于某大学外语专业，22 岁，平均成绩为 90 分，班级排名第一，是校学生会主席，组织过很多社团活动，还是学校义卖形象大使。我爸爸是局长，有广泛的人脉。我的爱好是游泳、看书。"B 说："我关注贵公司很久了，很清楚你们公司的业务……做总裁助理英语必须很好，所以我除了平时在校刻苦学习英语外，还利用寒暑假到旅行社实习；我也知道总裁助理的文笔要好，所以一直练习写作，给校广播站和杂志社投稿，现在已发表多篇文章，而且给出版社翻译过外文书。"或许 A 看起来很优秀，但显然 B 对公司和职位更有热情，更用心。

(2) 你能为我们做什么？

有时考官会问你："你在大学都学了哪些专业课？""除了这些，你还会什么？"很多大学生会回答，"我会 C++"。对于考官的提问，学生回答的只是"我会什么"的问题，并没有回答清楚我学了什么知识，利用这些知识，将来如果我能到这个企业工作，"我能为企业做什么"的问题。

(3) 你是什么样的人？

这等于是在问：你了解自己吗？你的价值观是否和我们一致？你必须清楚地告诉考官

把你招进来之后，能把你用在什么地方。这个问题还会以“你最害怕的一件事”“你最不喜欢的工作环境”“你最喜欢什么样的老板”“你最崇敬的一个人是谁，对你的影响是什么”“你的优点和缺点是什么”等形式出现。

(4) 你与竞争同一职位的其他人有何区别?

通常这个问题会带着“你的优势是什么”“为什么我要录用你”的面具。时常有学生回答，“我有良好的沟通能力、团队合作精神、人际交往能力、组织协调能力……”这毫无意义，因为在校生在这些方面的差别只差毫厘，既然岗位要求了这些能力，所有进入面试的候选人都具备了大同小异的沟通能力、团队合作精神，这不是你的优势。

(5) 你还有什么问题要问我吗?

通常许多学生会问工资、培训这些问题。

问题：请问上述面试问题及其回答有什么问题？如果是你，你该如何回答？

第七章

如何做成功的职业人

——大学生职业素养提升

本章导读

即将告别熟悉的校园进入严酷的职场，对大学毕业生来讲意味着将要面对一个完全陌生而且富有挑战的环境。初入职场的你们，都准备好了吗？是否能够从学生顺利地转变为职业人？是否能够展示自己的良好风貌？本章将说明应如何从学生转变成真正的职业人，以及如何做一个成功的职业人。

学习目标

1. 了解学校和职场的差别、学生和职业人的差别，为角色转换做好准备
2. 了解在角色转换过程中可能出现的问题，并掌握解决方法
3. 掌握如何树立良好的第一印象
4. 掌握如何将就业核心竞争力转变为职业核心竞争力

第一节　从学生到职业人的过渡

大学生离开学校，走进社会，角色从学生转变为职业人，这无疑是人生中的一次重大转折。实践表明，更快适应职场、更快转变成为职业人的人，会更容易获得用人单位的认可，也更容易享受到事业成功和生活幸福的喜悦。因此，对于大学毕业生而言，最重要的是了解学校和职场的区别，了解学生和职业人的差别，努力完善自身，尽快适应职场生活。

一、学校和职场的差别

学校和职场的差别，主要体现在以下几个方面。

第一，学校和职场的目标不同。学校的目标是培养人，学生在学校里是学知识的；而

职场是用知识的，公司的目标首先是赚钱，然后才是培养人。因此，所有的公司都希望招到有工作经验的、能够更快适应工作的员工。

第二，在学校里学生基本上是“单兵作战”，独自完成各类作业，强调的是个人的成绩。但是在职场上，更强调团队的绩效、团队协作能力。职场中几乎所有的任务都需要通过团队协作来完成，并且你完成任务的情况会受到上一个环节的制约，也会影响下一个环节，甚至影响到整个公司。因此，在职场上，如果你不善于交流和沟通，很难取得好的工作成绩。

第三，学校和职场都看重成绩。学校看重的是学习成绩，职场看重的是工作成绩。由于学校里的考试是限时进行的，对学生短时间记忆、处理复杂信息的能力要求比较高，所以高智商的学生在考试中很容易取得好成绩。要是想在工作中取得好的成绩，除了要有较高的智商外，还要有较高的情商。研究表明，一个人的职业成就 20%取决于智商，80%取决于情商。

第四，在学校里，你可以闷头读书，不向老师和同学请教，也能轻松地通过考试，但是在职场上，如果你还是这样闷头做事，不向领导和同事请教，你不仅很难完成工作任务，还可能给自己和公司带来意想不到的麻烦。

第五，在学校里犯错，一般不会造成非常严重的后果，至少不会对学校造成太大的影响，而在职场上，你的一个小小的失误，有可能会对公司造成重大的损失。

二、大学生和职业人的差别

（一）社会责任的差别

大学生和职业人所承担的社会责任是不同的，有着多方面的差异，如表 7-1 所示。

表 7-1　大学生与职业人的差异

大学生	职业人
是学校的主体，接受学校的服务	是职场的客体，为职场服务
行事简单直接	按规章制度做事，以结果为导向
松散的、情感导向的合作	利益导向的合作

大学生和职业人角色的差异决定了其承担的社会责任的区别。大学生不需要承担过多的社会责任，但是职业人不一样，职业人有更高的社会责任要求，其社会评价也会更严格。

（二）所处环境的差别

大学生和职业人所处的环境也有很大的差异，如表 7-2 所示。

表 7-2　校园与职场环境的差异

校园环境	职场环境
弹性的时间安排	固定的时间安排
有规律的、简单而安静的生活方式	无规律的、快速而紧凑的生活方式
有寒暑假，自由支配时间多	没有寒暑假，自由支配时间少
学习、生活上的压力小	工作、生活压力大

（三）人际关系的差异

大学生和职场人所处的人际关系也有很大的差异，主要表现在老师与领导、同学与同事的差异上，如表 7-3、表 7-4 所示。

表 7-3　老师与领导的差异

老师	领导
鼓励学生表达不同的看法	对讨论不感兴趣，只关注执行和结果
对学生大多比较宽容	对员工的要求十分严格
基本上公平地对待大家	有时很独断，通常不能公平对待所有员工
知识导向	结果导向

表 7-4　同学与同事的差异

同学	同事
朝夕相处，关系一般比较好	主要是工作在一起，彼此之间可能是竞争关系
很少有直接的利益冲突	经常有直接的利益冲突
有意见往往会直接提出来	有意见往往会委婉地表达出来

三、角色转换中容易出现的问题及解决方式

（一）角色转换中容易出现的问题

角色的转换必然会伴随着不同角色之间的相互冲突，这种角色冲突是普遍存在的，大学生在向职业人转变的过程中，往往会出现各种各样的问题，主要有以下几种。

1. 依恋心理

很多大学生在进入职场后仍然难以从学生的状态中脱离出来。因为习惯了十多年的学生角色，其思维方式、学习方式都养成了固定的模式，也习惯于在老师和家长的督促下学习和成长。因此，在刚进入职场时，很多人常常会自觉或者不自觉地置身于学生角色之中，以学生角色的社会义务和社会规范来要求自己、对待工作，以学生角色的习惯方式来待人接物，来观察和分析事物。

2. 自负或自傲心理

一些毕业生认为自己有学历有文凭，是一名大学生，因此盲目自信。这种心态很容易使毕业生进入职场后出现纸上谈兵、眼高手低的问题。因为觉得自己的条件优于周围的同事，往往不屑与他人合作，更不会虚心接受别人的指导和意见，甚至对领导和前辈也表现出轻视。

3. 自卑心理

很多学生在刚进入职场时，因为面对新的工作环境和陌生的工作内容，常常会表现得自卑、懦弱。无论是工作还是待人处事，总是担心自己表现得不够好而遭到批评。导致他们过度封闭自己，不与人往来，或是盲目地听从他人的指使，不敢表达自己的想法，独立性很差。

4. 团队意识不强

众所周知，团队合作无论对于什么样的企业来说都是相当重要的，企业中是不存在某个可以单个人独立完成的项目的。但是现今的大学毕业生都缺少团队合作的意识，习惯单打独斗，这样不仅使项目不能按时完成、不能保证质量，而且会使应届毕业生的整体形象大打折扣。因此，应注重培养大学生的团队协作精神。

（二）角色转换中容易出现问题的解决方式

1. 调整就业心态，做好心理准备

拥有良好的就业心态是实现角色成功转换的基础。过硬的知识技能水平固然重要，充分的就业心理准备也是必不可少的。因此，大学毕业生要有承受挫折的心理准备。

2. 正确认识自我、定位自我

学生要学会认识自我，清楚地知道自己的能力范围、职业兴趣以及自己真正的需要，并在此基础上寻找合适的工作。在正确认识自我的过程中，还需要借助于他人对自己的评价，对自己有个全方位的认识。在对自身有了明确的认知之后，接下来就是进行心理定位。心理定位能够帮助毕业生明白自己的目标和需求，在选择职业的过程中更加客观和全面，可避免好高骛远或是高不成低不就的现象出现。

3. 虚心学习知识，提高工作能力

在角色转换过程中出现各种问题，有可能是因为自身能力不足。大学毕业生在学校中学到的知识是有限的，而工作中遇到的问题是多种多样的，很可能无法运用在学校中学到的知识去解决，因此很多知识需要在实践中去学习。在面对新工作时，大学毕业生要有虚心向学的学习态度，向经验丰富的同事请教，不断丰富自己的专业知识，提高自己的工作能力。

第二节　打造良好的工作第一印象

在心理学上，第一印象也叫首因效应，是指当人们第一次与某物或某人接触时接收到的信息比后续信息对形成印象影响更大。入职后大学生给在一起工作的同事们展示良好的

第一印象非常重要。如果第一印象良好，即使以后有表现不足的地方，别人也会对你宽容一些；如果第一印象不好，想要再挽回，则需要付出更多、更大的努力。在此，给出以下几点建议。

一、穿着要干净得体

要获得良好的第一印象，首先要注意自己的穿着装扮，着装一定要得体、大方，衣服要干净整洁，身上不要有异味。大学毕业生第一天入职时，一定要准备好一身得体的衣服，都说人靠衣装，要选择一身适合自己工作性质的服装，尽量给人留下干练的印象。许多大公司甚至对自己职员的穿着装扮都制定了统一“标准”，所谓标准自然不是指穿着好看或指定某种衣料服饰，而是“观感”的“水准”。有一家保险公司的市场调查人员发现，他们对农民推销保险时，穿戴整齐的业务员往往比穿得一般的业务员在业绩上好得多。可见，虽然农民本身由于职业的原因，无法像职业人员那样衣冠楚楚，但对穿着整齐的人，总是更容易有信赖感。因此，任何人都不要过分嘲笑“先敬罗衣后敬人”这种社会风习。

二、放松心情，常带微笑

在与同事相处过程中，要使别人感到轻松自在，首先你自己就必须表现得轻松自然，无论遇到什么严重的事情，心理上都要尽量放松。工作中不要总是神色严肃、面无表情，或做出一副苦闷的样子，要随时保持微笑。面对初相识的陌生人，微笑可以化解入职时的尴尬，也能给人留下阳光的感觉，可以给你带来很好的人缘。

需要指出的是，在职场上，注意不要把自己的负面情绪传递给他人。自己处于情绪低潮时，如果在与他人交往当中不断释放出来，满面愁容、对人爱答不理，很容易使他人感到压抑。因此，要及时觉察和处理好自己的情绪，避免给他人带去负能量。

三、注重职场礼仪

职场礼仪是一个人在职场必须要重视的礼仪。个人礼仪的水准往往体现出素质的高低。自己的行为举止符合职场礼仪，可以给别人留下良好的印象。以下是职场中常见的一些礼仪建议。

（一）电话礼仪

电话已经成为日常办公不可缺少的一种工具。我们经常要给客户、同事、上司等打电话，接打电话要注意使用文明用语，一般办公室电话要在三声内接起，报出本单位或本部门名称，询问对方有什么事情，如果要找的人不在，要询问对方姓名身份，是否有什么事情需要转告。接打电话要注意数词、名词的准确性，要通过重复向对方确认。给别人打电话时要注意打电话的时间，没有特殊紧急情况，不要在节假日、晚上、用餐时间打电话；

为了不给对方造成时间紧张，还要避开刚上班的时间和即将下班的时间。

（二）电梯礼仪

乘坐电梯时，要看到电梯门打开，看到轿厢再上，要先下后上；先上电梯的人要站在电梯两侧，其他人站两侧及后壁，最后上的人站电梯中间；遇到领导、长者时，可以请领导、长者先进先出；电梯里人比较多时，离门近的人先出电梯，以不影响其他人出去。

（三）会议礼仪

得到会议通知，首先要了解一下会议的主题是什么，是否需要发言，是否要携带相关材料，是否需要做其他的准备。要根据会议通知的时间和地点提前到达，不要迟到。如果不能准时到会，要提前向本部门领导或会议组织方请假，并说明情况。入座时，会议放置名牌的，按名牌位置就座；如果没有放置名牌，则与同部门或同级别人员相邻就座。

参加会议要衣着得体，会议开始前要关闭手机或把手机调至静音状态，会议期间无特殊紧急情况不要接打电话，不要不停看手机消息。开会时应认真听讲，不要交头接耳。确实遇到特殊情况需要提前退场，要告知会议组织工作人员，在不影响他人的情况下悄悄离开。

（四）交谈礼仪

初次在单位与人交谈时，可以从无关紧要的话题开始，切忌坐着闭口不语，一脸严肃的表情。交谈时应注意把握说话速度、声音的高低和语气、动作、手势、神情以及其他吸引别人注意的能力等。要知道，别人正是根据这些特点来形成对你的印象。无论你是面对一个人还是面对一百个人说话，一定要记住眼睛始终望着对方，手中不要玩弄物品，那样会显得心不在焉，是不礼貌的行为。此外，不分场合滔滔不绝、自说自话，也难以让他人接受。再有，耳语被视为不信任在场人士的防范措施，在大庭广众之下与同伴耳语是很不礼貌的事。

四、尽快熟悉业务

有的新入职的大学毕业生由于缺乏实际工作经验，开始工作时往往不知从何做起，从而容易在心理上造成很大的负担；也有的新入职大学毕业生眼高手低，急于表现自己的才能，结果往往因不切实际而以失败告终，不仅给单位造成损失，也给同事留下不踏实的印象。其实，要想迅速进入工作状态，非常重要的一点就是入职后要谦虚谨慎，尽快将分派给自己的工作任务熟悉起来，包括工作内容、任务要求、业务流程、操作规范、岗位职责、考核标准等。只有做到知己知彼，才能尽快适应并顺利工作。在第一个月内，最需要做的是将有关的业务知识和本岗位业务规范、技术要求、操作流程等彻底研读一下，开始时或许会觉得很吃力，但这绝对是必要的。如果对自己的任务或部门的工作有任何疑问或不懂的地方，一定要开口去向老员工请教询问，不要闷着头只顾自己做事。除了对自己的部门，也要尽力去了解和熟悉其他与本岗位有关联部门的工作规范和要求。

五、认真对待本职工作

新员工认真对待自己的工作是留给别人良好第一印象非常重要的一环。初入职场的人在接手新工作后，应该表现得比别人更勤快，别人才容易很快接受你，即使你有很多工作或业务不懂，别人也会看在你非常勤快的分上耐心教你。如果你从入职开始就表现出对本职工作的热爱，愿意为之付出努力，别人就会觉得你有进取心，有发展空间，是个可造之才，将来一旦有好机会，别人很自然会想到你；如果你对待工作表现出一种无所谓的态度，工作起来懒懒散散、漫不经心、得过且过，别人就会觉得你没有什么出息，也不会有什么前途可言，一旦有什么好的机遇，别人也不会留给你。此外，要认识到，职场充满竞争，即使是同事之间，也应该把竞争看作一个正常自然、无法回避的客观事物。竞争往往会导致工作效率的提高。所以说，参与竞争可促进自己能力的提高，要做到谦让，但不是退让，要积极应对竞争或机会，该出手时就出手，当仁不让。

六、为人谦虚谨慎

初入职场的大学毕业生可能有不少优势，如有的人从名牌大学毕业，有的人是研究生，有的人是留学回国的“海归”，还有的人在大学期间是学生干部等，来到工作单位后却发现单位多数老员工在各方面都不如自己，于是很容易产生骄傲和看不起人的心态。要知道，在比你年长的职工面前显露出目中无人或自命不凡的态度是职场新人的大忌。作为职场新人，为人谦虚谨慎十分重要，再有本事也不要给人留下恃才傲物、看不起人的感觉，何况你也有很多不懂的事需要向老员工虚心请教。因此，保持谦虚和尊敬他人的态度，既可以促进同事间的交流，也能促进同事间的团结和人际关系和谐。

第三节　提升职业竞争力

当大学生由校园进入职场，由一名学生转换为职业人之后，他的角色会立即发生转折性的变化。大学生必须尽快地适应自己的身份变化，并进行角色转换。一名合格的职业人，需要塑造自己的核心竞争力；而刚步入社会的大学生，应该思考如何将自己的就业竞争力转变为职业竞争力。

一、积累自身职业核心竞争力

时下流行一个观点——做技术的不容易失业。这个观点恰恰说明了职业核心竞争力的重要性。做技术的人，都有一个专业背景，这使得他无形中就建立了一个核心竞争力。很多职场人士，做了几年的工作，却仍会为失业担心，这是为什么呢？因为他不明白自己的职业核心竞争力是什么，或是没有自己的职业核心竞争力。对此，职业顾问指出，职业核心竞争力绝不只属于专业技术人员，即使是做市场营销的人，也能通过职业规划，在 1~2 年内建立自己的职业核心竞争力，从而提高失业的“免疫”力。

二、迎合企业标准，让自己“适销对路”

对于求职者而言，要想快速获得用人单位的青睐，赢得工作岗位，就必须符合企业的选才标准，让自己“适销对路”，这样才有可能成功吸引企业的注意。当前许多毕业生之所以在求职中屡屡被拒，归根结底是由于求职者自身能力与企业岗位需求不符。那些在职场中大受欢迎的人才，他们无一不是具备了过硬的岗位技能和超高的职业素养。因此，建议求职者尽可能根据自己目标职业的选才需求，全面提升自己的能力和素养，以便让自己与企业要求无缝对接，成功获得理想中的岗位。

三、德才兼备，培养核心竞争力

在职场中，许多企业都十分看重人才的技能与素养。在企业看来，一个具备过硬岗位技能和较高职业素养的人才，便具备了核心的职业竞争优势，这种优势不仅能让求职者在找工作时无往不利，也能让他们在岗位工作中游刃有余、步步高升。基于此，建议求职者在求职前一定要在技能和素养上进行针对性训练，提升自己的职业竞争力，最终让自己成功就业，圆满实现自己的事业理想。

四、做好职业生涯规划，提升专业素养，获得更多就业机会

如果说迎合企业标准、培养自身能力和素养是求职前的必要准备，那么专业素养的培养则是决定求职者职业走向的一个关键因素。如果求职者不能在工作中不断培养自己的专业素养和工作技能，那么将会变得毫无竞争力。我们也不能过分地依赖所谓的专业，专业的核心还在于掌握专业所要求的基本和最为核心的专业知识，不断地培养自身的专业素养。

本章要点回顾

1. 学生在角色转换过程中，必须了解学校和职场的差别、学生和职业人的差别，并且要学会克服在角色转换过程中出现的各种问题。

2. 学生刚进入职场，需要给人留下良好的第一印象，树立良好的职业形象。

3. 在进入职场后，学生要将就业竞争力转变为职业竞争力，以此来不断提高自身的竞争优势。

思考与练习

案例分析：

小张是广西某职业技术学校酒店管理专业的优秀应届毕业生，历任班长、学生会负责人，有强烈的上进心，吃苦耐劳，善于沟通，具有较强的组织管理能力。毕业后，小张来到南宁某五星级宾馆应聘，成为一名宾馆服务员。宾馆首先安排他做行李员，他自认屈才，开始即有抵触情绪，他认为以他的才能，做个大堂副经理绰绰有余。他的表现给宾馆管理层留下不佳印象。

与小张同班的女同学小李也是优秀毕业生，来到小张服务的这一家宾馆做客房保洁员。由于家境困难，她非常珍惜这一工作机会，工作细心勤恳，态度温和谦逊，微笑常挂脸上。一天中午12点，负责一个会议的徐先生提前1小时来到宾馆，搬了一箱会议资料，在宾馆门口碰见做行李员的小张，徐先生要求小张帮他将资料搬到会议室。小张正好要下班，就说："对不起，我下班了。"徐先生一脸不高兴，正在这时，刚上班的小李见状，连忙微笑着说："先生，我来搬。"她的勤快消除了客人的尴尬与不满。这一切，被大堂值班经理看在眼里。

三个月试用期后，小张被婉言辞退，而小李却被提升为客房部值班经理，并且在以后的发展中得到逐年提升，三年时间就升任大堂经理。

思考：小张和小李站在同样的起点上，为什么小张被辞退了，而小李却逐年升迁？请结合本章学习的内容进行分析。

第八章

你想自己当老板吗？
——大学生创业准备与实施

本章导读

在这样一个“大众创业，万众创新”的时代，我国高等院校不断出现创业大潮。作为当代的大学生，是选择安于现状、碌碌无为地过一辈子，还是选择乘风破浪，开创属于自己的事业，这需要我们去勇敢地选择。

我们不能因为就业形势严峻就逼迫自己去创业，正确的态度是把被动的就业观念转为主动的创业观念，将创业作为自己职业的选择，并将自己的专业知识与兴趣特长相结合，创造出自己期望的价值。

大学生创业是时下热门话题，一些自我意识较强的大学生在国家有关政策的鼓励和就业压力下跃跃欲试，期盼实现自我价值，但创业的大学生需要具备哪些方面的素质，又应该注意哪些问题呢？本章就来谈谈这个问题。

学习目标

1. 了解创业的定义、要素
2. 了解大学生创业者所应具备的能力、特质和素质
3. 掌握如何识别创业机会以及商业模式的创新
4. 掌握如何撰写商业计划书
5. 掌握大学生创业所需的步骤

第一节　创业的概述

一、创业的定义

创业是创业者们对他们所拥有的资源进行优化整合，以获得更大的经济效益或社会效益的过程。

在学界关于创业定义的归纳中，存在不同的角度和范畴，其意域存在狭义和广义。葛建新在其《创业学》一书中，将创业的定义分为了三个层次，即狭义的创业、次广义的创业和广义的创业。我们认为这种划分有利于展开对创业定义的深入挖掘。创业的意域可以从以下三个层面来理解。

第一，创业是创建新企业的过程。创业需要一个承担创业的实体，而通常这个实体就是企业。创业者依据所在国家或地区的相关法律法规进行注册登记是创业过程的一个重要标志。

第二，创业可以是改造老企业的过程，即企业的内部创业。创业是创业者依靠自己的想法及努力工作来开创一个新企业，包括新公司的成立、组织中新单位的成立以及提供新产品或新服务，以实现创业者的理想。其中，“组织中新单位”可以理解为“新的机构或部门”。按照这种理解，我们可以将创业分为两个层次，即“创建新的企业”和“企业内部创业”。后者即通常所说的“二次创业”。全球创业观察（GEM）认为创业是依靠个人、团队或一个现有企业来建立一个新企业或一个现有企业的扩张的过程。其中“一个现有企业的扩张的过程”即“企业内部创业”。

第三，创业可以是利用社会资源孵化或催化新企业或中小企业产生、成长、发展壮大的过程。创业必定不能孤立于社会整体而存在，需要创业者对有限的社会资源提出再分配。在资源有限的前提下，创业者通过对创业机会的理性分析和周密的部署安排，赢得资源提供者的支持。随着社会分工的细化、市场竞争的加剧和就业压力的增大，社会创业已是新时期创业定义必须包括的意域。社会创业包括企业孵化器、企业催化器、创业投资企业、创业担保企业的活动等内容。

二、创业的要素

创业的要素包括创业者、商业机会、技术、资金、人力资本、组织、产品服务等几个方面。

（一）创业者

创业者是创业过程的主体，在团队中处于领导地位，在创业过程中起着推动创业企业发展的重要作用。想要创业成功，创业者需要具备识别商业机会、获取技术和资源、获得投资融资、吸引人才、组织协调的能力。因此，创业者的素质和能力是创业成功的第一要素。

（二）商业机会

商业机会指的是没有被满足的市场需求，是该市场中没有被其他企业占领的市场空缺，是被其他企业所忽略的顾客群体，因此发现商业机会是创业者实施创业的第一步。

（三）技术

技术是固定产品或服务的重要基础。产品与服务当中的技术含量及其所占比例，是企业满足社会和市场需求的支持与保障，是企业的核心竞争力。

（四）资金

资金对于处在任一发展阶段的企业来说都是非常重要的。在企业快速发展时期，资金的缺口将直接限制企业的发展壮大，而在创业之初，主要是靠自筹资金，符合一定条件的创业者，将有可能获得一定的政府扶持资金。

（五）人力资本

人力资本是创业的重要资源投入。创业成功的关键在于创业者的识人、留人、用人。形成创业的核心团队，制定有效的政策制度和组织结构，建立良好的企业文化是建立人力资本的核心。

（六）组织

组织是协调创业活动的系统，是创业的载体，是资源整合的平台。创业型组织的显著特征是创业者的强有力领导，但缺乏正式的结构和制度。从广义上来说，创业型组织是以创业者为核心形成的关系网络，不仅包括新设组织内的人，还包括这个组织之外的人或组织，如顾客、供应商和投资人。

（七）产品服务

产品服务是创业者为社会创造的价值，它既是创业者成功的必要条件，又是创业者对社会的贡献。正是通过为社会提供更多更好的产品服务，人类社会的财富日益增多，人们的生活变得丰富多彩。

总而言之，创业就是具有创业精神的创业者、商业机会组织与技术、资金、人力资本等资源相互作用、相互配置，以创造产品和服务的动态过程。

第二节 大学生创业者的素质

一、大学生创业者应该具备的能力

（一）市场洞察能力

市场洞察是一种有目的、有计划、有步骤的创业感知活动，是在创业实践中运用观察方法与技巧获得关于被观察事物的主观印象并据此获得创业创意的过程。创业者具有市场洞察能力，就是善于用敏锐的眼光去看（观），用创新的思维去想（察）。对于一个成功的创业者，常人或许会认为他有超人的洞察力。其实，“超人”的洞察力是不存在的，有的只是对观察对象的创业理解。

创业的机会很多，但是奇迹往往隐没于平凡之中。判断一个创意的市场价值、一项发明的应用前景、一个市场的开发潜力，都需要敏锐的眼光。机会稍纵即逝，可是一旦抓住，它就有可能给你带来无尽的财富。

（二）创业决策能力

创业机会很多，但是并不是所有的创业机会都是可行的。这就需要创业者对主客观条件进行分析和判断，进而做出创业决策，确定创业的发展方向、发展目标、发展战略。创业者的决策能力通常包括分析能力和判断能力。创业环境总是错综复杂、不断发生变化的，因此创业者需要具备良好的分析能力，从而能够在复杂的环境中发现问题、找出问题发生的原因，正确处理问题。判断能力是指创业者需要对创业过程中的每个机会进行判断，这就需要创业者具备长远的战略眼光。

（三）吸引人才能力

任何人都不是也不可能是全才。创业者可能是发现机会的人，可能是制订计划的人，但整个创业过程不可能由他一个人完成。一个成功的创业者，必须在潜在候选人中选择最适合的事业发展助手，比如技术专家、市场营销专家、财务主管专家等。在经济全球化的时代，企业间的竞争实际上也是人才间的竞争，企业想要长期发展，必须在人才方面拥有核心竞争力。因此，创业者需要有足够的亲和力，让周围的同事、朋友感到亲切，让他们觉得创业者是可以信赖的。创业者还要能够激发员工心里的热情，在刚创业的时候，支撑新企业走下去的绝大部分动力是员工们心中的那团热火，创业者需要把员工的工作热情激发出来，支撑企业走过创业初期的艰难时刻。人才是最宝贵的创业资源。善于网罗人才的创业者，通常是创业成功的佼佼者。

（四）社交能力

社交能力是指创业者处理与企业外部利益相关者的关系，以及协调下属各部门成员之间的关系的能力。创业者要妥当地处理与外界的关系，尤其要争取政府部门的支持，同时要团结一切可以团结的人，团结一切可以团结的力量，求同存异，共同发展。总之，创业者要处理好各种关系，建立和谐的创业环境，为成功创业打好基础。

社交能力实际上是一种社会实践能力，需要在实践活动中学习，不断积累，总结经验。社交能力的培养要从以下几个方面去努力：一是学会社交，敢于冒险，敢于挑战，敢于承担责任，对自己深思熟虑后所做的决定要充满信心；二是养成观察与思考的习惯，社会上存在着错综复杂的人和事，在错综复杂的人和事面前要三思而后行，观察的过程实际上是调查和获取信息的过程，观察得越仔细，掌握的信息就越准确；三是处理好各种关系，可以说，社会活动是靠各种关系来维持的，所以要处理好各种关系。

（五）创业管理能力

找到了合适的创业机会和志同道合的创业伙伴，筹集到了创业所需的资金以后，创业者需要把自己的所有资源都整合起来，具体来讲就是人、财、物的管理问题。成功的创业者必须具有创业管理能力。创业管理能力一般包括经营能力、计划能力、营销能力、理财能力、项目管理能力、时间管理能力等。

经营能力是指创业者一旦确定了创业目标，就要开始实施创业，在激烈的市场竞争中，创业者需要具备经营企业的能力。

计划能力是指考虑未来会带来什么，它如何影响企业经营，以及为做好准备现在应做什么的能力。

营销能力是指洞察企业提供的产品和服务及其特性，理解它们如何满足顾客的需要和如何使顾客认识其吸引力的能力。

理财能力是指管理钱财、能够保持对支出的跟踪和对现金流的监控，以及根据其潜力和风险评估进行投资的能力。创业者要把握好资金的预决算，做到心中有数；把握好资金的进出，做到每一笔账都有迹可循。

项目管理能力是指组织项目、确定特别的目标、确定工作计划以确保必要的资源在正确的时间处于正确的位置的能力。

时间管理能力是指有效地利用时间，能够优先安排重要的工作和按计划行事的能力。

（六）组织能力

组织能力是一个企业的机体。创业者的组织能力主要是指创业者能够运用一定的方法和技巧，把所有的团队成员组织在一个团结向上的集体之中，使大家朝着一个共同方向和目标去努力、去奋斗的能力。任何一个创业团队和创业者都必须建立基于组织整体的管理能力，不断增强个人、团队、组织的能力，通过实现企业目标规划的能力管理，形成公司独特的核心竞争优势，如此才能从众多的竞争者中脱颖而出。

（七）创新能力

创新能力需要创造性思维，一个成功的创业团队或创业者，一定要具有独立性、求异性、想象性、新颖性、灵感性、敏锐性等人格特质。策划能力是一个企业的核心武器，也是竞争中最有力的技术武器，对每一位创业者来说都是非常重要的。策划要富于创新，所以，根据外部环境和掌握的创业机会，进行与众不同的奇思妙想的策划，对创建企业是至关重要的。

二、创业者的几个重要特质

虽然很少有学者对创业者的特质进行专门的研究，但是他们提出了创业者多方面的特征。结合我国的具体情况，我们可以归纳出创业者应具备的特质，主要包括以下几个方面。

强烈的欲望。“欲望”其实就是一种生活目标，一种人生理想。“欲望是创业的最大推动力”，因为有欲望，而不甘心，从而创业，进而行动，最后成功。这是大多数白手起家的创业者走过的共同道路。很多成功创业的案例都表明，一个真正的创业者一定是强烈的欲望者。他们想拥有财富，想出人头地，想获得社会地位，想得到别人的尊重。有人可能觉得这些东西很庸俗，事实上，禁“欲”时代早已结束，我们完全可以堂堂正正地去追求自己的欲望。

不断创新。创业可以理解为开创前所未有的事业，恰似走一条前人没有走过的路。创新是创业的灵魂。创新既是一种对旧事物和旧秩序的破坏，也是一种对新事物和新秩序的创造。创新是创业得以成长、发展、延续的动力，包括产品和服务的创新、管理创新和科技创新、经营理念的创新。曾任英特尔公司副总裁的达维多认为，一家企业要想在市场中占据主导地位，就要做到第一个开发出新一代产品，第一个淘汰自己的旧产品。

勇于冒险。创业者要敢于做“第一个吃螃蟹”的人。机遇与风险经常是相伴而行的，风险与利润总是一致的。对于创业者来说，敢于承担风险就意味着有可能把握机遇。创业者的冒险精神有时候甚至可以表现为一种追求成功的野心。拿破仑说过，不想当将军的士兵不是好士兵。霍英东认为，尽管每个人只要具备开办公司的条件，就可以领取营业执照，可能一夜之间就成为“老板”。但是，没有一点豪气，没有敢于冒险的精神，就不能行“天下先”之事。当然也就不能成为真正的创业者或真正意义上的老板。

意志坚强。在创业路上，付出过怎样的代价、怎样的努力，忍受了多少别人不能够忍受的憋闷、痛苦，甚至是屈辱，这种心情只有创过业的人最清楚。韩信食洗妇之食而活命，忍胯下之辱而长志，终于成就大业。如果缺少超强的忍耐力，快意恩仇，势必经常发脾气，而发脾气又使人丧失理智，会弄得人际关系紧张，影响工作关系，有可能导致创业失败。因此，对创业者来说，坚强的意志是必须具备的品格。

善于学习。创业需要面对多变的环境和激烈的竞争，这使创业者需要考虑的问题很多，如资金、技术、管理、与相关企业和政府部门的关系等。这些问题只有创业者自己通过学习和经验的积累加以解决，如果创业者及其团队善于学习，就能掌握要领，迅速把握创业机会。

充满激情。成功创业者共有的一个特质是充满激情，这种激情来自创业者坚信他的企业将发挥积极的影响这种信念。这种激情解释了人们为什么舍弃安定的工作而去创建自己企业，也解释了许多亿万富翁诸如微软的比尔·盖茨、戴尔电脑公司的迈克尔·戴尔、甲骨文公司的拉里·埃里森等人，为什么有了财务保障后还在不停工作的原因。

勤奋苦干。辛勤付出，是获得成功的必由之路。任何成功的创业背后，都是创业者们辛勤的汗水和刻苦的努力。创业的成功需要坚韧不拔之志、顽强的毅力、吃苦耐劳的执着精神、忘我的热情、甘于奉献的献身精神。几乎每一个创业者都近乎是工作狂。正像爱迪生所说：“创办一家成功的企业所需要的远不止是好的主意、市场和资金，新创企业所需要的是那种一旦公司诞生就能够夜不能寐的产品斗士。”

果断把握机会。机遇对创业者来说，无疑是最重要的外部因素。由于机会具有很大的偶然性和不确定性，所以机会也成为创业者最关注的要素之一，而成功的创业者大多都能够正确地认识和把握住稍纵即逝的机会。比尔·盖茨的成功在很大程度上取决于他对机会成功的把握，他准确地预见了计算机软件的巨大前途。而迈克尔·戴尔的成功也归功于他对“直销”这种商业模式的成功把握。现在有很多人经常会怨天尤人，总哀叹上天不眷顾自己，幸运女神不垂青自己。其实，仔细分析一下，就会发现这里存在两个问题。其一，机会其实是无处不在的，但要懂得认识机会和把握机会。盖茨和戴尔在发现巨大商机后果断抓住机会、辍学经商，才成就今天的伟业。如果在机会面前犹豫不决、停步不前，那是肯定没有收获的。其二，不能光看到盖茨和戴尔的辍学，他们在学校里都是优秀的学生，勤奋好学，并且对计算机都有着浓厚的、忘我的兴趣。这也正验证了那句古话，“机会总是垂青那些有所准备的人”。所以，在机会来临之前，要做好充分的准备，努力提升自己的能力，迎接幸运女神的垂青。

自信。自信是对自我评价的一种积极性。“创业始于自信，成于诚信。”创业者一般对自己评价比较高，自信心足。所以很多人认为创业者是“自负的人”“疯子”“吹牛大王”等等。但是创业者必须有足够的自信。创业者在创业初期，往往会遇到很多困难，如资源的不足、环境恶劣、旁人的嫉妒和责难等。在这些困难面前，创业者需要保持自信，给自己增加动力渡过难关，特别是在创业融资阶段，创业者一定要对自身的项目、团队和成功保持足够的自信。创业者要用自信给投资者增加投资信心。

诚信。诚信是做人之本，也是一个企业的无形资产。创业者要有正确的世界观、人生观、金钱观和社会责任感。创业者要培养对金钱正确的认识。创业者要喜欢金钱，这和中国传统的道德观念并不违背。“君子爱财，取之有道。”金钱是创业最大的动力之一，但也不可以盲目地奉行拜金主义，视金钱为一切。

创业者特质的测试

创业者通常具备以上的特质，这意味着并不是每个人都适合做一名创业者，仅仅能够识别到有利可图的机会还不足够。你是这样的人吗？你是否能够设计出愿景，指出你未来的目标，并能达到它呢？如果不能，你就应该重新考虑，因为创业很像爱迪生所说的那样“成功是2%的灵感加98%的汗水”。

虽然没有单一方法来检验创业者的特质，但人们普遍认为成为一名成功创业者需要几个关键特质。巴隆（Roben A. Baron）和谢恩（Scott Shan）提出需要回答下列问题。我们根据巴隆和谢恩的设问，发展了其提问内容，并予以赋分。请根据每个方面给自己打分，然后让几个熟悉你的人也给你打分。结果或许可以让你很好地了解，你是否能成为一名优秀的创业者，或者还需要提高自己哪方面的特质。

（1）你掌握了创业相关的知识吗？或者掌握了其中一项，如技术、营销、人力资源；或者你参加过创业培训；或者你富有学习精神，准备去掌握这些知识。（1~10分）

（2）你对新生事物充满好奇和关注吗？你对国家大事、社区生活百态时常留心吗？你是否思考并分析过一些创业人物、企业或身边的店铺的经营情况？或者你准备去关注这些事情。（1~10分）

（3）你能应对不确定性吗？安全（如固定的薪水）对你重要吗，或者你愿意容忍不

确定性（经济和其他方面的）吗？（1～10分）

（4）你精力充沛吗？你是否有精力和健康的身体进行长时间工作，以实现对你而言很重要的目标？（1～10分）

（5）你信任自己和你的能力吗？你是否相信，你能够达到想达到的任何目标，并学会这个过程所需要的东西？（1～10分）

（6）你能很好地处理逆境和失败吗？对于不利的结果你如何反应？是灰心丧气还是重新承诺下一次会成功并从错误中学习？（1～10分）

（7）你对你的目标或愿景充满热情吗？一旦你建立了一个目标或愿景，你是否因为对此充满热情而愿意牺牲所有其他东西来实现它？（1～10分）

（8）你善于同其他人相处吗？你能够说服别人像你一样看待世界吗？你能够同他们融洽相处吗（如处理冲突、建立信任）？（1～10分）

（9）你具有对不同环境的适应性吗？你容易在中途做出改正吗？比如，你能否承认自己犯了错误，并退出原来进程以改正它？（1～10分）

（10）你愿意承担风险或相信没有经过证明的事物吗？一旦你树立一个目标，你是否愿意承担合理风险来实现它？换句话说，你是否愿意尽你所能去减少风险，并且一旦做了就会坚持下去？（1～10分）

通过评分，你会发现，身边每个人都会有不同的分数。巴隆和谢恩认为成功的创业者在所有这些方面得分都高于其他人。他们能够处理不确定性，精力充沛，相信自己，能灵活地对逆境做出反应，对理想充满热情，善于同他人相处，非常具有适应性，并且愿意承担合理的风险。当你具备这些特质时（至少是其中一部分），你或许就适合创业者的角色。但是，如果发现自己在几个特质方面得分较低，你可能需要重新考虑，或许成为一名创业者并不是你真正喜欢的，或者该好好提高一下自己的特质了。

三、大学生创业者所应具备的创业精神

创业精神指的是一个人不以当前有限的资源为基础而追求商机的精神。从这个角度上来讲，创业精神代表着一种突破资源限制，通过创新来创造资源的行为，而不是简单地体现在创造新企业，或体现在创新上。因此，创业精神可以简洁地概括为“没有资源创造资源，没有条件创造条件，用有限资源去创造更大资源”，它类似一种能够持续创新成长的生命力，一般可区分为个体的创业精神及组织的创业精神。所谓个体的创业精神，指的是以个人力量，在个人愿景引导下，从事创新活动，进而创造一个新企业；而组织的创业精神则指在已存在的一个组织内部，以群体力量追求共同愿景，从事组织创新活动，进而创造组织的新面貌。

创业精神在于“是否创造新的价值”，而不在于是否设立新公司。因此创业管理的关键在于创业过程能否“将新事物带入现存的市场活动中”，包括新产品或服务、新的管理

制度、新的流程等。创业精神指的是一种追求机会的精神，这些机会还不存在于目前资源应用的范围，但未来有可能创造资源应用的新价值。因此我们可以说，创业精神即是促成新企业形成、发展和成长的原动力。

（一）坚定的创业信念

首先，要有创业成功的自信。人相信有什么结果，就可能有什么作为，一个人如果连自己都不相信能创业成功，他是不可能去争取和追求的。其次，要有创业的责任感。现代大学生应担当创业重任，上为国家做贡献，下为自己谋出路。再次，要有永不言败的创业精神。虽然身处逆境，却能拼力抗争，不断追求，这样才能造就壮丽的创业人生。

（二）积极的创业心态

积极的创业心态能发现潜能、激发潜能、拓展潜能和实现潜能，进而帮助我们获得事业上的成就和巨大的财富。积极的创业心态应包括以下几点：一是拥有巨大的创业热情；二是要清除内心障碍；三是要努力克服困难，创造条件，变不可能为可能。

（三）顽强的创业意志

创业意志指个体能百折不挠地把创业行动坚持到底以达到目的的心理品质。创业意志包括以下几点：一是创业目的明确；二是决断果敢；三是具有恒心和毅力。

（四）鲜明的创业个性

创业成功者，一般都有鲜明的个性品质。一是敢冒风险，创业的价值就在于创造出自己独特的东西，要敢于冒风险，敢于走别人没有走过的路。敢冒风险是理智基础上的大胆决断，是自信前提下的果敢超越，是新目标面前的不断追求。二是痴迷，对目标如痴如醉，全身心融进创业行动之中。三是独立自主，独立自主地解决困难和问题，不受各种外来因素的干扰。

四、培养大学生创业能力和特质的方法

（一）学校方面应该做的努力

在“大众创业、万众创新”的时代，学校作为人才培养的基地，更应该加强对大学生的创业教育，提高大学生的创业能力和创业素质。

1. 加大创业教育力度

大学生创业教育是一项提高国民素质、扩大就业渠道和激发青年创业热情的系统工程，是国家经济发展的直接驱动力。要提高大学生的创业能力和素质，高校必须重视对大学生的创业教育和培训，积极开展大学生创新创业教育课程和训练营，提高大学生对创业的认识和理解，锻炼大学生创业思维，营造高校创业环境。并且还需要加强大学生创业实践环节，并针对大学生的创业意向进行个性化辅导与开业跟踪扶持。鼓励学生参加国家和学校举办的创新创业活动和比赛，让学生在比赛中学习到更多的创业知识，提高他们的创

业能力。

2. 加强学生的创业体验

从实践来看，通过亲身体验获得的知识最容易记忆和提取。同样，通过自身行动获得的创业体验越丰富，创业成功的可能性就越大。高校可以采用以下四种方式来加强学生的创业体验：一是依托创业园地和实习基地，给学生提供条件，使其参与经营管理活动；二是制订创业计划，号召学生参与；三是鼓励学生参加劳务服务；四是组织各种社团活动，鼓励学生参加社团活动。学校举行的创业主题活动可以对学生创业能力的形成起到不可忽视的作用。

（二）大学生自身应该做的努力

1. 在校期间做好创业准备

想要创业的大学生在校期间就应该有意识地做好创业准备，创业准备包括心理准备和知识准备。

（1）心理准备。

创业的心理准备，主要就是具备自信、自强、自主、自立的创业精神。自信就是对自我和团队充满信心，相信自己的努力和判断，以及前进的方向，自信心能赋予人积极主动的人生态度和进取精神。自强就是以不断增长自己各方面的能力与才干为目标，有责任感和使命感，不以一己利益和一时安逸为目的，不贪图眼前的利益，不依恋安逸的生活，敢于实践，勇于使自己成为生活与事业的强者。自主就是有远见、有敢为人先的胆略和实事求是的科学态度，能把握住自己的航向，直至达到成功的彼岸。同时，要具有独立的人格和判断能力，不受传统和世俗偏见的束缚，不受舆论和环境的影响，能自己选择自己的道路，善于设计和规划自己的未来，并采取相应的行动。自立就是凭自己的努力、自己的奋斗，不依赖于外界条件，从头做起，从最基础的方面做起，一步一个脚印地建立起自己生活和事业的基础。

在创业中良好的心理素质至关重要，好的心理素质是整个创业过程顺利发展的推进剂。作为大学生创业者，在创业前就要认真思考，反复评估，考虑成熟再行动。要深入、细致地审视自己，为什么要创业，是否有足够的决心，是否有创业失败的准备。作为一名创业者，需要的是冷静、理智、平和的心态，而不是狂热的冲动。作为大学生，创业的心理准备主要包括不屈不挠的责任心、坚定不移的自信心、献身创业的事业心和笃志不移的进取心。

（2）知识准备。

大学生在准备创业之前，也要经历创业知识的准备和积累过程。要具备一定的商业知识和经营之道。一旦选择了自主创业，就要眼观六路、耳听八方，没有丰富的商业知识和经营之道，就难以把握商机，甚至开展不了业务。学习必要的商务知识和专业知识，是创业路上的第一课。

创业知识主要包括专业知识、经营管理知识、财务管理知识、法律知识等诸多方面。

专业知识。专业知识是创业之本。通常而言，大学生创业者都会选择自己本身所学习的专业领域或者自己熟悉的行业进行创业，只有拥有丰富的专业知识，才能对自己所涉足的领域有比较深的了解和洞察，才能够找准机会。专业知识对于创业者确定创业目标具有至关重要的作用。创业者要重视在创业过程中积累专业技术方面的经验，强化职业技能的训练，不断探索专业知识的内涵，并能够触类旁通，举一反三。在探索的过程中要详细记录、认真分析，进行归纳、总结，上升为理论，形成自己的经验特色，并进行不断的积累和更新。只有这样，专业技术能力才会不断提高。

经营管理知识。在当前风云变幻的市场经济条件下，市场充满了竞争和风险，创业者要使自己的创业实践活动获得成功，就必须重视经营管理。首先，是对人员的管理。在创业过程中，用人非常重要。不能要求被用之人十全十美，而是要求“尽其所长”，宜梁则梁，宜栋则栋。人员管理就是对团队内各种人员进行有效的配置和分工。它包括确定组织的管理体制、设置管理机构、配备管理人员，并根据生产经营的需要，合理地安排和使用劳动力资源，以提高劳动力的利用率和生产率。其次，是对经营目标的管理。它包括经营规模、经营收入、经营利润、市场占有率、产品种类等。这就需要进行市场调查，掌握本团队所需的经济信息，并在此基础上进行市场预测和经营决策，编制经营计划，签订经济合同，掌握企业发展的主动权。最后，是对经营过程的管理。要通过建立、健全生产责任制等各种管理制度，使企业人尽其才、物尽其用，各方面权、责、利关系明确，生产高效。

财务管理知识。财务管理的内容包括资金流入与流出、流动资产、固定资产、成本和费用、企业财务报告和财务评价等。如果大学生本人不具备财务方面的知识，那么就需要在团队成员中配备一名财务方面的专业人员，这对于公司的正常运转、利润核算、资金流动等均具有非常重要的作用。企业财务管理的基本任务和方法是做好各项财务收支的计划、组织、控制、核算、分析和考核工作，创业初期财务管理的最主要内容是资金及其运作。举个例子来说，在创业之初，赚钱较难，应尽量减少现金的流出。这时可以购买价格便宜的办公用品，设法寻找租金较低的房子，还可以减少人员数量等。同时，也应增加现金的流入，除了提高销售额之外，还可以通过加快客户付款速度来实现利润。例如，让客户 30 天内付款而不是 60 天内付款，这样就可以提前 30 天收回现金。加快资金周转会给急需现金的新企业带来很多好处。

法律知识。法律知识在创业过程中也是非常重要的。对于大学生创业者而言，应了解相关企业法律知识，既让自己能够按照法律法规进行依法经营，同时在遇到困难和纠纷时，又能够依据法律法规保障自己的权益。

2. 培养自身的创业特质

虽然创业者的特质不是创业者取得成功的必要条件，但是大学毕业生如果想走创业的道路，首先就要尝试着改变自己，培养自己的个性特质，让自己朝着成功的方向发展。

（1）要有明确的目标。

不管做什么事情，都需要一个明确的目标。不管这个目标是大是小，都一定要明确。如果打算创业，那么，首先要明确自己想干什么，要怎么干，不能像一只无头苍蝇一样蛮干。事实证明：任何一个成功者，在刚开始打算创业的时候，在他们的心中都有一个能激起兴趣、值得付出的目标。正是因为有了这样的一个目标，这些人才有了走向成功的动力，并释放出了巨大的潜能。

创业是艰辛的，在一穷二白的基础上进行创业，更需要一种精神的超越。创业者只要有了明确的目标，不断发掘自己的潜力，就有可能实现自己的理想。

在公司刚成立的时候，每个创业者都会面临大量的问题，要做出大量的决策、选择。这时候，能否坚持下去，就要看目标的力量了。要想实现成功创业，在创业之初，创业者需要反复询问自己以下几个问题：是什么目标激励自己进行创业的？为了实现这个目标，可以采取哪些方式？是否有能力保证按照所选择的战略来执行，就一定能够实现这个目标？创业者只要能分析出所处的形势，做出理性抉择，明确好自己的创业目标，那么，不管公司是大、是小，对他个人来说都是成功的。

（2）努力培养自己的创新精神。

创新精神提倡独立思考、不人云亦云，但并不是不倾听别人的意见，而是要团队合作、相互交流；创新精神提倡大胆、不怕犯错误，但不是鼓励犯错误；创新精神提倡不迷信书本、权威，但并不反对学习前人经验，任何创业都是在前人成就的基础上进行的；创新精神提倡大胆质疑，而质疑要有事实和思考的根据，并不是怀疑一切。总之，要用全面、辩证的观点看待创新精神。

第一，对所学习或研究的事物要有好奇心。牛顿在少年时期就有很强的好奇心，他常常在夜晚仰望天上的星星和月亮。星星和月亮为什么挂在天上？星星和月亮都在天空运转着，它们为什么不相撞呢？这些疑问激发着他的探索欲望。后来，经过专心研究，他终于发现了万有引力定律。能提出问题，说明在思考问题。在学习过程中，自己如果提不成问题，那才是最大的问题。好奇心包含强烈的求知欲和追根究底的探索精神，要想在茫茫学海获得成功，就必须有强烈的好奇心。正像爱因斯坦说的那样：“我没有特别的天赋，只有强烈的好奇心。”

第二，对所学习或研究的事物要有怀疑态度，不要认为被人验证过的都是真理。许多科学家对旧知识的扬弃，对谬误的否定，无不是自怀疑开始的。伽利略由于对亚里士多德“物体依本身的轻重而下落有快有慢”的结论的怀疑，发现了自由落体定律。怀疑是发自内在的创造潜能，它激发人们去钻研，去探索。对于课本，我们不要总认为这是专家教授们写的，因此不可能有错误。专家教授们的专业知识渊博精深，我们是应该认真地学习。但是，事物在不断地变化，有些知识现在适用，将来不一定适用。再说，现在的知识不一定没有缺陷和疏漏。老师不是万能的，任何老师所传授的专业知识不能说都是绝对准确的。对待我们所学习或研究的事物，应做到：不要迷信任何权威，大胆地怀疑。这是我们创新的出发点。

第三，对所学习或研究的事物要有追求创新的欲望，如果没有强烈的追求创新的欲望，那么无论怎样谦虚和好学，最终都是模仿或抄袭，只能在前人划定的圈子里周旋。要创新，就要坚持不懈地努力，勇敢面对困难，要有克服困难的决心，不要怕失败，相信失败乃成功之母。

第四，对所学习或研究的事物要有求异的观念，不要“人云亦云”。创新不是简单的模仿。要有创新精神和创新成果。必须要有求异的观念。求异实质上是换个角度思考，从多个角度思考，并把结果进行比较。求异者往往要比常人看问题更深刻，更全面。

第五，对所学习或研究的事物要有冒险精神。创造实质上是一种冒险，因为否定人们习惯了的旧思想可能会招致公众的反对。这里的冒险不是那些危及生命和肢体安全的冒险，而是一种合理性冒险。大多数人都不会成为伟人，但我们至少要最大限度地挖掘自己的创造潜能。

第六，对所学习或研究的事物要做到永不自满。一个有创造性思想的人如果就此停止，害怕去想另一种可能比这种思想更好的思想，或已习惯了一种成功的思想而不能产生新思想，就容易变得自满，停止创造。

(3) 让自己变得有韧性，能承受较大的压力。

对于很多人来说，创业是他们正在寻求的一种生存方法，但是，只有真正在创业这条道路上走过的人才会知道什么是真正的创业。创业者的成功像一首首优美动听的歌，更像是一场场扣人心弦的电影，观赏者只能听到歌的优美、看到电影的激情，可是，谁又能了解这些歌曲和电影的背后是什么呢？在这些成功的背后，有着凡人无法想象的心酸和痛楚。

如今，二十多岁的年轻人，大多数都生活在无忧无虑的环境中，从来都没有遇到过什么挫折。要想实现自己的创业梦想，就要让自己变得有韧性，在面对各种各样的压力的时候，能够承担得起，任何一个创业者，在创业之初是很难预计到自己会面临哪些艰辛的。在进行创业的过程中，任何一个创业者都会遇到各种各样的压力，有时候甚至是难以承受的，比如：资金问题、生产问题、销售问题、家人的理解问题。要想进行创业，就要有承担这些压力的勇气。

要想创业成功，就要让自己变得有韧性，让自己能够承受各种各样的压力。作为二十几岁的创业者，在把这些问题一个个搞定的时候，离成功也就不远了。下面推荐几种创业过程中减轻压力的具体方法，经常运用，可以起到很好的效果。

早睡早起。每天要比家人早起一个小时，做好一天的准备工作。

学会分享。有了快乐的时候，要积极和家人、同事一起分享。

学会休息。为了使自己的头脑保持清醒，每天都要留出一定的休息时间。

坚持锻炼。每天都要坚持利用半小时的空闲时间，来锻炼身体。

不要求全责备。要不时地提醒自己：任何事情都不可能是尽善尽美的。

(4) 对自己要有信心。

每个人都有遇到挫折的时候，但千万不要因一时受挫，而对自己的能力产生怀疑，进而形成一种压力。当你遇到挫折的时候，应该保持头脑清晰，勇敢面对现实，不要逃避。冷静地分析整个事件的过程，分析一下是自己本身存在的问题，还是由于外部因素引起的呢？还是两者皆有呢？假如是自身因素引起的话，那么自己就应该好好反省一下，为什么会犯这样的错误呢？以后应该怎样做，才能避免同类事件的发生呢？事情已经发生了，不要急于追究责任或是责怪自己，而应该想想事情是否还有回转的余地呢？要是有的话，应该怎样做才能把损失或伤痛减到最低呢？应该怎样做自己才会感觉舒服一点呢？

当你遇到困难的时候，请记住一句话——没有永远的困难，也没有解决不了的困难，只是解决时间的长短而已。与人生相比，困难只不过是一种颜料，一种为人生增添色彩的颜料而已。当你遇到困难的时候，不要逃避问题。只要你对自己有信心，那么什么困难都难不倒你。

趣味资料

如何提高自己的自信心

首先，要树立自信心，每天在心中默念“我行，我能行”。大家都是人，智力都差不多。只要努力，方法得当，那么什么事都能办到。

其次，每天都能保持甜美的笑容。没有信心的人，经常眼神呆滞，愁眉苦脸，而雄心勃勃的人，则总是眼睛闪闪发亮，满面春风。人的面部表情与人的内心体验是一致的。笑是快乐的表现。笑能使人产生信心和力量；笑能使人心情舒畅，精神振奋；笑能使人忘记忧愁，摆脱烦恼。学会笑，学会微笑，学会在受挫时笑得出来，就会提高自信心。

最后，做人一定要昂首挺胸，同时也要学会主动与他人交往。遇到挫折而气馁，常常垂头，是没有力量的表现，是丧失信心的表现。成功的人，得意的人，获得胜利的人总是昂首挺胸，意气风发。昂首挺胸是富有力量的表现，是自信的表现。换言之，积极的自我形象是自信心的表现。因此，认真思考，发现自己生活中积极的方面将有助于提高你的自信心。

除此之外，我们还要有意识地克服自己的自卑心理。首先，要有意识地选择与那些性格开朗、乐观、热情、善良、尊重和关心别人的人进行交往。在交往过程中，你的注意力会被他人所吸引，会感受到他人的喜怒哀乐，跳出个人心理活动的小圈子，也会变得开朗起来，同时在交往中，能多方位地认识他人和自己，通过有意识地比较，可以正确认识自己，调整自我评价，提高自信心。其次，要不断提高对自我的评价，对自己做全面正确的分析，多看看自己的长处，多想想成功的经历，并且不断进行自我暗示，自我激励：“我一定会成功的”“人家能干的，我也能干，也不比他们差”，等等，经过一段时间锻炼，自卑心理会被逐步克服。最后，要想办法不断增加自己成功的体验，寻找一些力所能及的事情进行尝试，努力获得成功。

第三节 创业机会

创业是发现市场需求，寻找市场机会，通过投资经营企业满足这种需求的活动。机会是指通过创造性地组织资源、传递更高价值，以满足市场需要的可能性。创业需要机会，机会要靠发现，在茫茫的市场经济大潮中要想寻找到合适的创业机会，不仅要求创业者具备一定的素质，而且要求创业者具有识别创业机会的能力。创业机会可以理解为是一种能够为消费者或客户创造价值或增加价值的可能性，是通过各种创新满足市场，使市场由非均衡趋向均衡，并对创业者和社会均有利的机会。

创业机会识别一直是创业领域的关键问题之一。真正的创业过程开始于商业机会的发现。商业机会存在于何处，如何从复杂的市场环境中找到富有潜在价值的商业机会，进而开发并最终转化为新创企业，是创业研究的重要内容。

一、创业机会的识别

创业机会的识别是创业领域的关键问题之一，从创业过程的角度来说，它是创业的起点。创业者难能可贵的地方就在于他能发现其他人所看不到的机会，并迅速采取行动来把握机会、实现创业机会的价值。创业过程就是围绕着机会识别、开发、利用的过程。识别正确的创业机会是创业者应当具备的重要技能。

（一）识别创业机会的一般过程

林赛和克雷格将创业机会识别的过程分成三个阶段。

阶段一是搜寻机会。创业者对整个经济体系中可能存在的创意进行有针对性的搜索，如果认同某一创意可能成为商机，具有潜在的发展价值，就进入机会识别的第二阶段。

阶段二是机会识别。相对于整体意义上的机会识别过程，这里的机会识别应当是狭义上的识别，即从创意中筛选合适的机会。这个过程首先是通过整体的市场环境，以及一般的行业进行分析，从而判断该机会是否在广泛意义上属于有利的商业机会；其次是考察对于特定的创业者和投资者来说，这一机会是否有价值。

阶段三是机会评价。实际上这里的机会评价意见带有部分“尽职调查”的含义，创业者对某个创业机会进行各种指标的测评，如财务、创业团队的结构等，只有通过对创业机会的评价，创业者才能决定是否利用创业机会开始创业活动。

从创业机会识别的三个阶段过程中，我们知道，创业机会识别过程是创业者对创业机会进行反复衡量的过程。不同的创业者可能愿意关注不同的创业机会，即使是同一个创业机会，不同的人对其评价也往往不同。

（二）影响创业机会识别的关键因素

马克·吐温曾经说过：“我极少能看到机会，往往在我看到机会的时候，它已经不是机会了。”那么，创业者如何才能识别创业机会，不至于在它溜走的时候懊悔不已？

在影响机会识别和开发的各项因素中，对于是什么因素导致一些人更善于识别出有价值的创业机会，主要可以分为两个方面，即机会的自然属性和创业者的个人特性。

第一，机会的自然属性。机会的特征是影响人们是否对之进行评价的基本因素。创业者选择这项机会是因为相信其能够产生足够的价值来弥补投入的成本，创业机会的自然属性很大程度上决定了创业者对其未来价值的预期，从而对创业者的机会评价产生重大影响。蒂蒙斯对创业机会总结了一个评价框架，包括市场需求、市场结构和规模以及市场利润等若干项指标，每一指标下还设置了若干个分指标，可以帮助创业者对创业机会进行评价和识别。

第二，创业者的个人特性。从本质上说，机会识别是一种主观色彩相当浓厚的行为。也就是说，即使面对同一个创业机会，不同的创业者对其评价可能完全不同；或者即使某一机会已经表现出较好的预期价值，但是并非每个人都能从事这一机会的开发，并且坚持到最后的成功。因此，创业者的个人特性对于机会识别来说更为重要。创业者与机会识别相关的个人特性包括：先前经验、创造性、社会关系网络、认知因素。

（三）识别创业机会的技巧方法

在很长一段时间里，人们认为一般人不可能看到创业机会，发现机会并成为创业者的个体具有别人所没有的特殊禀赋，识别创业机会难以模仿，更不可能学习。实质上，识别创业机会是思考和探索互动反复，并将创意进行转变的过程。随着学术研究的深入，人们逐渐总结出了一些识别创业机会的技巧和方法。虽然不能保证发现创业机会，但确实能给人们的行动提供思路和指导。

信息搜集调查法。从已有数据或从第二手资料中搜集信息（报纸杂志、图书馆、政府机构、大学、咨询机构以及互联网等），找到一些关于行业、竞争者、目标客户偏好取向、产品创新等方面的信息。该种信息的获得一般是免费的，或者成本较低的。

与二手资料对应的是一手资料。搜集一手资料是一个数据搜集的过程，如搜集准备市场研究所需要的信息清单，包括谁是顾客、有多少潜在的顾客、潜在的顾客愿意在哪里购买、消费者预期会在哪里得到该产品的信息等。进而采取通过与顾客、供应商、销售商直接交谈和采访，或通过集中小组试验、问卷调查以及互动的方法，了解正在发生什么以及将要发生什么。该种信息的获得一般来说成本比较高，但却能够获得更有意义的信息，可以更好地识别创业机会。

通过系统分析发现机会法。实际上，绝大多数的机会都可以通过系统分析被发现。人们可以从企业的宏观环境和微观环境的变化中发现机会。借助市场调研，从环境变化中发现机会，是机会发现的一般规律。

PEST 分析法。这是宏观环境分析的基本工具，它通过政治（politics）、经济（economy）、社会（society）、技术（technology）这四个因素，从总体上把握宏观环境，并评估这些因素对创业机会的影响。对于微观环境的分析，创业者可以采用美国哈佛大学迈克尔·波特教授的五力竞争模型分析一个行业内的竞争状态与市场前景，以决定自己是否参与该行业的市场竞争。迈克尔·波特提出的这个结构化的行业竞争分析方法认为，一个行业中的竞争，存在五种基本的竞争力量，即潜在的进入者、替代品的威胁、购买者议价的能力、供应商议价的能力以及现有竞争对手之间的抗衡。供应商和购买者讨价还价可视为来自“纵向”的竞争，其他三种竞争力量可视为“横向”的竞争。

通过问题分析和顾客建议发现机会法。每个问题都是一个被精巧掩饰的机会。不是所有问题都是商业机会，问题会不会成为商业机会，要从商业的角度来思考。所以，想通过问题分析发现机会，从一开始就要找出个人或组织的需求和他们面临的问题到底是什么。而这些需求和问题可能很明确，也可能很含蓄。找到问题后，要全面分析和思考，寻求一个有效并有回报的解决方法，这对创业者来说才是识别机会的基础。同样，从顾客那里征求想法，顾客就会为创业者提供机会。顾客建议多种多样，最简单的，他们会提出一些诸如“如果那样的话不是会很棒吗”这样的非正式建议，这时一个新的机会可能就会由顾客识别出来，因为他们知道自己究竟需要什么。因此，留意这些，将有助于创业者发现创业机会。

通过创造获得机会法。这种方法在新技术行业中最为常见，它可能始于明确已满足的市场需求，从而积极探索相应的新技术和新知识，也可能始于一项新技术发明，进而积极探索新技术的商业价值。通过创造获得机会比其他任何方式的难度都大，风险也更高。同时，如果能够成功，其回报也更大。这种情况下所产生的创新在人类所具有重大影响的创新中，居于压倒性的主导地位。索尼公司开发随身听就是一个很好的例子。索尼公司观测到人们希望随身携带一个听音乐的设备，利用公司微缩技术的核心能力从事项目研究，最终开发出划时代的产品——随身听，并取得了巨大的成功。

知识链接

德鲁克提出的机会的七种来源

意外之外的事件。一是意外的成功。没有哪一种来源比意外的成功提供更多的成功创新的机遇。而且，它所提供的创新机遇风险最小，求索的过程也不是很艰辛。但是，意外的成功几乎完全受到忽视，更糟糕的是，管理人员往往积极地将其拒之门外。二是意外的失败。与成功不同的是，失败不能够被拒绝，而且几乎不可能不受注意，但是它们很少被看作机遇的征兆。当然，许多失败都是失误，是贪婪、愚昧、盲目追求或是设计、执行不得力的结果。但是，如果经过精心设计、规划及小心执行后仍然失败，那么这种失败常常反映了隐藏的变化，以及随变化而来的机遇。

不协调。所谓“不协调”是指事物的状态与事物“应该”的状态之间，或者事物的状态与人们假想的状态之间的不一致、不合拍。也许我们并不了解其中原因，事实上，我们经常说不出个所以然来。但是，不协调是创新机遇的一个征兆。引用地质年的术语来说，它表示下面有一个“断层”，这样的断层提供了创新的机遇。它产生了一种不稳定性，四两可拨千斤，稍做努力即可促成经济或社会形态的重构。

程序需要。与意外事件或不协调一样，它也存在于一个企业、一个产业或一个服务领域的程序之中。程序需要与其他创新来源不同，它并不始于环境中（无论内部还是外部）的某一件事，而是始于需要完成的某项工作。它是以任务为中心，而不是以状况为中心。它是完善一个业已存在的程序，替换薄弱的环节，用新知识重新设计一个旧程序等。

产业和市场结构。产业和市场结构有时可持续很多年，从表面上看非常稳定。实际上，产业和市场结构相当脆弱。受到一点点冲击，它们就会瓦解，而且速度很快。产业和市场结构的变化同样也是一个重要的创新机遇。

人口变化。在所有外部变化中，人口变化被定义为人口、人口规模、年龄结构、人口组合、就业情况、教育情况以及收入的变化等，最为一目了然。它们毫不含混，并且能够得出最可预测的结果。

认知、意义和情绪上的变化。从数学上说，“杯子是半满的”和“杯子是半空的”没有任何区别。但是这两句话的意义在商业上却完全不同，造成的结果也不一样，如果一般的认知从看见杯子是“半满”的改变为看见杯子是“半空”的，那么这里就可能存在着重大的创新机遇。

新知识。基于知识的创新是企业家精神的“超级巨星”。它可以得到关注，获得钱财，它是人们通常所指的创新。当然，并不是所有基于知识的创新都非常重要。有些的确微不足道。但是在创造历史的创新中，基于知识的创新占有很重要的分量。然而，知识并不一定是科技方面的，基于知识的社会创新也同样重要，甚至更重要。

（资料来源：德鲁克．创新与企业家精神［M］．蔡文燕，译．北京：机械工业出版社，2007.）

二、商业模式创新

（一）商业模式创新内涵

商业模式创新是改变企业价值创造的基本逻辑以提升顾客价值和企业竞争力的活动，既可能包括多个商业模式构成要素的变化，也可能包括要素间关系或者动力机制的变化。当一种商业模式运行多年之后，它的运作机制已经不再是商业机密，可以轻易地被竞争对手模仿。于是，思考和开展商业模式创新成为一种必然趋势和企业持续发展的刚需。

商业模式创新引起了广泛的重视，是因为互联网的出现改变了基本的商业竞争环境和经济规则。互联网使大量新的商业模式成为可能，一批基于它的新型企业应运而生，如百度、新浪、阿里巴巴、携程等，它们的商业模式明显有别于传统企业。这些基于互联网产生的新型企业的出现，对许多传统企业也产生了强烈的冲击。如京东、淘宝、天猫等仅用短短几年就发展为国内最大的网络零售商，给传统零售企业带来严峻挑战。新型商业模式显示出强大的生命力与竞争力。无论是对准备创业的人，还是现有企业的经营者，这些都激励他们从根本上重新思考企业赚钱的方式，思考自己企业的商业模式创新。

（二）商业模式创新方法

改变收入模式。就是改变一个企业的用户价值定义和相应的利润方程或收入模型。这就需要企业从确定用户的新需求入手，从更宏观的层面重新定义用户需求，深刻理解用户购买自身产品需要完成的任务或要实现的目标是什么。

改变企业模式。就是改变一个企业在产业链的位置和充当的角色，也就是说，改变其价值定义中“造”和“买”的搭配，一部分由自身创造，其他由合作者提供。一般而言，企业的这种变化是通过垂直整合策略或出售及外包来实现。

改变产业模式。它是一种最激进的商业模式创新，要求一个企业重新定义本产业，进入或创造一个新产业。如IBM通过推动智能星球计划和云计算，重新整合资源，进入新领域并创造新产业，进行商业运营外包服务和综合商业变革服务等，力求成为企业总体商务运作的大管家。亚马逊正在进行商业模式的创新，向产业链后方延伸，为各类商业用户提供物流和信息技术管理的商务运作支持服务，并向它们开放自身的全球货物配发中心，并大力进入云计算领域，成为提供相关平台、软件和服务的领袖。

改变技术模式。正如产品创新往往是商业模式创新的主要驱动力，技术变革也是如此。企业可以通过引进激进型技术来主导自身的商业模式创新，如当年众多企业利用互联网进行商业模式创新。当今，最具潜力的技术是云计算，它能提供诸多崭新的用户价值，从而提供企业进行商业模式创新的契机。另一项重大的技术革新是3D打印技术。这项技术一旦成熟并商业化，将帮助诸多企业进行深度商业模式创新。如汽车企业可用此技术替代传统生产线来打印零件，甚至可用戴尔的直销模式，让用户在网上订货，在靠近用户的场所将所需汽车打印出来。

当然，无论采取何种方式，商业模式创新都需要企业对自身的经营方式、用户需求、产业特征及宏观技术环境具有深刻的理解和洞察力。这是成功进行商业模式创新的前提条件，也是最困难之处。

第四节　撰写商业计划书

商业计划书是确保新创公司良性运行的基础性工作，它不但是创业的蓝图，也是创业者向外筹资的重要依据和窗口。商业计划书覆盖了企业的各个方面：企业概述、项目、市场、研发、制造、管理、关键风险、融资、阶段或时间表等，是对企业或者项目的完整的书面说明。商业计划书主要用于传递给投资者，便于他们对企业或者项目做出判断，从而确定是否为企业或项目提供融资。

一、商业计划书的内容

1. 计划摘要

计划摘要列在商业计划书的最前面，它浓缩了商业计划书的精华。计划摘要涵盖了计划的要点，以求一目了然，以便读者能在最短的时间内评审计划并做出判断。计划摘要一般要包括以下内容：公司介绍、主要产品和业务范围、市场概貌、营销策略、销售计划、生产计划、管理者及其组织、财务计划、资金需求状况等。摘要应尽量简明、生动，特别要详细说明自身企业的不同之处以及企业获取成功的市场因素。

2. 企业描述

企业描述主要是明确阐述创业的背景和发展的立足点，包括企业定位、企业战略以及企业股权结构等内容。

（1）企业定位。企业定位是指创业企业的行业选择、业务范围以及经营思路的确定，是创业企业的现实状况的必要说明，也是计划书其他部分的基础。对企业进行介绍的最便捷方式是从描述创业机会入手，着重讲述为什么要设立一个企业，以及设立企业最合适的时间地点等。接着阐述拟采用的企业形态，以及为什么要采用这种形态等。然后是竞争优势分析和商业模式概述。总之，这个部分应该间接说明企业设立的必要性和适当性。

（2）企业的目标和发展战略。企业的战略是公司生产、销售策略的总体概括。创业者应该对如何成功地经营创业企业并使之与众不同有一个指导性的原则。要对创业企业的历史、现状及未来的发展有完整而清晰的阐述，要重点说明创办新企业的思路、新思想的形成过程及企业的目标和发展战略，清晰明了地托出公司的全盘战略目标，提出创业的最终赢利目的，使投资人能充分了解并信任其所投资的创业公司。

（3）企业的股权结构。本部分应首先介绍新创企业的股权结构，包括描述管理团队成员之间的关系。对新企业而言，最常见的问题就是没有清晰界定权责关系，当两个或多个创业者地位相当时，更容易发生这种失误。为了表明创业者已解决了这个问题，计划书中必须加上组织结构图，同时配以简要的文字来说明结构图中的重要关系。

3. 产品与服务

在进行投资项目评估时，投资人最关心的问题之一就是风险企业的产品、技术或服务，能否以及能在多大程度上解决现实生活中的问题，或者风险企业的产品（服务）能否帮助顾客节约开支，增加收入。因此，产品介绍是创业计划书中必不可少的一项内容。通常，产品介绍应包括以下内容：产品的概念、性能及特性、主要产品介绍、产品的市场竞争力、产品的研究和开发过程、发展新产品的计划和成本分析、产品的市场前景预测、产品的品牌和专利。

在产品（服务）介绍部分，企业家要对产品（服务）做出详细的说明，说明要准确，也要通俗易懂，使非专业人员的投资者也能明白。

4. 市场分析

清晰的市场机会分析是对创业风险投资商最具吸引力的方面，是投资者决定是否进入市场的关键因素。为了保证其准确性，创业者应尽量采用多条专业的机会分析渠道，可以委托不同专业的市场分析公司分别做出严密科学的权威调查报告，并综合尽可能多的数据，做出最终的论证方案，最大限度地规避风险。

5. 公司组织

有了产品、市场预测之后，创业者第二步要做的就是组成一支有战斗力的管理队伍。企业管理的水平，直接决定了企业经营风险的大小。高素质的管理人员和良好的组织结构是管理好企业的重要保证。因此，风险投资家会特别注重对管理队伍的评估。企业的管理人员在专业、经验乃至性格上都应该是互补的，而且要具有团队精神。在商业计划书中，必须介绍主要管理人员，介绍他们所具有的能力，他们在本企业中的职务和责任，他们过去的详细经历及背景。

6. 市场营销

营销是企业经营中最富挑战性的环节，影响营销策略的主要因素有：消费者的特点、产品的特性、企业自身的状况、市场环境方面的因素。最终影响营销策略的则是营销成本和营销效益因素。

营销计划应该承接市场分析部分，并提供有关新企业产品销售的详细信息。营销计划主要是对如何达到销售预期状况进行描述分析，需要详细说明发掘创业机会和竞争优势的总营销战略。商业计划书必须详细说明为了扩大产品销售所需的资金数量，同时，应该阐述其他的营销组合，包括价格、渠道和促销，包括对销售人员的激励方式和有效促销策略。投资者阅读完这个部分后，应该对企业进入其目标市场的总体策略充满信心，同时也能感觉到企业的产品战略、价格战略、渠道和促销战略互相补充，融为一体，并能够起到实效。

7. 生产计划

商业计划书中的生产制造计划应包括产品制造和技术设备现状、新产品投产计划、技术提升和设备更新的要求、质量控制和质量改进计划。

在寻求资金的过程中，为了增大企业在投资前的评估价值，创业者应尽量使生产制造计划更加详细、可靠。一般的，生产制造计划应包括以下问题：企业生产制造所需的厂房、设备情况如何；怎样保证新产品在进入规模生产时的稳定性和可靠性；设备的引进和安装情况，谁是供应商；生产线的设计与产品组装是怎样的；供货者的前置期和资源的需求量；生产周期标准的制定以及生产作业计划的编制；物料需求计划及其保证措施；质量控制的方法是怎样的，以及相关的其他问题。

8. 财务计划

财务是战略伙伴和创业投资者最为敏感的问题，可以从中判断自己的投资能否获得预期的回报，所以提供清晰明了的财务报表是对创业者最基本的要求。创业者应对资金需求的额度具备足够的认识，必要时还可以请教专业人士。

战略伙伴和创业投资者最关心企业经营的财务损益情况，这是决定战略伙伴是否加盟、创业投资者是否投资的关键因素。创业者要根据创业计划、市场计划的各项分析和预测，在全面评估市场信息和公司财务环境的情况下，提供公司今后三年的预计资产负债表、损益表以及现金流量表。创业者要将预测的依据、预测的前提假设以及预测的方法一一列明，来增加预测的可信度。

财务计划需要花费较多的精力来做具体分析，流动资金是企业的生命线，因此企业在初创或扩张时，对流动资金需要有预先周详的计划和进行过程中的严格控制。损益表反映的是企业的赢利状况。它是企业在一段时间运作后的经营结果。资产负债表则反映某一时刻的企业状况，投资者可以用资产负债表中的数据得到的比率指标来衡量企业的经营状况以及可能的投资回报率。

财务计划一般要包括以下内容：创业计划书的条件假设、预计的资产负债表、预计的损益表、现金收支分析、资金的来源和使用过程。可以这样说，一份创业计划书概括地提出了在筹资过程中自主创业者需做的事情，而财务计划则是对创业计划书的支持和说明。

因此，一份好的财务计划对评估风险企业所需的资金数量，提高创业企业取得资金的可能性是十分关键的。如果财务计划准备得不好，会给投资者以企业管理人员缺乏经验的印象，降低风险企业的评估价值，同时也会增加企业的经营风险。那么如何制订好财务计划呢？这首先要取决于风险企业的远景规划，是为一个新市场创造一个新产品，还是进入一个财务信息较多的已有市场。

9. 管理能力

管理能力在商业计划书中体现于以下四个方面。

（1）核心管理者。该项应该包括管理团队中每个核心成员的简要介绍，包括他们的职务、工作经历和经营业绩、受教育程度、管理背景和能力等，特别是有关专业知识、技能和成就。如果管理者的简历中包含特别信息，应该在附录中详细说明。如果管理团队成员之间曾经有过共事经历，那么就应该强调这些与工作相关的经历。在投资者看来，与彼此陌生的管理团队相比，那些曾有过成功共事经验的管理团队的风险更小。

（2）管理团队。该项主要介绍创业团队成员所具有的教育及工作背景、具体分工情况、产权股权划分情况、创业信念、风险识别及反应、实施计划能力的情况，重点展示管理团队的凝聚力和战斗力，使战略伙伴或创业投资者了解企业的管理团队是由一批具有丰富的管理经验和较高的职业道德的人士组成的。优秀的管理团队将确保企业紧紧抓住好的创业机会，以有效的方式实现企业的经营目标。团队的结构应该严谨，拥有技术、管理、财务、法律、语言和写作等方面的人才或各有专长的组织成员，并且还要充分考虑内部成员能力互补的问题。

（3）人力资源。该项要考虑现在、半年内、未来三年的人事需求，并且具体考虑需要引进哪些专业技术人才、全职或兼职、薪水如何计算、所需人力资源管理成本等。该项还应说明企业准备设立哪些机构，各机构配备多少人员，人员年收入情况；是否考虑员工持股问题，如果考虑，就需要说明股票期权实施办法和红利分配原则；企业如何加强对员工的持久激励；阐明企业的内部约束机制和外部约束机制等。

（4）公共关系。这个部分还应该列出与企业打交道的专业服务机构名单，包括法律公司、咨询公司和会计公司，应说明这些专业机构将如何帮助企业达到创业目标。创业者应该尽量列出一些这样的关系机构，以显示自己的成熟和社会认同度。

10. 经营预测

在商业计划书中最好分别提出近期计划、远景规划等。要提出响亮又务实的阶段目标。阶段目标是指创业后的短期目标、中期目标与长期目标，主要是让创业者明了自己事业发展的可能性与各个阶段的目标。这些目标和预测必须建立在现实、客观、具体的数据上，经过统计分析推导出来。只有这样才能建立起战略伙伴和创业投资者对创业者憧憬的认同。

11. 关键风险、问题和假设

商业计划书总会包括相关的一些隐含的假设。因此，商业计划书必须描述一些有关所在行业、公司、人员、销售预测、客户订单、创立企业的时机和融资的风险及其负面结果的影响。识别并讨论创业项目中的风险，可以证明创业者作为一名经理人的技能，并能增加创业者和创业项目在风险投资者或私人投资者心目中的可信度。主动分析与讨论风险也有助于创业者对创业项目完成风险评估与对策研究，“未雨绸缪”方能降低创业风险。

创业者应首先客观地讨论商业计划书中的假设和隐含风险，如市场假设、竞争假设、销售假设、研发风险以及生产能力风险等。在评估风险与假设的基础上，创业者还应指出哪些假设或风险对企业成功与否最关键，并描述将采取哪些针对措施把不利于企业成长的各种影响降到最小。

创业计划书模板

摘要

一句话介绍创业理念的由来。

一句话介绍市场的需要。

一句话介绍公司的产品。

一句话介绍竞争对手的基本情况。

一句话介绍公司的优势。

一句话介绍产品研发情况。

一句话介绍公司的运作模式。

一句话介绍公司的盈利模式。

一句话介绍团队优势。

第一章　基本情况

概述。

公司叫什么?

公司在哪里?

公司是什么性质的?

公司的股东有哪些?

公司的主要业务是什么?

公司的财务状况怎么样?

公司的近期目标和长期目标是什么?

第二章　公司管理

概述。

高层管理人员的基本情况及分工。

管理体系。

激励机制和奖励措施。

薪酬体系。

人事管理制度。

知识产权、技术秘密和商业秘密的保护措施。

第三章　行业情况

概述。

产品的市场前景怎么样?

谁在使用产品?

为何购买产品?

是否拥有专门的技术、专利或配方?

产品更新换代的周期是多长时间?

本公司的产品与同类产品的比较。

本公司产品的新颖性、先进性和独特性。

产品在性能、价格和技术支持等方面的优势。

本公司与行业内五个主要竞争对手的比较。

影响行业和产品发展的因素。

过去3~5年的行业销售情况，说明资料来源。

未来3~5年的行业销售情况预测，说明资料来源。

未来3~5年的公司销售情况预测。

第四章　产品研发

概述。

产品展示。

产品的功能。

研发成果。

未来要研发什么新产品?

公司已投入多少研发资金?

公司计划再投入多少研发资金?

现有的技术资源。

研发模式。

对研发队伍的激励机制和措施。

第五章　产品制造

概述。

公司目前的生产能力、厂房面积和生产人员数量。

生产方式。

生产设备是否先进?价值是多少?是否投保?最大生产能力是多少?使用寿命是多长时间?

如果需要增加设备,说明采购计划、采购周期及安装调试周期。

产品的制造过程和工艺流程。

如何控制产品的制造成本?

产品质量管理体系。

原材料、元器件、配件的采购情况。

采购渠道。

原材料质量控制手段。

第六章　市场方案

概述。

产品定价方式。

销售成本的构成。

确定销售价格的依据和折扣政策。

销售网络、广告促销、售后服务等方面的策略和办法。

对销售人员的激励机制和约束机制。

竞争对手的销售方案。

短期销售目标。

长期销售目标。

营业额预测。

市场份额预测。

第七章　财务状况

概述。

列表说明公司在过去的基本财务数据。

财务预测数据编制的依据。

融资后3年的盈亏平衡表、资产负债表、损益表、现金流量表（预测）。

与公司业务有关的税种和税率。

公司可以享受的优惠政策。

第八章　风险评估

概述。

详细说明创业过程中可能遇到的政策风险、研发风险、市场开拓风险、运营风险、财务风险、对公司关键人员依赖的风险等。

如何量化这些风险？

如何应对这些风险？

第九章　融资计划

概述。

融资目的和额度。

说明拟向投资者以什么价格出让多少股权，作价依据是什么。

资金的用途和使用计划。

融资后的项目实施计划。

投资者可以享有哪些监督和管理权利？

投资者可以以哪些方式参与公司事务？

公司将为投资者提供哪些报告（如损益表、资产负债表、年度审计报告）？

未来3~5年的年平均投资报酬率及有关依据。

第十章　进度表

列表说明项目实施计划和进度。

风险投资公司最爱看到的商业计划

商业计划的形式和页数

风险投资公司每天从各种渠道收到的商业计划书很多，但是每天能用来看商业计划的时间是有限的。所以我建议第一次给投资人的商业计划书，最好是PPT版本的。一方面PPT图文排版更方便、表现更丰富，方便讲清楚创业项目；另一方面PPT一般是按页查看，让人更有耐心去了解。内容在20页左右，不要刻意控制页数，重在把每部分内容说清楚。

第一部分（2~3页）：What——讲清楚你要做什么

用2~3页PPT讲清楚你准备干一件什么事。不要整页PPT都是大段文字，你要做的事应该是一两句话就能说清楚的。最好能配上简单的上下游图或功能示意图，让人对项目一目了然。

首先，这里的核心是要突出专注，表明你就想做一件事，而且就想解决这件事中的某一个关键问题。项目不要追求大而全，产业链也不要太长。其次，目前商业巨头明显要做的项目、已经有几家在竞争且获得较好融资的项目不要去做。这样的项目已经有太多失败教训。不是说你做不成功，而是投资人不感兴趣，成功概率相对低，投资人不愿意同赌。

第二部分（4~6 页）：Why now——行业背景、市场现状

用 4~6 页 PPT 讲清楚行业背景、市场发展趋势、市场空间。要说明你在正确的时间做正确的事，而且市场空间大。市场大，不代表有需求。要描述在目前的市场背景下，你的项目抓住了一个用户的痛点，或者你的项目可以为用户带来更高性价比的产品或服务。尽量列出与竞争对手的对比分析，表明当前的商业机会。

第三部分（5~10 页）：How——如何做，以及现状

用 5~10 页 PPT 讲清楚商业模式实现的具体方案，包括产品的研发、生产、市场、销售策略。

这里就是描述这个项目是如何实施的，及最终达成的效果。建议多研究一下精益创业，产品规划和创业步伐要小步快走，通过阶段性验证，调整产品思路和商业模式。

第四部分（2~3 页）：Who——你的团队

用 2~3 页 PPT 讲清楚团队的股份和分工。团队要有合理的分工，还需要介绍团队主要成员的背景和特长。强调个人的能力适合该岗位，团队的组合适合创业项目。

项目是靠人来执行的，不同的团队做出来的效果不同。要让投资人知道你不是一个人在战斗，有没有团队也从侧面说明了你的个人领导力。当然投给个人的钱与投给团队的钱完全不一样。

第五部分（1~2 页）：Why you——优势

用 1~2 页 PPT 讲清楚你的项目和团队优势。“事为先、人为重”，要让投资人相信你要做的事非常有前景，而且你们团队很适合这个项目。回答好两个问题：“为什么是现在做这个项目？”“为什么你们能做成功？”

第六部分（2~3 页）：How much——财务预测与融资方案

用 2~3 页 PPT 讲清楚前三年的财务情况，以及后三年的财务预测。早期项目的盈利不重要，投资人主要对高增长性感兴趣。表明你的融资计划，如需要多少资金，准备稀释多少股份。

资金需求一般做一年规划，这一年项目要达成什么目标，达成这个目标需要多少钱。稀释的股份要少于 30%，稀释太多你就是打工的了，稀释太少投资人可能不太感兴趣。

（资料来源：B 座 12 楼．风投最爱看的商业计划书是这样的［OL］. http://www.360doc.com/content/16/0811/18/27398134_582535527.shtml）

第五节　创业的实施

创业的实施是一个动态的发展过程，它是将创业的构想转化为实体企业的过程。创业的实施是整个创业活动的中心环节，其他创业活动都围绕着创业的实施而展开，它决定着创业的成败。

一、开业准备

（一）场地的租赁

企业必须有与企业经营范围和规模相适应的固定的营业场所和必要设施，这是企业生存和发展的物质基础和实体要素。任何企业的开办都要仔细考虑选址问题，不同的地区对于区域性限制与经营许可证的要求不同，企业在选址时必须认真调查研究。

（二）设备的购置

设备是企业在生产活动中所需各种硬件装置的总称。它是企业技术和新技术具体应用的载体，是企业进行生产活动的物质基础。企业要开张经营，就必须拥有所需的基本设备。创业者要根据自己的经济实力购置必要生产设备、办公设备等。但在资金不宽裕的情况下，辅助生产设备可采取租赁或分期付款的办法解决。企业设备装置状态的好坏，不仅直接影响到企业产品的数量、质量以及其他各项技术经济指标，关系到企业的正常运行和企业的经济效益，而且会对企业形象产生重大影响。因此，企业创办之初，选择和购置设备必须慎重地综合考虑各方面的因素，以使这种重大投入切实给企业带来明显的经济效益。对于企业所需的重要生产设备，在做出最终购置决定之前，要“货比三家”，实地考察设备生产厂家，考察设备的先进性、性能价格比、可靠性、节能性、环保性，尤其是售后服务等因素。

（三）资金的筹措

企业的运作过程实际上也是资金的运作过程，如果企业的创立和发展的资金需求得不到保证，企业就很难顺利地开展自己的业务，因此，资金是创业得以推进的前提。开创新的企业，最大的困难就是从哪儿获得“第一桶金”。

（四）人员的招聘

人员的招聘是创业的重中之重，选择合适的员工会为公司的发展增添力量，反之，不合适的员工会导致公司经营的失败。

员工招聘的工作要在开业前的一个月内完成。招聘是一个连续的过程，包括确定招聘计划、发布招聘信息、接待和甄别应聘人员、发出录用通知书、录用备案就业登记、评价招聘效益等。招聘员工要注意下述五个方面的问题。

（1）准备充足。人员招聘的决策和计划的主要内容应该包含此项招聘的目的、应聘职务描述及人员的标准和条件、招聘对象的来源、传播招聘信息的方式、招聘组织人员、招聘时间、新员工进入企业的时间、招聘预算经费等。在制订招聘计划时，要把握循序渐进原则，如果匆匆忙忙、不加挑选地招进一批人，那么以后企业会面临招聘资金用尽的困境，一时无力再招聘更有能力的人。如果因急于招人而缺少鉴别，就会影响企业的良好发展。过多的不称职人员会使企业背上沉重的包袱，而辞退过多的不称职人员会使企业的社会形象受损。

（2）发布信息。发布招聘信息是利用各种传播工具发布岗位信息，鼓励和吸引人员参加应聘。创业者要对不同的招聘对象，选择最有效的发布媒体和渠道传播信息。

（3）筛选简历。筛选简历是对职务申请人的选拔过程。招聘人员一般首先要审查申请表，初步筛选出那些满足最低应聘条件的人员；然后安排与候选人面谈，对通过测试的应聘者进行背景调查；再从中优选出应聘人员，接受主管经理或高级行政管理人员的面谈；最后通知合格人员做健康体检。对应聘者的评估必须客观、公正。

（4）面试聘用。企业在招贤纳士的同时，必须向应聘人员申明企业的宗旨、规章制度和员工守则、各职级的责任、生产运作的方式等，并且要与雇员签订劳动合同。

（5）录用备案、就业登记和终止或解除劳动关系备案。企业在招用人员后，应当自录用之日起 30 日内，到当地劳动保障行政部门办理录用备案手续，并为被录用人员办理就业登记。与员工终止或者解除劳动关系后，应当于 7 日内到当地劳动保障行政部门办理备案手续。

创业者应当在招聘后对招聘计划和过程予以总结和评价，对招聘成本的核算和录用的人员予以评估。为了适应经营环境的变化，提高竞争能力，企业需要补充不同的人员。招聘是补充人员的主要方法，也是保持组织活力的重要手段，创业者应该积累这方面的经验。

二、开业登记

创业者在各种条件准备就绪后，要向工商行政机关登记注册，然后才能开业。

开业登记有两个基本要求。一是开业者要符合国家规定的开业条件。根据《中华人民共和国企业法人登记管理条例》（以下简称《条例》）和《中华人民共和国企业法人登记管理条例施行细则》规定，申请企业法人登记的单位应当具备下列条件：①有符合规定的名称和章程；②有国家授予的企业经营管理的财产或者企业所有的财产，并能够以其财产独立承担民事责任；③有与生产经营规模相适应的经营管理机构、财务机构、劳动组织以及依法律或者章程规定必须建立的其他机构；④有必要的并与经营范围相适应的经营场所和设施；⑤有与生产经营规模和业务相适应的从业人员，其中专职人员不得少于 8 人；⑥有健全的财会制度，能够实行独立核算，自负盈亏，独立编制资金平衡表或者资产负债表；⑦有符合规定数额并与经营范围相适应的注册资金，国家对企业注册资金数额有专项规定的按规定执行；⑧有符合国家法律、法规和政策规定的经营范围；⑨法律、法规规定的其他条件。二是申请企业法人开业登记，应当提交下列文件、证件：①组建负责人签署的登记申请书；②主管部门或者审批机关的批准文件；③组织章程；④资金信用证明、验资证明或者资金担保；⑤企业主要负责人的身份证明；⑥住所和经营场所使用证明；⑦其他有关文件、证件。

开业登记的基本程序是：创业者申请企业法人登记，应按《条例》规定提交文件、证件。经登记主管机关核准登记注册，领取“企业法人营业执照”或“营业执照”。基本程序是：①登记主管机关根据企业申请和开展经营活动的需要，可以核发执照副本若干份。执照的正本和副本，同样具有法律效力。正本应悬挂在主要办事场所或者主要经营场所。国家推行电子营业执照。电子营业执照与纸质营业执照具有同等法律效力。创业者如果需要进行基本建设，还须向登记主管机关申请筹建登记，并领取“筹建许可证”。②进行企业代码登记，刻公章，开设银行账号。③办理税务登记，领取税务登记证和发票，此项工作必须在领取“企业法人营业执照”后 30 天内完成。④办理各种社会保险统筹及就业证。需要向创业者指出的是，企业一旦经核准登记，发给营业执照后，即产生了以下法律效力：①取得合法地位；②取得企业名称的专用权；③取得进入生产经营的活动权和承担的义务；④接受登记主管机关的监督检查。如果企业未核准登记，一律不准开业，不得私刻公章、签订合同、注册商标、刊登广告，也不能在银行以企业名义设立账户。

三、企业运作

企业运作分为内部运作和外部运作。

（一）内部运作

内部运作包括以下三个层面。

（1）企业的基础功能运作、技术和开发、生产管理以及销售管理三个功能，是企业从产品或服务的产生到在顾客那里实现效用的过程，解决的是企业做什么的问题，或者靠什么生存的基本问题。

（2）领导实践、人力资源、结构和流程三个功能，是在确保产品能够做好，并在一定的生产成本、公关成本和人力的条件下完成的，以确保企业通过产品和服务的销售得到的收益与这些成本间有一个令人满意的利润，这个层面的企业活动或功能回答了企业怎么做的问题，解决企业中短期发展扩大的需要。

（3）企业文化和愿景、使命、策略，这是相对于经济基础的上层建筑，是关于企业长期发展的方向和策略的问题，以及如何确保实现这一目标的企业文化建设的问题，回答了企业是否能够实现快速成长的问题。

（二）外部运作

外部运作有四个方面，分别是市场导向、评估控制、顾客服务和公共关系，分别回答了企业为谁服务和用什么来服务，如何确保企业员工所做的一切与顾客的需求是一致的，同时与企业的目标也是一致的，怎么确保顾客服务的质量并因此得到顾客的青睐和长期的支持，怎么确保企业的行为与股东的利益是否是一致的，与政府和社会的要求和期望是否相符合等问题。

四、有效管理

有效管理对公司的稳定发展非常重要，一个成功的管理者需要有较强的凝聚力，能够让团队拥有共同的理想和目标。同时，有效管理要把工作重点放在类型性问题的思考、流程的设计与训练上。此外，一个成功的管理者还要意识到细节管理的重要性。

案例：李朝林，中国美术学院跨媒体艺术学院开放媒体系研究生，现为杭州零视文化创意有限公司创始人。

1. 创业经历：本科时期，李朝林一边保持着优异的学习成绩——专心学习专业知识，斩获诸多奖学金，一边积极向外拓展——她先后参加了杭州文化创意博览会、深圳新媒体艺术节等科技盛会，借助这些高端平台展示她在 VR、AR、AV、FUI 视觉化新媒体创作上的功力。虽然时光匆匆，但一颗创业的种子早已悄然埋在了李朝林心间的沃土，等待着某一天破土而出。大四时，一位在培训班相熟的学长找到李朝林，希望她能协助他制作《三生三世十里桃花》电视剧的宣传片。此时的李朝林已初步建立了一个 5 人团队，并创作了一些早期的原创艺术作品。然而，当她满心欢喜地与团队成员提起这个项目时，却意外地遭到了成员们的反对——一个出于相同志趣而组建的、从未接触过商业项目的团队，在面对这么大的 IP 时，不免担心自己是否有能力胜任。“学长将项目交付给我时，并未质疑我们的水平，反倒是我们自己开始质疑自己，认为自己不能胜任。”李朝林深感机会的宝贵，即便项目最终的成果不尽如人意，但前进过程中跌倒的痛苦亦是成长。于是，在李朝林的坚持与百般说服下，团队终于肯接下这个项目。令人欣喜的是，这个一开始他们不敢接手的项目，最终在与多方的通力合作下，切切实实地实现了。此次项目合作的成果得到了学长的大力肯定，此后大四的一整个学年，李朝林团队一直向这位学长提供技术支撑，而李朝林也在不断的练习中巩固了自身的基本功，顺便“把假期三维培训班的学费赚了回来”。

本科毕业后的暑假，适逢阿里云建构师王坚主持的“博悟馆”项目实施，李朝林在好友的介绍下，参与了该项目下“互联网的自然起源”影音装置的构建。这段“博悟馆”的创作经历，让李朝林接触了一批行业内优秀的艺术家和工程师，同时也积累了跨界整合的经验，这是她第一次感受到跨界整合的强大力量，“其实有很多东西可以做”。尝到了甜头的李朝林一改从前多是单打独斗的状态，转而依靠合作的力量——通过资源的跨界整合，将资源利用率最大化，从而打开了一条更加广阔的道路。

李朝林团队开始有秩序、有规模地接手一个个项目，同时参加不少国内外的展览：2015 年，摄影装置作品《七宗罪》参加“贝克特——常态下的疯癫”展览，并被中国美术学院收藏；2016 年，VR 作品《Other World》参加了“文博会——科技速航”展览与深圳新媒体艺术节；2017 年，VR 作品《2217 采样乌托邦》参展“深港双年展”与三尚当代艺术馆“无界动生”展览……杭州、深圳、成都、福州，李朝林与团队的身影活跃在各种大大小小的展览，丰富的经验与逐渐积累的资源已成为团队的一大优势。乌镇世界互联网峰会的交互展示项目——“凌特改装管车操作系统的 VR 展示”，是团队第一次接触到的大型项目，不同于以往，在这个项目中，李朝林团队不再作为第三方、第四方参与运作，而是直接与甲方公司对接。项目落地过程中的困难不难想象，但几番努力后，项目终成功落地，这群青涩却充满着干劲的年轻人为互联网峰会带去了一场完美的科技盛宴，也在自己的人生经历中留下了浓墨重彩的一笔。

2017 年，李朝林与团队以“零视文化”为名申报了中国美术学院“极客计划”奖学金，借此机会，他们进一步明晰了未来的发展路径——他们试图将新媒体艺术与技术相结合应用于商业空间展示，这一想法得到了校方认可，不仅获得了奖学金，更一举摘得优秀奖。团队趁热打铁，以此为契机，真正迈出了创业的第一步——李朝林主动联系学校创业学院的老师，将创业项目计划书交到学校审核。最终，团队成功入驻云栖小镇阿里巴巴创新中心五叶草基地，并在 2018 年伊始，成功创立零视文化创意有限公司。至此，朝林心中的那颗有关创业的种子终于发芽了。

成立伊始的年轻公司，经之前的合作伙伴介绍，迎来了一个十分“红专”的开头——湖州儒林党建文化中心文化馆设计项目。“零视文化”接手时，该文化中心才刚开始打地基，但李朝林依旧抓紧步伐，在为当地政府展示了团队以往新媒体交互的作品后，成功达成了合作。虽然最终这一项目因种种原因未能成功落地，但在这之后，当地政府又交给他们许多其他机构的新媒体党建项目，为他们开辟了另一个全新的方向。而后，2018 年 9 月，随着云栖小镇“2050 大会”的发起，李朝林担任了“2050 新媒体艺术先锋现场”团聚活动的召集人，零视文化也承担起大会青春舞台开场秀的设计和交互表演任务。在新华智云副总裁王敏女士的建议下，零视文化申请“2050”展区，向众多参会者展示了团队的 VR 艺术作品，展现了“零视”的魅力和科技之美。“2050 大会”结束后，“零视文化”不断创新，在以艺术展览与商业运营结合的模式下探索着越来越多的可能：他们参与策划了杭州宝龙艺术中心“九个明天”展览，作品内容形式涵盖 VR 及大屏环幕；通过与“51VR”合作逐渐与房地产行业产生接触；他们在良渚文化艺术中心“仲夏之夜”的完美表现，让他们获得了向黄龙万科就新开盘的商业综合体 K-lab 新媒体展示项目提案的机会……一来二去，零视文化与房地产行业、新型商业综合体之间产生了微妙的联系，天马行空的想象力与过硬的技术成为他们涉足地产行业的敲门砖，他们一面在光影声色之中发挥自己的想象力与创造力，一面又在商业的滋养中不断发展壮大。

从艺术装置到商业空间内的新媒体交互展示与沉浸式空间，“零视文化”完整地构建了一套定制化技术架构系统。在找到了适合自己发展的商业脉络、可复制的商业运营模式与业务拓展方向后，它由开始被动承接项目转向对项目进行可持续开发，赋予了项目无穷的生命力；从过去繁杂的项目中跳脱出来，寻找更多可能性。目前，团队已顺利完成宁海臻腾建材科技互动家装项目。未来，“零视文化”将更加关注家装交互开发、新型商业综合体和新零售概念店，更加关注室内空间的新媒体交互，当然，李朝林也看清了目前公司存在的技术短板，力求今后能突破现状，运用超媒介叙事打造团队的IP文化价值与核心竞争力，为未来创造更多的可能性。

2. 创业感悟：作为一名在校的创业者，李朝林在跨媒体艺术学院学到的不仅是跨媒介创作的能力，更是跨界整合资源的能力；科技和艺术可以有更加多元化的表达，以融入更多的手法和概念去做更加多元化的尝试，相信什么才能看到什么，看见什么才能拥抱什么，拥抱什么才能成为什么；创业的快乐对李朝林来说来自创造本身，认真地去过好每一天，用心去感受此刻在做的事情；安住当下，悲喜不惊，修习与人生苦乐共筑的生活态度，感恩一切，尽心尽力做自己命运的掌舵人；胜固可喜，败亦欣然。永远在路上，永远有未知，永远不设限。

科技即未来，艺术即生活。

本章要点回顾

1. 创业实施之前要正确认识创业的定义，了解创业的要素。

2. 作为创业者的我们应充分掌握创业者的素质，当不具备时要努力培养。

3. 创业需要机会，机会要靠发现，学会识别身边的创业机会。作为大学生，创业应更注重商业模式的创新。

4. 商业计划书是创业过程中非常重要的一部分，创业者必须掌握商业计划书的撰写。

5. 创业的实施是创业的中心环节，创业者需要了解创业实施的步骤和过程。

思考与练习

阅读下面的创业小故事，并认真思考分析。

谁能当老板？

家住桂北的潘艳和家住湘南的陈湘同时毕业于桂林某高校的旅游管理专业，由于在校学习认真、努力，她们毕业前考取了导游资格证。毕业前她们在同一景区实习，得到了单位领导的好评。天有不测风云，陈湘的母亲身患重病，家中只有年幼的弟弟和父亲，为了更好地照顾母亲，她辞去了景区导游的工作，决定回到离被称为“南方呼伦贝尔”的南山脚下不远的家乡创办乡村小旅店。由于地处山区，山寨的村民思想保守，山寨离景区有一定的距离，她知道要想办好旅店得先向村里的人宣传自己的想法，得到乡亲们的支持才行，她相信自己能做好。于是，她根据自己在校学习的知识撰写了宣传小册子，还到县城与一些旅行社和客运公司谈了自己的想法，希望得到他们的支持。令她兴奋的是，不少旅行社告诉她其实有不少游客希望在南山游玩后能住在山寨体验少数民族风情。陈湘很受鼓舞，立即准备她的创业计划书。

同学潘艳得知陈湘想自己开办乡村小旅馆，她觉得自己家在去龙胜龙脊旅游景区的必经之路旁，也可以开办一家乡村小旅馆，于是也辞职回家，准备开办自己的小旅馆。

1. 陈湘和潘艳同学谁将来有可能成为一个好的企业创办者，为什么：____________

2. 创业者应具备的素养和能力：____________________________

实践练习

检验创业者的心理素质

下面有23道题，回答后对照答案，看你是否做好了创业的准备。

1. 你在哪一种条件下，会决定创业：

a. 等有了一定工作经验以后

b. 等有了一定经济实力以后

c. 等找到天使或风险投资以后

d. 现在就创业，尽管自己口袋里没有几个钱

e. 一边工作一边琢磨，等想法成熟了就创业

2. 你认为创业成功的关键是：

a. 资金实力

b. 好的创意

c. 优秀团队

d. 政府资源和社会关系

e. 专利技术

3. 以下哪项是创业公司生存的必要因素？

a. 高度的灵活性

b. 严格的成本控制

c. 可复制性

d. 可扩展性

e. 健康的现金流

4. 开始创业后你立刻做的第一件事情是：

a. 找钱、找投资人

b. 撰写商业计划书

c. 物色创业伙伴

d. 着手研发产品

e. 选择办公地点

5. 创业公司应该：

a. 低调埋头苦干

b. 努力到处自我宣传

c. 看情况顺其自然

d. 借别人的势进行联合推广

6. 招聘员工时最重要的是：

a. 学历高低

b. 朋友推荐

c. 成本高低

d. 工作经验

7. 产品进入市场的最佳策略是：

a. 价格低廉

b. 广告投入

c. 口碑营销

d. 品质过硬

8. 和投资人交流最有效的方式是：

a. 出色的现场 PPT 演示

b. 详细的商业计划书和财务预测

c. 样品当场测试

d. 有朋友的介绍和引荐

e. 通过财务顾问的代理

9. 选择投资人的关键因素是：

a. 对方是一个知名投资机构

b. 投资方和团队不设对赌条款

c. 谁估值高就拿谁的钱

d. 谁出钱快就拿谁的钱

e. 只要能融到钱，谁都一样

10. 你认为以下哪一项是投资人投资决策中最重要的因素？

a. 商业模式

b. 定位

c. 团队

d. 现金流

e. 销售合约

11. 从哪句话里可以知道投资人其实对你的公司并没有实际兴趣：

a. “我们有兴趣，但是最近太忙，做不了此项目”

b. “你们的项目还偏早一些，我们还要观察一段时间”

c. “你们如果找到领投的投资人，我们可以考虑跟投一些”

d. “我们对这个行业不熟悉，不敢投”

e. 上面任何一句话

12. 创业团队拥有51%的股份就绝对控制了公司吗?

a. 正确

b. 错误

13. 创业公司的CEO，首要的工作责任是：

a. 制订公司的远景规划

b. 销售

c. 人性化的管理

d. 领导研发团队

e. 引进投资

14. 凝聚创业团队的最好办法是：

a. 期权

b. 公司文化

c. CEO的魅力

d. 工资和福利

e. 团队的激情

15. 创业公司的财务预测中最重要的是：

a. 销售增长

b. 毛利率

c. 成本分析

d. 资产负债表

16. 创业公司的日常运营中，以下工作最重要的是：

a. 会议记录的及时存档

b. 业绩指标的合理安排和及时跟踪

c. 团队的经常性培训

d. 奖惩制度

e. 管理流程的ISO 9000认证

17. 创业公司的日常运营中，最棘手的问题是：

a. 人的管理

b. 销售增长

c. 研发的速度

d. 资金到位情况

e. 扩张力度

18. 创业公司产品市场推广效果的衡量标准是：

a. 广告投入量和覆盖面
b. 营销推广的精准程度
c. 产品出色的品质保证
d. 广告投入和产出比例
e. 产品价格的打折力度
f. 品牌的市场渗透率
19. 防止竞争的最有效手段是：
a. 专利
b. 产品包装
c. 质量检查
d. 不断研发新产品
e. 比竞争对手更快地占领市场
20. 你认为创业公司的最大风险是：
a. 市场的变化
b. 融资的成败
c. 产品研发的速度
d. CEO 的个人能力和素质
e. 决策机制的合理性
21. 当创业公司账上的现金低于三个月开支的时候，应该采取哪项措施：
a. 立刻启动股权融资
b. 通知现有公司股东追加投资
c. 立刻大幅削减运营成本，包括裁员
d. 打电话给银行请求贷款
e. 把自己的存折和密码交给公司会计
22. 创始人之间发生矛盾时，你会：
a. 坚持原则，据理力争
b. 决定离开，另起炉灶
c. 委曲求全，弃异求同
d. 引入新人，控制局势
23. 投资创业公司的理想退出方式是：
a. 上市
b. 被收购
c. 团队回购
d. 高额分红
e. 以上都是

参考答案：

1. d 2. c 3. e 4. d 5. b 6. d 7. d 8. c 9. e 10. c 11. c 12. b 13. b 14. b 15. a 16. b 17. a 18. d 19. e 20. d 21. c 22. c 23. c

答对一题计 1 分，答错不得分。

如果你的得分是 1–8 分：还不具备创业的基本知识，不要贸然创业。

如果你的得分是 9–16 分：你游走在创业的梦想和现实之间，要继续打磨自身能力。

如果你的得分是 17–23 分：你已经做好了创业的基本准备，可以大胆往前走！

参 考 文 献

[1] 刘建华，张卫建. 大学生职业生涯规划与就业指导［M］. 北京：科学出版社，2018.

[2] 杨炜苗. 大学生职业生涯规划与就业指导［M］. 北京：清华大学出版社，2020.

[3] 储克森，姚晓峰. 职业生涯规划与就业指导［M］. 北京：机械工业出版社，2020.

[4] 任小龙. 大学生就业指导（第二版）［M］. 西安：西安电子科技大学出版社，2019.

[5] 李宪平，郭海峰. 大学生职业生涯规划与就业指导［M］. 哈尔滨：哈尔滨工业大学出版社，2019.

[6] 金德禄. 大学生职业生涯规划与就业指导（第二版）［M］. 南京：东南大学出版社，2020.

[7] 吴海江，梁琳，马莉. 大学生职业发展与就业指导［M］. 北京：中国人民大学出版社，2020.

[8] 肖辉，周海，吴计生. 大学生就业指导［M］. 北京：中国水利水电出版社，2018.

[9] 赵秋，黄妮妮，姚瑶. 大学生就业指导［M］. 北京：北京师范大学出版社，2020.

[10] 林咏君. 大学生就业指导实用教程［M］. 广州：华南理工大学出版社，2020.

[11] 黄干才. 就业指导训练教程（第二版）［M］. 北京：中国劳动社会保障出版社，2019.

[12] 蔡中华，杨爱华，樊斌. 就业指导与创新创业教育（第三版）［M］. 北京：人民邮电出版社，2019.

[13] 胡钟华，竺照轩. 大学生就业指导（第三版）［M］. 北京：机械工业出版社，2020.

[14] 孙鑫，李华. 大学生职业生涯规划与就业指导［M］. 北京：中国电力出版社，2019.

[15] 万辉君. 大学生就业指导与职业生涯规划［M］. 武汉：华中科技大学出版社，2018.

[16] 李琦. 职业发展与就业指导［M］. 北京：清华大学出版社，2020.

[17] 张玉利，薛红志，陈寒松，等. 创业管理（第五版）［M］. 北京：机械工业出版社，2019.

[18] 王晋. 大学生就业指导实用教程［M］. 长沙：湖南师范大学出版社，2015.